U0140504

鹈鹕丛书
A PELICAN BOOK

中国思想
Chinese Thought
从孔夫子到庖丁

[英] 胡司德 著　　郭舒佼 译　　刘梁剑 校

上海文艺出版社

献给

恩恩

目录 | Contents

前言

  中国正以前所未有的政治经济实力和影响力出现在世界舞台上。13世纪的威尼斯旅行家马可·波罗描绘过这个广袤富饶的帝国及其风土人情，他所讲述的故事被集结成书，自称记录了世界上的"奇迹"。这本书即著名的《马可·波罗游记》，本名为《世界奇迹录》（ *Le Livre des merveilles du monde* ）。今天，我们因为各种复杂多样的原因与中国发生交集，产生兴趣。对于越来越多的学生和专家来说，中国不再是那个典型的"他者"文明，那个无论风俗习惯、还是善恶是非，都与宽泛意义上自我定义为"西方人"所坚守的价值观完全不同的地方。

  人员流动的方向在现代也发生了根本性的转变。18世纪启蒙运动期间，少数传教士激起了欧洲人对中国的好奇心；一个世纪之后，一小群商人、外交官和传教士向欧洲讲述了日渐衰落的中华帝国的成就和苦难。这样的日子都一去不复返了。如今，全球的知名大学都在招收和接待才华横溢的中国学生和研究人员。中国以有形或无形的方式跟世界各个角落进行贸易往来。中国的商品、服务和文化资本深入寻常百姓家，变得可见、可感、可闻。西方的年轻一辈在中小学、大学或夜校里探索中文的奥秘。美食家怀着同样的好奇心品尝中国菜，而面条和北京烤鸭也走向了全世界。

然而，西方的中小学、大学和媒体才将将开始向全球感兴趣的公民提供所需要的基础课程，向他们介绍中华文明和中华思维方式的基本轮廓。迄今为止，只有在以下情形中，中国才潜入我们的叙述：中国出现在西方国家的地平线上，或进入20世纪的国际政治，或其经济似乎不可阻挡地与我们联系在了一起（或对我们构成威胁）。高校体系中教授的哲学仍然是言必称希腊；在诸多课程大纲看来，世界上五分之一的人口似乎并没有宗教信仰。对于许多人来说，在那些与西方接触的时刻之外，中国是一个拥有茶、书法、诗歌、瓷器和古怪威严皇帝的国度。对于那些仍然习惯用"我们"和"他们"来进行跨文化交流的人来说，中国青少年或大学生对"我们"的了解远远多于"我们"对"他们"的了解。这应该是一个温和的警示。要理解中国，我们需要学习中国人的思维方式。

阅读这本书不需要任何关于中国的背景知识。本书的主题结构反映了我的个人见解，它随着我多年来与学生和听众的交流而不断深化。我的许多学生就像我18岁时初入大学时一样，并不知道学习中国的历史、语言与思想应从哪里开始。我希望这本书能给读者提供一个出发点，帮助他们开启与中国思想家的对话。想要径直了解中国思想世界的读者可以考虑跳过第一章，因为该章介绍中国的历史、地理、古汉语和文献情况等背景信息。忙碌的读者可以随意挑选自己喜欢的章节阅读，不用依照任何特定的顺序。

缺乏思想的历史学家往往成为思想史家。要想描述中国思想是什么，一个好的办法就是说清楚它不是什么。在接下来的章节中，你会发现，这里鲜有关于人类心灵如何运作的理论反思，也很少有人讨论这个世界之外是否仍有世界或实在。也不会有人告诉你物质如何与精神相联系，真理是什么（更不用说逻辑了），或者说是否存在一种叫作思想或知识的东西。为什么？因为这类问题（专业哲学家称之为知识论和本体论）在中国思想家的议程上并没有占据很重要的位置。古汉语中没有与"philosophy"相对应的术语：现代汉语词"哲学"是 19 世纪后期从日本传入的（最初仅指西方哲学）。

中国的思想主要以人为中心，以实践为导向。中国最聪明的头脑所思考的问题不是我们是谁、我们是什么，而是我们应该如何生活，如何建立与他人的联系，应当如何组织社会，以及如何让那些跟我们的生活息息相关及我们需要对其负责的人获得幸福。人类的行为、人性和人类社会的政治构成了故事的主体。在比较不同的哲学传统时，我们很容易迷失在思想家们对生活中永恒问题给出的不同答案中。但了解一种文化更有效的方式，乃是在操心其结果之前，先关注他们提出了哪些问题。在中国，这些问题包括：怎样做一个好人；什么样的人适合治理和领导他人；我们如何创造社会秩序；过去的传统如何影响当下；我们能从前人身上学到什么；什么样的战略能使我们战胜敌人和对手；我们如何说服他人；积极投身社会事务会让你的生活更充实吗，还是说，从社会中彻底抽身更好？

中国古代的思想家——本书的主人公——很少为了学术论辩本身而展开学术论辩。他们提出的大多数思想结晶都是为了指导生活、经验和实践。（具有反讽意味的是，中国最具影响力的思想家孔子在事业上是个失败者，他未能找到一位愿意将他的思想付诸实践的君主。）他们讨论如何生活，如何更好地工作，如何与世界和谐相处。他们把生活经验置于理论知识之上，他们的教导涉及整个人的方方面面，包括理智与情感。这就是为什么学习研究这些思想家不仅有历史价值，也有很强的现实意义。

历史年表

上古传说时代和夏朝
_____

商朝（约公元前 1600 年—约前 1045 年）
_____

周朝（约公元前 1045 年—前 256 年）

     西周时期（约公元前 1045 年—前 771 年）

     东周时期（公元前 770 年—前 256 年）

     春秋时期（公元前 770 年—前 481 年）

     战国时期（公元前 481 年—前 221 年）
_____

秦朝（公元前 221 年—前 206 年）
_____

汉朝（公元前 206 年—220 年）

     西汉 / 前汉（公元前 206 年—9 年）

     新（9 年—23 年）

     东汉 / 后汉（25 年—220 年）
_____

六朝（220 年—589 年）

隋朝（581 年—618 年）	
唐朝（618 年—907 年）	
五代（902 年—979 年）	
宋朝（960 年—1279 年）	北宋（960 年—1127 年）
	南宋（1127 年—1279 年）
元朝（1271 年—1368 年）	
明朝（1368 年—1644 年）	
清朝（1644 年—1912 年）	
民国（1912 年—1949 年）	
中华人民共和国（1949 年至今）	

主要人物表

　　下表包括书中主要的中国思想家和其他历史人物，大致
按时间顺序排列。

	儒家	道家
周朝 （约公元前 1045 年—公元前 256 年）		
	孔子 （公元前 551 年—公元前 479 年）	老子 （约公元前 6 世纪）
		杨朱 （约公元前 4 世纪）
	孟子 （约公元前 372 年—公元前 289 年）	庄子 （约公元前 369 年—公元前 286 年）
		许行 （约公元前 315 年）
	荀子 （约公元前 310 年—约公元前 238 年）	
秦朝 （公元前 221 年—公元前 206 年）	陆贾 （约公元前 228 年—约公元前 140 年）	
汉代 （公元前 206 年—220 年）	贾谊 （公元前 201 年—公元前 169 年）	
	徐干 （171 年—217 年）	
宋朝 （960 年—1279 年）	朱熹 （1130 年—1200 年）	

法家	其他学派	历史人物
		周公（约公元前1046年—公元前1036年摄政）
		管仲（卒于公元前645年）
	墨子（约公元前479年—公元前381年）	
商鞅（约公元前390年—公元前338年）	孙膑（公元前378年？—公元前301年？）	
申不害（卒于公元前337年）	惠施（约公元前370年—公元前300年）	
慎到（约公元前360年—约公元前285年）	公孙龙（生于约公元前320年）	
韩非（约公元前280年—约公元前233年）	邹衍（公元前306年—公元前240年？）	
	吕不韦，《吕氏春秋》的主持编撰者（卒于公元前235年）	秦始皇（公元前221年—公元前210年在位）
	董仲舒（约公元前179年—公元前104年）	汉武帝（公元前141年—公元前87年在位）
	刘安，《淮南子》的主持编撰者（公元前179年？—公元前122年）	司马迁（约公元前145年—约公元前86年）
		刘向（公元前79年—公元前8年）
	王充（约27年—100年）	班固（32年—92年）
	王符（约90年—165年）	班昭（约48年—116年）
	应劭（约140年—204年）	

第一章
CHAPTER I

时空之中的中国

何为中国？中国人是谁？初看起来，这些问题似乎无需多问（就像问苏格拉底，雅典是否在希腊一样），但实际上却值得深思。与欧洲的历史一样，中国的历史并非在一个稳定不变、铁板一块的大陆上线性展开的故事。历史书、旅游手册、博物馆指南和电视纪录片中经常这样说："中国不同于世界其他地方之处在于，其文明至少延续了 2500 年（或更长时间）。"不足为奇的是，中国的政治家、外交官和其他公众人物在某些场合也会以此唤起文化自豪感。诚然，在中国，许多事物的历史都很悠久，但正如社会历史学家艾伯华（Wolfram Eberhard）所言，一个文明的伟大应基于它的成就，而非它所能宣称的悠久历史。当然，中国的确也取得了巨大的成就。但以"最悠久的连续历史"为依据，声称自己是"现存最古老的文明"，也可为含蓄或错位的文化例外主义提供借口。

我们能够，或许也应该接受不同的观点。其中一点是，中国历史上各个政治和地理大一统的时期之间都穿插着数百年的分裂时期。仅从公元3世纪初到10世纪中叶，就有超过45个王朝先后统治过中国的部分或全部领土。再往前追溯，至公元前221年第一次以帝国的形态出现之前，中国已经走过了超过一千年的历史。因此，中国的历史延续性中存在着很大程度的断裂。在很长的时间里，中国的统治阶层都不是汉族，如蒙古人（元朝）和满族人（清朝）的统治占据了中国近四百年的历史。

我们常把中国想成一个统一的巨人形象——这个巨人或是沉睡，或是躁动，或是崛起。为了对抗这种视角，更有助益的是将中国的历史解读为诸多不同地域的历史，想象中国人之间存在着地域差异和种族多样性。地方掌权者担负着一项艰巨任务，那就是让地方与政治中心的要求保持一致。无论是过去的朝廷，还是现在，中国历代政府最紧迫的使命便是维持统一。在中国漫长的历史中，明确的地域意识从未真正消失。南北之分一直存在。很重要的一点是，汉人从他们在黄河流域的发祥地逐渐向南扩张。在北方，政治、社会和经济的发展都受到了外来游牧民族入侵的影响。人烟稀少的西部地区是通往中亚的走廊。在某些时段，中华帝国的这些边缘地区是前现代世界民族多样性和语言多样性最显著的地区之一。在当今中国，地区性仍然是政治议程上的重要议题，这表现在不断关注地方遗产，国家出资研究地方文化等举措上。简言之，当我们说"中国""中国人"或者"中国的"事物，它们在某种程度上都是方便的说法，以指称处于不断演变之中的，大致与今天的中华人民共和国相对应的政治体疆界内的民众和地域。

"中国"这个词本身的起源仍有争议。一种流传很广的说法是它与第一个建立统一帝国的朝代秦有关。但梵文"Cīna"早在秦代建立之前两个世纪就出现在印度文献之中。在公元前221年中华帝国统一和第一个长治久安的王朝汉代之前，很少有人认为自己是"中国人"。例如，如果你来自与现在的山东相对应的地区，你会介绍自己是齐国人，或者像孔子那样介绍自己是鲁国人。如果你是南方人，那你可能来自楚、巴或越。如果你出生在今天北京的周边地区，那么你来自燕国（著名的燕京啤酒就得名于此）。在古代文献中有大量证据表明，人们认识到了语言的多样性，这和今天中国的情况是一样的。文献中提到了不同方言的特性和翻译的使用。一些轶闻趣事展现了多语言并用，以及引发的误解如何可以成为娱乐或道德忠告的材料。有这样一个故事：周人称刚去内脏的老鼠为"朴"，郑人称没有加工的玉石为"璞"，"朴""璞"音近。一位周人想把"朴"卖给一位郑商，当这位郑商意识到对方所谓的"朴"并非他所理解的"璞"，便婉拒了。（《战国策·秦策三》）。你听到的不一定是你所以为的东西。玉不能吃（除非你是神仙），而老鼠跟首饰盒也不搭。

当中国的大思想家开始形成他们的思想的时候，周国及其在黄河中下游的一些邻国被称为"中国"，亦即"中央诸国"（Central Kingdoms）。"中国"作为一个"中央之国"（Central Kingdom）或民族国家的这一含义要到明清及近现代才出现。更多的时候，君主权力所及的文明世界被称为"天下"。因此，尽管哲学家和政治家经常以一种或多或少普遍的方式谈论人性和人类行为，但我们可以感觉到，在古代中国，地方及其土壤和当地气候不仅影响人们的外貌，而且也影响他们的性格。至少在某些人看来，出生在中央诸国的人具有气质上的优势：

> 是故坚土人刚，弱土人肥，垆土人大，沙土人细，息土人美，耗土人丑。……平土之人，慧而宜五谷。……[东方之人]长大早知而不寿……[南方之人]早壮而夭……[西方之人]勇敢不仁……[北方之人]蠢愚，禽兽而寿……[中央之人]慧圣而好治。（《淮南子·墜形训》）

在提醒过读者留心这些概念的复杂性之后，接下来我将把本书中众多的民族和人物统一称为"中国人"，把他们曾经生活和正在生活着的那片土地称为"中国"。

历史背景

中华文明发源于黄河大拐弯和渭河峡谷附近的黄土高原。商代（约公元前 1600 年—约前 1045 年）人开始在龟甲和兽骨上刻字，创造了最古老的文字形式，这标志着史前史的结束。中国思想发展的形成阶段开始于稍晚的周代（约公元前 1045 年—前 256 年）。在战国时期与早期帝国时期（公元前 5 世纪至公元 2 世纪）的六百年间，中国思想达到了顶峰。

在本书中，我用"古代中国"泛指约从公元前 9 世纪到公元 2 世纪的中国。这一千年的历史经历了国家形成的不同阶段。在这一时期，中国逐渐从一个诸侯分封的国家演变成一个统一的帝国，后面这种形态一直延续到 1911 年（可以说，它至今仍在政治生活的某些领域发挥着影响）。在对中国历史的叙述中，这段时期也被称为"古典"时期，因为最早研究中国的学者将这段时期对中国文明的影响与古希腊罗马时期对西方历史的影响相比拟。在思想史中，中国的战国、秦汉时期与西方的古典时期相对应。西方古典时期指的是从古希腊的柏拉图、亚里士多德及亚历山大大帝到古罗马共和国末期及奥古斯都大帝统治前期之间的这一段时期。

中国的古典时期对中国社会政治和思想发展都产生了深远的影响。民间和传说文学的诞生、历史编纂学的发展和行政记载的演变都发生在古典时期。正是在这一时期，中国涌现了一批伟大的哲学家。这一时期的经典文本汇集起来，直接或间接地塑造了之后千百年里每一位具有影响力的中国人的思想。也是在这个时期，很多著名的政治人物走到了历史舞台的中央，开始推动政治，创新制度，在中国历史上留下了不可磨灭的印记。这诸子蜂起的数百年也被称为"轴心时代"。这个词由德国哲学家卡尔·雅斯贝尔斯（1883—1969）提出，指的是一段长达四五百年的历史时期，在这期间，彼此没有直接接触的古希腊罗马、欧亚次大陆、印度及中国几乎同时出现了哲学思想的大爆炸。

古代中国出现了一系列思想，它们形塑了中国人从那时起看待世界的方式。本书接下来的篇章将会介绍一些思想家，他们在中国的智识遗产和文化遗产中留下了不朽的印记。但是，如果把中国思想简单地呈现为仅由一些重要人物、他们的作品及这些作品对现实世界的影响构成的历史，那就与中国思想的丰富性不相称了。同样，如果我们仅仅依赖后世及学者们称之为"哲学"（关于哲学一词的含义，连哲学家们都争论不休）的文本，那么，我们就无法解释中国思想的多样性和创造力。在学院哲学的缝隙间，我们能够发现更多的东西。

公元前 2 世纪后期，历史学家司马谈（约卒于公元前 110 年）回溯了古代中国哲学的发展脉络，将其分为六家，即阴阳家、儒家、墨家、法家、名家（诡辩家或逻辑学家）和道家。此六家和包括军事战略家在内的其他诸子一起构成了中国古代思想世界的"百家"(百者,多也)。东西方的大多数教科书都深受这种范式的影响。"百家"这一术语还被独立使用,泛指活跃繁多的言论立场。

"百家"指的是古典时期遍布中国的诸多思想家,其中以儒家、道家、法家的影响力最大。然而,将中国古代思想简化成一个单纯的"家"或"学派"是成问题的。它意味着,思想由某个人占有,或完全归因于某位特定的思想家或某个特定的文本。近年来,已有学者开始质疑,"哲学学派"这一概念本身是否能够帮助我们真正理解中国古代哲学思想的传播及经典化过程。思想往往由老师传授给其门生,众门生聚集在一起研究某些典籍及其注释。不过,实际上我们也看到,思想以及保存思想的文本往往更杂乱含混,有时甚至是将不同概念混合在一起的产物。观念常常以一种前所未有、不可预测的方式相互碰撞,融为一体。把它们归属于某一家而非另一家,往往无法帮助我们理解其内涵。还需注意的是,对中国古代许多(即便不是大多数)重要思想家生平事迹的历史信息,我们所知甚少。认为思想直接来自某一特定个体的所讲或所写,这往往是成问题的。

不过,一些思想家和思潮显然是在回应对立的观点。从这个意义上说,我们可以把"学派"的划分看作一种回溯性做法:把在某些问题上持共同立场的人,或者援引相同人物、概念或文本的人归为一类。对话是思想传播的主要形式之一。它可以是师徒、君臣或上下级官员之间真实或想象的交流，也可以是后代注家与前代文本之间的交流。对话也可以经过精心编排，在虚构人物、文化英雄或上古传说人物之间展开。因此，中国古代的思想似乎像在水面上飘浮的油渍：它们在某一时刻凝成一块，随即又被推向不同的方向，形成新的轮廓，直到被打散，或者重新冒泡再次连接成新的油渍。要想较充分地了解形成这一思想图景的社会和政治背景，借助历史脉络简要回顾某些关键事实、人物和事件或许不无裨益。

商

中国现存最古老的文字记录是刻在牛骨和龟甲上的卜辞（用来预测事件结果的程式化语句）。这些简短的文字大多可以追溯至公元前 12 世纪到公元前 11 世纪中期。自 19 世纪末起，甲骨文碎片就引起了学者的关注，目前已确认的碎片数超过了 20 万。甲骨文记载非常简略，也全无反思性质，但它们确实在一定程度上体现了商朝人的宗教和世界观。历代商王奉"帝"神为最高权力者，他掌管着众多自然之神。商朝的万神包括许多后来在中国宗教中占据重要地位的神灵，如与土地、山川或河流有关的神灵。甲骨文涉及的内容十分广泛，展现了商朝君王面对各项事务的应对举措，从天气、战争、狩猎、君王及其配偶的健康到祭祀祖先的时间、如何发号施令、如何发放赏赐以及接收贡品等。占卜官会用灼热的棍子钻凿龟甲和牛肩胛骨，然后解释出现的裂纹，并将卜问到的答案刻在骨头上。

商朝以十天为一周。大量的牲畜（也包括按人头或耳朵计数的战俘）被用于祭祀神灵和王室祖先。这些祭祀用的肉品一般与酒一起供上。王室祖先在邀请其灵魂的祭祀活动中，占有举足轻重的地位。祭仪上，代表其灵魂的牌位用来接受人们的供奉。这些灵位被安放在祖庙里。商朝人认为，世界犹如一个中央广场，其周围环绕着四个区域或四块"地"（所谓"四方"：东、南、西、北）。在甲骨文的时代，商朝社会主要以农耕为主，人们居住在农田包围的小村落里。商朝可动员三五千人的军队，由乘坐轻型战车在战场驰骋的将军指挥。直到今天，人们仍在陆续发掘出当时的战车、青铜礼器（存放祭品的容器）和甲骨文。

随后数百年间的中国思想中有几个重要的元素，它们在商代就已经出现了。一是自然界栖居着神灵，人们需要安抚或乞求它们，以便给未来之事带来好的结果。二是人类世界与似乎遥远而不可捉摸的至高神明之间存在鸿沟，祖先在其间扮演着重要的桥梁作用。为了和祖先及其他神灵搞好关系，祭祀仪式极为关键。商朝的宗教活动已经表明，维持这种仪式需要大量的经济资源：安抚神灵的花费并不便宜。于是，一边是仪式需要，一边是呼吁仪式的开支要适度或合理，二者构成了古典时期贯穿很多思想家伦理讨论的主线之一。公元前9世纪，已出现了严格紧缩祭祀开支的呼吁。（由此可知，其中必然有一些祭仪变成了奢侈的盛宴。）考古记录显示，用于盛酒的青铜礼器后来渐渐变得不重要了。我们应该感谢商朝保存了他们的甲骨文档案记录。事实上，商朝的巫卜可能是中国最早的行政官员，保留、乃至篡改记录后来成了宫廷作为权力核心的一项活动。到了商末的时候，商王基本上成了唯一一个可以与神明沟通的巫师。那些用巫术事神明的人被王权不容，其职业生涯不可能长久。

周

大约公元前1045年，商朝的君王被西边的近邻周所推翻。周王朝的势力发端于中国西北的黄河沿岸（今甘肃地区），但很快便向东迁移到富饶的渭河下游（今陕西地区）。他们发展了农艺，改进了灌溉技术。周人以"天"为他们的最高权威。天不是超验的或拟人化的神，而是支配一切的力量。中国政治思想的一个重要主题就是揣度天的情绪，顺应天意。"天弃之"，这是一个人政治上失意的委婉说法。

中国史学界把商亡之后的三个世纪称为西周时期。周王朝由一个城邦网络构成，周朝的社会制度为封建制，它与欧洲中世纪的"feudalism"有对应之处，后者指一种世袭制军事贵族居于中心地位，附庸用劳役和服务换取领主的赞助和保护的制度。周朝君王是整个政治体系名义上和仪式上的领袖，继承权由血缘关系所决定。周朝君王和贵族处于等级社会的顶层。周王室成员会得到封地。尊贵的诸侯从他们的封地为天子选送战士，并在那里安置家臣和仆从。这是一个由贵族领主和共主联合统治的世界，它以对周王室的忠诚为基础，并且通过礼乐制度加以巩固。

除了后世的回顾性文献记载，有关周代早期的主要文献来源是铸在青铜器上的铭文。后来称为儒家"五经"的文献中，最早的材料可追溯至周初数百年（包括《易经》《尚书》的一部分内容，《诗经》的大部分内容）。商朝人制作了沉雄精美的青铜器（我建议去参观一下上海博物馆或台北故宫博物院），但只有少数青铜器铸有铭文。然而，周人制造了成千上万在内壁刻有纪念性铭文的器物。这些铭文记录了君王授勋、祭祀仪式、王室赏赐等，或者纪念一些重大事件。器物的大小和形制取决于它们的用途（已知最大的器物重逾800公斤）。毫不奇怪的是，大多数铭文的结尾都是为周天子及其子孙祈福，祈愿周王的统治千秋万代。现存的青铜器数量惊人，至今仍有大约一万二千件周代青铜器留存于世。在中国，几乎每年都有埋藏了两千多年的青铜器出土。

在政治上，周朝初期因三个人物而闻名，他们后来成为无数历史类比的主角，并成为后世或褒或贬的焦点。周文王（约公元前11世纪）在商朝末期统治周地。他被视为一位道德高尚的统治者，因为他成功证明了把商朝最后那位酗酒放荡的君王推翻是正当的。文王作为智慧和德政的典范著称于后世。第二位是开国君主武王（公元前1045—前1043年在位）。他在牧野之战中战胜商王朝并建立新都。第三位是武王的兄弟周公（公元前1046年—前1036年摄政），一位声名显赫的英明政治家。周公代表了开明治国之道的顶峰。他代经验不足的周成王摄政统治期间，发展完善了周朝的制度，在后世被称为圣王、谋士、谏官和忠臣的楷模。在年轻的侄子成年之后，他决定退居二线。这树立了一个在之后的中国政治史上经常讨论的理想形象，那就是应当把权力交给一个更具合法性、因此也就更有德行的统治者。周朝早期常常被视为一个黄金时代，尤其是在孔子（公元前551—前479年）那里：他认为当时世界（"天下"）在一位明君（"天子"）的治理下达到统一，所谓"周监于二代，郁郁乎文哉，吾从周"（《论语·八佾》）。

按照通常的看法，公元前771年标志着周朝历史进入了第二个阶段。国都从西迁到东，即从镐京（今西安附近）迁到现在的河南洛阳。传统的史学把东周分为春秋和战国。此时的周朝仍然是个保持着微妙平衡的地方政权联盟，一个多方利益纠葛、有时还会产生身份认同冲突的世界，诚如下面这则逸闻所显示的：

> 温人之周，周不纳。问曰："客耶？"对曰："主人
> 也。"问其巷而不知也，吏因囚之。
>
> 君使人问之曰："子非周人，而自谓非客，何也？"
> 对曰："臣少而诵《诗》，《诗》曰：'普天之下，莫非王
> 土；率土之滨，莫非王臣。'今周君天下，则我天子之
> 臣，而又为客哉？故曰'主人'。"君乃使吏出之。（《战
> 国策·东周策》）

然而，周朝所讲的"四海之内皆兄弟"并没有持续下去。
周王逐渐变成了有名无实的共主。由于他们控制不了各地诸
侯，周的领土分裂成数百个领土单位和小国。将近五百年间，
相互竞争的诸侯国和它们的职业军队卷入了错综复杂、无休
止的对抗、兼并、战斗、论辩和结盟之中。因此，人们将七
个主要国家（燕、齐、魏、赵、韩、秦、楚）争夺霸权的两
个半世纪（公元前481年—前221年）称为战国时期。

随着周王室及其诸侯国之间凝聚力的瓦解，在周王朝原
来的土地上出现了众多的"战国"：称其为"战"，是因为战
争和获得军事优势成为此时的核心任务；"国"是因为新的君
王纷纷宣称获得领土国家是他们的抱负。因此，战国的目标
是通过战略、军事或其他任何手段战胜对手。这一时期最著

名的军事经典《孙子兵法》的开篇几行便冷静地将此概括如下："兵者，国之大事，死生之地，存亡之道，不可不察也。"这个政治军事动荡激烈的时代孕育了中国的哲学大师。周围的混乱时局，对他们来说必然与世界末日无异。许多思想家都出身于当时失了业的下层贵族家庭。作为居无定所的士和食客，他们从一个宫廷流浪到另一个宫廷。只要有人愿意给予他们支持和供养，他们就会把他们的思想兜售给对方。《孟子》开篇，一个国王就说过这样的话："叟！不远千里而来，亦将有以利吾国乎？"（《孟子·梁惠王上》）

这个时候，中国不再是一个由城邦国家和霸主通过宗法关系和礼法义务联系在一起的封建联盟，而是变成了一个国家集合体，每个国家都有自己的军队、政府机构、边界和在册人口。权力集中在诸侯手中，他身边围着谋士和大臣。国家及其政治完全以君主为中心，甚至比之前的贵族时代更甚。人们认为君主统治下的社会发展得最好，而且只有一位独一无二的君主。确实，当时几乎所有的政治家和哲学家都在思考一个将要成为中国政治思想核心宗旨的观念——中央集权，也就是将权力集中于统治者及其朝廷，并由一群领俸禄的官员在全国范围内推行中央意志的高效政治统治方式。

这种认为最高权力应该出自并只属于一个人或一个机构的观念一直延续至今。在当时的汉语中，有很多关于统一的词汇（例如"一""和""联""合""一统""同""统"等）。

无论中国历代统治精英所强调的重心或修辞存在何种差异，他们都有一个坚定的信念，即制度应当支持一个强有力的、唯一的领导人。从一开始，中国就把自己设想成一个中央集权的国家。在这个国家里，强大的统治者在专业军队和官僚机构的协助下主导着民众。

战国时期政治思想的核心在于企图瓦解大家族的力量，大家族的权力基础来自对当地人力和经济资源的控制。秦国是周朝西部边陲的一个国家，它为了限制世袭地主的势力，把部分领土划分为县，由中央政府直接任命的县令来管理。其他几个诸侯国也已开始抑制其内部封地领主的权力。然而，尽管采取了这些措施，在整个战国时期和帝国初期，中央政府从未彻底废除世袭的土地所有权。古代中国一直是一个中央控制土地和领主世袭土地并存的国家。

经过长达二十余年的艰苦征战，秦国成为霸主。公元前221 年，秦结束了几个世纪的分裂和战争，第一次把一个众多诸侯国并存的世界变成了一个统一的帝国。正如各个国家和城市已在外围筑起了防御城墙以抵御敌对军队的攻击一样，中国最具影响力的思想家已创造了自己的治国理论与哲学。一个政治持续动荡和诸侯纷争的时代把人们的思想集中起来，这是和平安宁的舒适环境可能永远无法做到的。中国古代的哲学家无暇涉猎抽象的理论，也无暇玩味那些没有直接答案的问题。他们必须解决一个当时紧迫的问题：如何培养和教育人民，如何组织一个国家，从而能够获得胜过其对手的优势？这些历史情境解释了为什么有如此多的中国思想集中于社会和政治、伦理和礼仪。当秦国将其敌对国家的大部分防御城墙连接成中华帝国的长城时，思想领域关于人应当如何行动和社会应当如何运行的争论已然在相当大的程度上开始了。这个时期涌现的许多核心思想将流传于后世，并在未来的世纪里经受考验。

秦朝

公元前221年，秦王嬴政自称"秦始皇帝"（秦的第一位皇帝）。他采用了"帝"这一商朝人最信奉的神灵的名号。秦始皇视自己为半神，他不仅是联结更高权力和人类世界的纽带，而且他自身就是最高权力的化身。秦始皇的权力超过以往任何一位君王，因此他渴望加入传说中长生不老的神仙之列。按照史学家司马迁（约公元前145年—约前86年）的描述，他体格魁梧，隆鼻，胸膛像猛禽，声音像豺狼。这位统一了中国的君主被描绘成一个缺乏同情、有虎狼之心的人。

秦始皇推行了一系列改革，让后世对他既钦佩又鄙视。这些改革均受到了法家学派奠基人商鞅（约公元前390年—前338年）的启发。（我们将在第三章详论商君。）所有人口都要登记在户口簿上，以便有效征税。这也使国家便于强制抽调劳动力来完成大规模的建设工程。臣民被部署为农民兵；农业作为经济的支柱而备受重视，但在扩张性战争时期，国家会把人民动员成高效的军事机器。废除所有世袭头衔，以个人成就取代世袭特权。秦朝还实施严刑峻法。

秦朝统一度量衡，并引入了一套标准货币。这种圆形方孔的铜币（称为"半两"，合今约八克）取代了各国使用的不同货币（其形制各异，或如贝壳、刀、铲等）。为方便计数，秦半两可以串在一起。秦始皇还颁布了新的马车标准，规定了车轴的宽度，以确保马车可在帝国全境的道路上畅通无阻。公路网横贯整个帝国，总长达六千八百公里，堪比罗马帝国的公路系统。其中一条由负责修建长城的将军所修建，名曰"直道"。它从秦朝首都咸阳开始，向北延伸八百公里直至内蒙古；它的一些部分今天仍然可以看到。然而，有道路并不意味着人员或货物可自由通行。所有旅行和迁徙均受军队管制，政府设置了检查站，征收过路费，旅客（包括他们的马匹！）需要许可证或通行证才可通行。新的道路系统使秦始皇和后来的皇帝能够巡视帝国。这些庞大的巡行队伍，加上登山祭拜的仪式，是皇帝向民众和神灵宣示权力和活力的象征性手段。皇帝出巡可能需要多年的准备。在一系列这样的远足中，秦始皇以在石碑（带有纪念题字的圆柱或石板）上刻字的方式给后人留下了记录。这些石碑遗存于帝国东部各处的山上，它们给后人留下了深刻的印象，他是多么希望后人记住他：他是一位朝夕不懈的君主，他史无前例，他的影响及于每一寸土地、每一位臣民，甚至"赏及牛马"（《史记·秦始皇本纪第六》）。

秦始皇发起的最重要的措施之一是统一文字。在丞相李斯的监督下，这次改革奠定了一个通用汉字体系的基础，成为管理高效官僚机构最重要的工具之一。在秦朝将汉字的形、义、音规范化之前，各国都有自己的书写规范。这些地区性变体是改革的主要对象。改革后的字体称为小篆，它简化了旧的、可变的大篆。新字体可以用毛笔和墨水书得更快更容易，从而让记录变得更加高效。但是，我们不应将字体改革想象成一个从头设计字体的过程。实际上，"统一"字体包含禁止使用大量以前使用的各地文字。许多先秦文字被审查。在禁止使用某些文字的同时，复杂的书写形式，如周代礼器上的许多文字也被简化了。

和大多数与秦始皇有关的事件一样，他的汉字改革也被理想化了。没有证据表明帝国的文字是在一夜之间统一的。标准化是一个渐进的过程，在秦始皇之后持续了几个世纪才完成。然而，正如对于今天的许多学习者一样，掌握汉字必定是一项艰巨的任务，作为汉朝的一名文书，你至少得记住五到六千个的汉字，并掌握几种书写风格（一本包含所有变体的中文大字典的汉字量在五到六万之间）。由于不允许以不规则的方式书写汉字，所以要求严格的准确性。据说书写风格能反映一名官员的道德品质（就像今天的笔迹学家声称能根据书写风格来判断性格一样）。一个书写错误可能要让人付出很大的代价。下面这则故事便说明了这一点：

> 建为郎中令，书奏事，事下，建读之，曰："误书！'马'者与尾当五，今乃四，不足一。上谴死矣！"甚惶恐。其为谨慎，虽他皆如是。（《史记·万石张叔列传》）

然而，中国汉字的书写始终有一定程度上的异体现象。其他任何一种语言几乎都没有这样的情形。如果说莎士比亚以不同的方式拼写自己的名字是可以原谅的，那么汉字在近三千年的发展过程中所表现出的相对连续性无疑是非凡的。如果没有秦始皇所发起的文字改革，有效的正式交流将会受到严重的阻碍，而政治上的统一也不会持久。

秦始皇发起的两项公共工程至今仍令人瞩目：长城和以兵马俑闻名的秦始皇陵。修建长城是为了保护帝国的中心地带免受游牧部落，尤其是来自北方和西北大草原的匈奴的入侵。虽然我们今天看到的长城只能追溯到15至17世纪，但秦朝已经开创了一个重要的先例，它将当时遗存的长城连接成一座连绵的建筑物（约3000公里）。这项工程持续了5年多，搬运了数亿立方米的石头和泥土，动用了约30万人的劳动力。然而，长城作为一座雄伟壮观、连绵不绝的建筑，其声誉也不免令人怀疑。过去和当代的许多中国历史学家都让我们相信长城的伟大，然而历史纪录没有显示长城实际上发挥过伟大的作用。美国历史学家林霨（Arthur Waldron）认为，人们不应该把长城视为一座单一的古老建筑，以为史料关于它的记录是连续而融贯的。秦始皇的长城与其说是历史事实，不如说是神话，不是因为它不存在，而是因为在历史上，长城这一形象一直被当作意识形态工具，用来赞美中华文明相对于其邻国民族的成就（"华夷之辨"）。或许，历史赋予秦始皇建造长城的声誉超过了他当初建造砖墙时的预期。然而，尽管下令建造长城的秦始皇不会预见到今天的宇航员仍在争论能否从月球看到长城，这个建筑工程却确确实实地反映了他的雄心。

自从 1974 年临潼县（今属陕西省，在西安城外约 30 公里处）开始考古发掘以来，数百万人参观或见到过秦始皇陵文物和兵马俑。惧怕死亡并痴迷于长生不老的秦始皇一登基（公元前 246 年）就下令建造陵墓。绕着今天的夯土山快走，需要走将近 1.5 公里。最初的土丘可能高达一百多米。所有没有子嗣的妃子都跟着秦始皇埋进了坟墓。为了保密，那些建造陵墓的人也被关在了墓里。然后陵墓上被种植了草木，为了使它看起来像一座天然的小山。今天，骊山的陵墓仍然覆盖着象征长寿、四季常青的松柏。考古学家们还没有挖掘墓穴，也许他们永远不会。谁想释放秦始皇那捉摸不定的灵魂

图 1.1　秦始皇《三才图会》（1609）

呢？墓中所藏之物未必如司马迁所述：一口铜棺；墓室里装饰着宫殿、塔楼和官方建筑的模型；水银在帝国的水道模型中流动；鲸油灯照耀着穹顶的星座。秦始皇希望他的陵墓是整个世界的缩影。陵墓四周环绕着建筑物和几个坑，这些坑里有成千上万个真人大小的兵马俑，排列成战斗队形。他们是秦国这一战斗国家的士卒，该国家像毛虫军团一样，啃噬了前帝国时代的中国版图。

　　另一个关于秦始皇的故事流传至今。据说他在公元前213年下令烧毁了除医药、卜筮和种植之外其他所有的书籍。一年后，他下令处死四百六十名儒生（据诋毁他的人说，全部活埋）。如果有人未能在三十天内烧掉自己私人收藏的书籍（即颂扬昔日的典范、可借以批判秦始皇的书），就要受黥刑，服苦役。然而，针对关于秦始皇的这种观念，已有学者提出了质疑。把政敌扔进坑里，销毁可以用来抨击你政权的文献，这些正是秦始皇之后的帝王用来妖魔化他的宣传手段，把他说成偏执野蛮未开化的暴君。确实，将上个朝代的皇帝描述为无道之君符合汉朝人的利益。诋毁前人，借此来证明自己登上权力宝座的合理性，是后来的王朝行之有效的方法。焚书可能有一定的历史依据，但影响很小，可能仅限于京城内的书籍。秦朝的文人似乎掌握了先秦著述的语言和风格。这一点可以从与秦始皇本人密切相关的少数现存文献中清楚地看出来，例如在他巡行时竖立在圣山上的石刻碑文。

纵观历史，中国的第一位皇帝背负着双重遗产：既被誉为帝国缔造者，又被谴责为严酷的暴君；既被誉为中国文字的伟大改革家，又被指责为无视文化的人；既因强化效率和精英意识而受人钦佩，又因其政策给百姓带来痛苦而受谴责；人们既为他推行法家思想的决心喝彩，又因他践踏儒家情感而痛恨之。正如历史学家尤锐（Yuri Pines）所说："关于秦帝国的持续争论不仅关乎过去，而且首先是关乎当下：这一讨论涉及中国应该如何治理，受管辖的各个地方应该给予多大的自主权，知识分子应该在社会中扮演什么角色，以何种方式恢复中国作为一个强大而令人敬畏的国家的光荣地位才是正当的。"秦朝并没持续多久。它突然的崩溃，和它的急速崛起同样令人印象深刻。秦始皇在创立非凡的帝国仅十一年后就去世了。

汉朝

公元前 206 年，出生于农民家庭的刘邦与试图恢复昔日特权的贵族派系进行了一系列战斗，建立了汉朝。他成为汉朝的第一个皇帝，即高祖。在经历最初的内乱之后，汉朝延续了近四个世纪，这是中华帝国历史上第一个长期存在且相对稳定的时期。政治上，汉朝统治者继续推行秦朝制定的许多项改革，继续实施并巩固货币、度量衡和汉字书写的统一。汉朝设计出一种较小的钱币（"五铢"），重量只有三克多一点。为了避免伪造，汉朝政府竭力垄断钱币的铸造。

作为主权最高典范的皇帝这一形象在汉代得以稳固地确立下来。新的礼仪、符号，以及新的宗教仪式在国家层面建立起来，以支持帝国的权威性和合法性。此后，皇帝成为宇宙观的化身。作为"天子"，他不再主要依靠军事力量和敬畏之心进行统治。相反，他是联系天与地的纽带，是维持世界整体稳定的象征性支点。汉代思想家主张，宇宙、人的世界和人的身体是紧密联系在一起的，一切都按照类似的道德和物理法则运行。我们将会讨论这种关联思维（第二章），并探讨它如何影响中国人的自然观（第七章）。

汉朝扩大并巩固了前朝发展起来的官僚制度，建立了由各级官员管理的机构，并将帝国划分为一系列行政单位，即省和郡，其中一些称谓留存至今。部分领土被作为皇家领地赐予皇室成员。汉朝还扩大了帝国的疆域。汉朝首次设立了处理外交政策的机构。相邻的国家和当地首领通过进献贡品（表示服从或依附另一位统治者的礼物）象征性地臣服于汉朝。汉朝公主也会下嫁蛮族和亲。

然而，维持和平是要付出代价的。在北部和西北部，与游牧民族匈奴部族的不断战争耗尽了汉武帝时期（公元前141年—前87年在位）的国库。然而，汉帝国借道位于今天的甘肃和新疆两省的河西走廊发起了对中亚的重大袭击，其军队一直挺进到乌兹别克斯坦东部的费尔干纳。这片土地上到处都是迅捷的汗血"天马"。在东北方向上，汉朝一直扩张到了今天朝鲜平壤周边的地区。在南方，汉朝吞并了越地（相当于今天的福建和广东），并将影响一直延伸到了越南的占城。

汉帝国在扩张过程中，是否与罗马人有过互动呢？虽没有他们与罗马直接接触的证据，但这两个文明位于丝绸之路的两端，间接地知道对方的存在。罗马人说起过一个生产丝绸的国家，中国人谈论过一个被称为"大秦"的神秘地方。大约在公元1世纪，佛教（一种起源于印度的哲学和宗教）主要通过中亚商人最早传入汉帝国。但是，直到公元166年才出现了皇帝向佛陀献祭的首次记载。佛教传入中国及在中国的本土化发展主要发生在本书的历史背景之后的几个世纪里。

王莽从刘姓手中夺取了政权，建立了短命的"新朝"（公元9年—23年）。他发动了一系列改革，主要集中于土地的平均分配。他的统治效仿《周礼》，此书将西周的黄金时代描绘成理想国家。然而，历史证明他那乌托邦式的改革如其统治一样短命。豪强地主夺回了土地控制权，汉朝如罗马帝国一样，逐渐被强大的贵族家庭控制，朝廷和都城日渐式微。加之自然灾害与千年之交汹涌的农民起义，汉王朝最终于公元220年覆灭。之后，中国要经历近四个世纪的分裂才能迎来帝国统一的第二个伟大时期，那就是七世纪早期建立的大唐。

汉朝开启了中国文化的黄金时代。朝廷和国家首次出资赞助编撰一部文献巨著，并积极鼓励人们研究经典。虽然将这场由国家推动的经典复兴新浪潮称为"儒家的"并不妥当，但孔子本人的确在数部经典的传播、编纂和注疏过程中成了关注的最大焦点。有五部重要文本被总括为"经"，并纳入公元前124年创建的太学的必修课程。一百年间，有三万多名学生在太学里跟着解经大师一起专研儒家五经。五经包括《春秋》，一部关于孔子家乡鲁国的编年史，时间跨度为公元前722年至公元前481年；《诗经》，收录了305首诗歌，分为风、雅、颂三部分，相传由孔子所编订；《尚书》，收集了周初统治者的治国名言；《礼记》，一部仪式和礼仪规则的纲要；《周易》，一部论及宇宙观的卜筮文献。

五经的文本都随着时间的推移逐渐被扩充，涵盖的内容可以上溯到周初与战国。但在汉代，这些典籍得以定型，并在之后的两千年里成为正典，直到 14 世纪，它们依然是文官考试的基础。从一开始，"五经"就被学者和文人引用进行政治和道德的论辩。至少对现代读者来说，它们的文学品质有时被低估了。一旦一首诗的价值显得像是主要来自对其诗句和意象的道德评论或政治解释，它的抒情愉悦感就很容易从阅读体验中消失。对于那些认为古人因太多枯燥的政治评论束缚了文学灵感的人来说，幸运的是，汉代还产生了赋、乐府诗等新的文学体裁。在随后的几个世纪里，中国产生了数量惊人的抒情作品和文学天才。

汉代的两大史学著作成为中国官方历史编纂学（该学科研究历史书写和历史著作）的范式，这一范式一直沿用至 20世纪。历史书写不是简单地收集事实以告知后人。更重要的是，皇帝委任的史官还要起到引导舆论导向的作用，他们对前代政权的描述需要让给他们发放俸禄的皇帝的统治合法化。这种用过去来解释并证明当前之合理性的观念成了金科玉律，它深植于中国的道德和政治思想之中。第一部讲述中国历史的史书是《史记》，由司马迁（其职位是太史令，相当于宫廷占星师）和他父亲编纂。该书包含从上古传说时代至他生活的时代（公元前 2 世纪）中国的历史。第二部重要的历史著作是《汉书》（又称《前汉书》），由班固（32 年—92 年）和他的父亲及妹妹编纂。它涵盖了汉代前两百年即西汉或前汉时期的历史。

汉朝开创了一个重要的先例，即朝廷首次积极资助宫廷藏书的文献编目工作。这项繁重的任务由刘向（公元前 79 年—前 8 年）和他的儿子刘歆（公元前 46 年—公元 23 年）共同承担。工作包括收集、修复和编校所有已知的手稿和过去留传下来的文本，并将它们归入不同的学科或体裁类别。刘向父子所编的目录为《汉书·艺文志》奠定了基础。宫廷藏书的目录列出了六百多种书目，其中四分之三现已亡佚。历朝历代，以朝廷的名义编纂的断代史都常规性地包含类似的书目。要想统治世界，就需要掌控描述世界的文本（及其作者）。

汉朝建立了文官考试制度。原则上，以选拔贤才为宗旨；事实上，人脉关系和推荐也同样重要。不过，由此产生了一个根深蒂固的观念：文官考试体系乃是向上层社会流动的通道。以下观念同样产生于汉代：官员也应该是学者，一面是公共政治管理的职责和技能，一面是对文学、艺术和哲学的个人追求，二者应当齐头并进。换言之，自我修养是成为一名贤能官员的先决条件。中国历史上这种士大夫理想非常普遍。即使在 20 世纪，甚至今天，常可以看到身居高位的中国官员写字作画，吟咏赋诗，人们对此是认同的。尽管形式经历过多次变化，但文官考试制度在 1905 年之前都是选拔官员的主要方式。

朝廷还出资赞助艺术，国家积极致力于都城、公园、历史遗迹的布局与建设，包括墓葬艺术。科技领域的重点包括改进灌溉和蓄水工程（如水井和水渠）。此时，铁器和铁制工具的使用越来越普及。汉代也是数学和天文学取得巨大进步的时代，新的农耕法（播种机、牛鼻环）、造纸术、给陶瓷上釉的新技术、纺织技术（织布机）和砖瓦、航海技术（轴舵）等都得到了发展。医学典籍的编纂也开始了。

与此同时，人口也增长了。关于中国古代的人口数据，统计数字是飘忽不定的，最好谨慎地解读。地方官员或那些希望避开中央政府干涉的人，乐于少报繁荣时期的人口数量，以逃避税收和劳役。少报成年男性人数或虚报年龄（谎称自己 60 岁以上）可能与逃避兵役有关。而在发生自然灾害或歉收等危机时，地方官员可能会多报人口数量（或土地亩数），以确保获得更多的救济物资和粮食种子。我们知道，中国的人口在汉代受自然灾害、不时发生的冲突及经济形势变化的影响，本来就有大幅的波动。公元 2 年，第一次全国范围内的官方人口普查所登记的人口不到 6000 万，分散在 1200 万个家庭中。与今天相比，古代中国的人口增长缓慢——在您阅读本页文字的这段时间内，中华人民共和国已有 20 个新生儿出生。不过，西汉时期的城市都是由相当大的社区组成的。超过 12 个城市的居民数量在 3 万到 10 万之间。以长安（今天的西安）为中心的大都市区域，登记在册的人口接近 70 万。

时间：循环思维

我们或者把时间理解为周而复始的，或者理解为线性的。这两种理解中国人兼而有之。和我们一样，他们也注意到时间流逝，每日从黎明到黄昏，事情一桩接着一桩，从头至尾依次展开。要理解事件之间的相互关系，就必须把之前发生的事情和当前正在发生的事情"串"在一起，就像一根丝线，将一块织物中的其他纤维连接在一起那样。为了解释你是谁，线性的年代顺序可使你一代一代往前追溯，一直把祖先追溯至源头。实际上，在中国古代，"纪"（本义为"线"）这个词也指一段时间，或逐年记录某位君王或某朝统治期间的事件和重要人物。自古以来，统治者就有家谱。为了使自己的王位合法，君主或王朝需将自己插入到与前人相关联的连续序列中，最好能追溯到传说中的三皇五帝。他们是中国的文化英雄（其中包括黄帝、伏羲、尧、舜），据说是他们发明了中华文明的核心工具，例如文字、历法、纺织和农业等。为了告诉别人你属于中国掌权者的行列，了解（或看似了解）过去似乎比预测未来更重要。

我们需要的一切东西的本质都扎根在过去之中，这些真理是值得我们汲取并保存的——几乎中国所有的思想家都秉持这样的观念。《道德经》有言："执古之道，以御今之有。能知古始，是谓道纪。"（《道德经》第十四章）孔子也认为，他没有创造新的道，而只是传承古代的道（《论语·述而》）。同样的话也见于帝国时代。《春秋繁露·精华第五篇》引古语："不知来，视诸往。"若想创新，就得守成。中国伟大的思想家、文人和政治家之所以受到赞扬，不是因为他们有能力从根本上破旧立新，而是因为他们精通传统。

更重要的是，中国人也将时间视为循环，并注意到一系列线性事件（你在吃早餐和就寝之间做什么）是如何一遍又一遍地重复的（你每天起床、睡觉）。他们把这种时间的循环看作一条轨迹（历），沿着这条轨迹可以绘制出起落与生死的循环，周而复始。现代汉语中的"历史"可以意译为"将由不同事件构成的周期记入档案"。循环时间观是中国人自古以来看待及描述历史的主要方式。在中国的历史书写传统中，历史划分为朝代或王朝的连续。从最严格的意义上讲，王朝不过是在特定时期内获得并保持影响力和控制权的一个家族或一个家庭。只有存在家族谱系及权力者，才有资格成为一个朝代。但广义上的朝代也代表着一个集体观念（有时是一种虚构），而非真实的事实。一个人可以名义上宣称自己统治某个朝代，而实际上掌控权力的却是皇族以外的人（如外戚、有影响力的大臣、宫廷的宦官）。因此，当谈到中国的王朝时，人们可能会将其与美国式总统或英国的首相作比较。总统的统治取决于总统个人及那些围绕在政府周围的人，但它还与以下因素有关：意识形态、政策、丑闻和阴谋，或任期内发生的重大事件，即使这些事件与执政者没有直接关联。

在中国思想中，王朝更迭的观念基于这样一个设想，即每个朝代的发展都有一个形式化的模式。历史会重复自身，事实的细节固然不必如此，但就演进历程而言必是如此。用历史学家司马迁的话说，一王朝终，则另一王朝始（"三王之道若循环，终而复始"，《史记·高祖本纪第八》）。因此，执政的王朝总是将自身视为王朝世系中最新的继承者。一方面，它对前朝创建者、统治者或文化英雄表示尊重或进行祭祀，来认可其深深扎根其中的源头；与此同时，表现出自己是这个世系未来"千秋万代"的自然继承者。中国许多朝代的命运惊人地相似。新王朝往往是在反抗中央权威的民间起义者的支持下得以建立，接下来朝廷加强其军事控制并实施经济改革，同时扩大疆域或巩固边界。到了某个时候，王朝初期的繁荣、国家的强大与和平被分裂与解体所取代。统治者们不自量力、刚愎自用、朝廷腐败、政府无力征收税赋，全国各地都响起了反叛或推翻政府的声音。由于后来的皇帝缺乏开国统治者克里斯玛式的魅力，朝纲不振，内外交困。年幼

的皇帝被扶上王位。一个王朝的末代皇帝软弱无能，甚至毫
无权力。最终，干旱或蝗灾等自然灾害加剧了本已鼎沸的不
满情绪。王朝在来自朝廷内部或外部的叛乱中瓦解，从而走
完自己的历程。一个新的周期重新开始，如《尚书》所言：
"惟命不于常。"（《尚书·康诰》）

因此，历史的进程乃是治乱循环，文（和平文明）武
（军事暴力）更迭。依此历史观，王朝的创建者总是德才出
众，而末代统治者总是软弱无能。因此，统治家族的命运就
像一个生命周期：它必定走向终结。圣王之道行世之际，王
朝便居于鼎盛期。孟子（公元前372—前289年）言曰："圣
王不作，诸侯放恣，处士横议。"（《孟子·滕文公下》）然而，
记住以下一点很重要：王朝循环的概念只不过是政治人物和
为宫廷服务的历史编纂者用来分析过去并使本朝权力合法化
的一种套路。实际的历史事件当然并不是如此展开的。认为
仅通过王朝循环这条线就能搅动中国历史的进程，这将导致
仅仅着眼于朝廷的狭隘而极为偏颇的历史叙述。值得称道的
是，现代历史学家在分析中国的过去时，已经采取了一种更
为细致入微的进路，将官方朝廷史官所剔除的资料、档案、
人物和史地纳入研究。

周朝取代商朝的理据是他们获得了"天命"。上天已把统
治的权利转让给了更有道德的继承者。如前所述，和犹太-基
督教传统不同，中国人的"天"不是一个地方，也不是创世

的力量。它代表着一切存在者的力量，作用于一切人一切物（当你仰望天空时看到的就是天）。因此，天被视为最高的道德仲裁者。在中国传统中，天命作为一个政治概念，是所有思想家和政治家都在使用的语汇。接受天命是宣布合法继承的必要条件。天作为一种解释政治权力转移之正当性的意识形态一直沿用到1911年。那一年，中国的末代皇帝逊位，共和制取代了帝国模式。

将天命视为宇宙的授权：上天选出德才卓越的人，授权他们统治。作为至高无上的力量，上天把权力赋予所期望的统治者，委托他尽其所能为人民和国家利益服务。但统治者正当性的唯一根据就是天命。把这种正当性拿走或转移给别人意味着上天解雇了统治者及其统治集团，因为他没有恰当地履行道德义务。天命的概念，以及权力应以世袭方式在皇族成员中传承的原则，二者成为朝廷实现权力基础之正当化的两大基石。

那么，中国人怎样记录时间呢？他们的记录方式多种多样，其中主要的方式乃是年号纪年。比如，"元凤二年"指的是年号为"元凤"的统治时期的第二年，即公元前79年。这一制度一直持续到1912年1月清末民初。（在日本，根据天皇统治的年份纪年的传统一直延续至今。）另一种记录时间的方法是六十年一循环的干支纪年法。干支和十进制一起构成了中国古代两种主要的计数法。十"天干"和十二"地支"

相配，形成六十个各异的组合，以此纪年或纪日。人们可能因为中国的生肖，即与地支相关的十二种动物（鼠、牛、虎、兔、龙、蛇、马、羊、猴、鸡、狗、猪）而熟悉这种六十年一循环的系统。关于中国十二生肖的起源依然存在争论，尽管有证据证明战国晚期已使用这种生肖循环，但也有一些学者主张，生肖经由中亚传入中国，可能起源于突厥。

至少从公元前5世纪开始，中国的天文学家就根据黄道带上的二十八个（不均匀的）分区把太阳的运动和其他天体的运动联系起来。但是，测量月亮的圆缺就必须接受以二十九为数的时间分隔。由此，一年大致分为十二等份或十二"月"。根据月球的运行制定历法相对简单，根据太阳的运行制定历法则要困难得多，因为月份的更替很快就与太阳的可见运动不相符，与季节的更替也不相符了。通常情况下，一年由十二个月组成（按照月球周期），但为了使地球、太阳和月球的周期同步，必须每三十三个月就增加一个月（称为闰月）。因为阴历月在二十九天到三十天之间，而365天的太阳年并不是精确的12个阴历月，所以需要一部历法来确保周期匹配，并显示每个月有多少天。

中国人记录时间一丝不苟。他们这样做有充足的理由。农业是经济生活的主要形式，需要精确的计时，尽管我们必定认为农民最了解他们当地的环境。历法还有助于组织征兵、征税和人口登记等其他活动。为了在城市实行宵禁，官员们需要一种精确的方法来测量一天的时间。和世界上其他地方一样，夜晚也被划分为不同的"守夜"时段，通常用瞭望塔上的钟鸣或鼓声来表示。刻漏（或漏壶）在先秦就已经出现了。刻漏由一个底部有一个小洞的水罐构成，时间单位则用一个随着水的滴漏而下降的浮子来测量。

无论在现实生活中还是在象征意义上，除了各种计时的技术和系统，计时本身对施加政治控制来说也至关重要。通过发行历书来控制时间是统治者的特权。即使在今天，历书也不仅仅是帮助我们安排日程的工具。发行历书就是主张自己能够掌控时间的安排。它使当权者能够控制民众的活动。带插图的日历和历书仍然是世界各地大使馆和公司最热衷于派发的新年礼物。我们大多数人通常是下意识地以一种约定俗成的方式来思考时间：作为学生，你可能会把时间分成与学期相对应的一个个单元（不要忘了阅读周和考试期）；对于销售人员来说，季度报表的概念标志着时间的安排；对农民来说，收获的开始是一个重要的时间节点。中国统治者坚持让他们的臣民按照农历来安排时间，同样，今天的雇主、大学和体育协会也会发布日历来公开自己的日程安排。在中国古代，人们对计时的关注是基于一种信念，即人类活动不只是人类的私事。相反，要按照天体的运动和天象来计划、执行并检查人类活动。历法是保持宇宙平衡和控制臣民的关键。统治者或皇帝有权决定哪个月为一年的元月。这意味着历法也传达了一种仪式化的时间感，重要的仪式标志着新的一年或一个季节的开始。

空间：圆圈思维

　　地理绝不仅仅是对人所处自然环境的描述，而且几乎不可能是完全客观的，这一点古今无别。古代中国人形成了一种关于他们所在世界的富有道德意义的地理观。大多数文明、帝国或殖民者都喜欢把自己置于已知世界的中心，中国也不例外。虽然文献和考古发掘的大量数据都显示出种族和文化的多样性，但在与宫廷有关的资料中，以及那些充当宫廷顾问的人的言词里无疑仍带有某种文化中心主义（别忘了上文提到过的，中心地带更容易培养优秀的执政人才！）。外国人及其土地、食物、药品、产品和习俗可引发人们的好奇心，但从道德层面来讲，位于文明的宫廷、中国或整个帝国之外的世界在文明成就上往往要弱一些。

　　理解这种世界观的方法之一是设想一组同心圆。在这些同心圆中，人们认为中心地带在物质、物理、道德等方面的影响力向周边辐射。学者有时用"中国化"（sinicization）这个词来描述这一过程（一些非华人群体受到中国文化的影响）。尽管在现实中，地域主义和区域认同是复杂的问题，但在中国人的思维中，有一个根深蒂固的观念，即中国内部区域运转所依赖的社会经济法则与边疆地区不同。离中心越远，你所受的直接控制就越小，这既包括对人们的经济和军事资源的控制，更体现在对人们思想、文化、习俗和行为的控制。

那些在中心地区或帝都的宫廷中服务的人认为，在外面的世界中，文明程度由内而外逐渐下降。孔子指出："夷狄之有君，不如诸夏之亡也。"（《论语·八佾》）换句话说，做一个没有头脑的中国人也比做一个有脑子的野蛮人要好。与此同时，出身赵国而在齐楚为官的儒者荀子（公元前310年—前238年）谈及"王道"时认为，中央要好好利用四夷的土著物产："故天之所覆，地之所载，莫不尽其美，致其用，上以饰贤良，下以养百姓而安乐之。"（《荀子·王制》）中国腹地四周的部落和游牧民族有时被比作动物：他们是茹毛饮血的生物，穿着兽皮，说着奇怪的语言，如作鸟兽鸣。

言外之意是，那些拒绝接受中华文明影响而改变自身的人注定会从地图上消失。许多中国思想家通过区分中心地带和外围地带来界定文明、文化（以及后来的帝国）和完全意义上的人性。这种二元论观念认为世界有"内""外"之分。当然，这在很大程度上是一种感知或政治修辞。帝国的象征范围之广，"普天之下"，和它的实际权力及影响力几乎从未一致。早在汉朝，想象的地理学就出现在皇家园林或诗歌的描述中。在这里，人的思想神游所至远远超乎人的身体可到达的世界边界。人们可以从《山海经》中领略到一些地理上的想象。这部奇异的作品带领读者踏上世界之旅，记录了传说中的大禹在治理黄河水患之后游历中国陆土，发现了未知的生物和未知之地。王国的每个角落都分布着形形色色的人、精灵、动物和其他稀奇古怪的东西，还有诸多真实的和传说中的地标。

> 大荒之中有不庭之山，荣水穷焉。有人三身。帝俊妻娥皇，生此三身之国。姚姓，黍食，使四鸟。有渊四方，四隅皆达。北属黑水，南属大荒。北旁名曰少和之渊，南旁名曰从渊，舜之所浴也。(《山海经·大荒南经》)

尽管这些虚构的地名来源于神话传说，但仅仅对陌生的土地和生物进行描述就可以被理解为掌控它们的一种重要方式了。命名意味着解释，即使人们永远不可能亲眼看到远方这些奇异的稀有之物和生物。

一个更早的对中国地理的描述见于《禹贡》。据称此文源自传说中尧和禹的时代，但实际上很可能成书于公元前4世纪左右。它将所有已知的土地分为九个州或地区，描述了居于其间的百姓种种不同的生活场景，以及他们进献给朝廷的贡品。到了公元前3世纪，阴阳学家邹衍（公元前305—公元240年？）的理论中又出现了关于中国地理的另一种阐述。

据他所言，整个世界分为八十一个部分，中国居其一，名曰"赤县神州"，内又有九州。在中国之外有其他八个类似的大陆，每一大陆为一片小海洋所包围，彼此间人禽不相通。中国是九大州中的第九部分。

在阅读了这些早期的地理描述之后，你会有这样一种感觉：在中国人的世界观中，秩序最终从中心发出，所有地区、货物和人口自然地向着文明的中心地带流动。世界是以放射状或环状的方式环绕着王畿或中心。然而，由于社会政治、文化和经济因素的影响，古典时期事实上的中国地理很少是这种想象的状态。黄河流域把中国分为两个主要的影响区域。关中是尚武的秦国的传统统治区域。位于黄河流域东部的诸国则养育了中国最杰出的哲学、文学和行政人才。南面是长江流域，那里发展了独特的南方文化。因为有户籍制度，人员和货物的自由流动很有限（今天的中国依然如此）。旅客需要通关文书和通行证才能出入境内外的关卡。所以，总体上看，在对中国思想发展最为重要的几个世纪里，中国在地理上局限在一个相对较小的区域，大致在北方的黄河和南方的长江之间。

语言、书写和文字

今天，汉字在国际上的影响力是前所未有的。它渗透在我们对中国的整体印象之中。汉字可能出现在霓虹灯闪烁的购物中心、餐馆的菜单上、互联网弹出的窗口、体育场的广告牌上、重要足球队的球衣上，或者时髦青少年肩头的文身上。自从统一文字以来，汉字便成为身份的标志。几千年来直至今日，书面汉语一直是一种通用语言：它使得华人社区跨越地理、社会地位和方言上的差异，得以相互交流。口头汉语和书面汉语在不同的领域发挥作用。有了书面语，即使不能说话，不能口头交流，也可以阅读；另一方面，那些只会说话而不懂文字的人，就无法通达全部的意义之域。纵观中国历史，运用和精通书写是一种权力的象征。在其他任何一种文化中，书写在社会、知识和宗教生活中都没有如此根深蒂固的中心地位。

历史学家将书写的发明视作判定历史发源的起始点。如果用文字系统的年龄来衡量一种文化的寿命，那么中国在世界文明中位于相对不那么年长的行列。毕竟，商朝的甲骨文出现在公元前1200年左右，比埃及或美索不达米亚地区的书写文字大约晚了2000年。中国文明当然比其书面记录要古老得多，其新石器时代的祖先可以追溯到公元前5000年。要评估书写和文字在中国思想中所具有的权力和特权，我们需要明白，对于古代中国人来说，书写符号不只是一种人们所发明的代码。

相反，人们认为书写源于自然世界。按照汉字起源的传说，汉字是一种有机体。根据《周易·系辞下》的说法，传说中的君王伏羲仰望天象，俯察地上鸟兽的印迹。由此受到启发，发明了八卦。每一卦由三根或断裂或完整的线组成，而八卦又可以组合成六十四卦，用来预测未来事件（下一章将再次提及此）。另一个故事与仓颉（见图 1.2）有关，他是传说中黄帝宫廷里的一位抄写员。据说他也是通过模仿鸟迹发明了汉字。后世有位注释者提道："天雨粟，鬼夜哭"，因为文字可以用来驱鬼（一种自古有之的迷信，至今人们仍使用符咒和护身符来驱鬼）。我们还被告知，甚至兔子也生活在恐惧中，因为它们预见到自己的皮毛将被用来制作毛笔！撇开兔子的不幸命运不谈，这些神话传达了一种看法，即文字再现了现实世界和整个宇宙的结构。因此，读懂文本和文字不只是掌握书本知识，让你成为知识分子；它还给了你一把打开生命奥义的重要钥匙。识文断字给了你掌控世界和历史的力量。

汉语著述有三千多年的发展史。今天我们所能找到的大多数资料都是用文言文写成的。从汉代到清末，人们使用的是相对稳定一致的文言文。直到 20 世纪初，文言文一直是东亚地区官方书面交流的主要语言。作为行政人员和受教育阶层的通用书面语和行政语言，文言文的影响力和使用范围堪比长期影响欧洲历史的拉丁文和法文，甚至可与今天的英语相媲美。自然，语言从来不是静止不变的，语言的演变是内

图 1.2 仓颉，传说中的汉字发明者。《三才图会》（1609）

外因素影响的结果。佛教从公元 3 世纪开始传入中国，第一次给中国文言文带来了重大的外来影响。从元代开始，文言文也逐渐吸收了白话文（即口语或非文学语言）的元素。

商代甲骨文的语言结构与文言文有着直接的联系。今天使用的一些汉字仍然与它们古代的字形相似，例如那些表示心、日、月、门、人或鬼的汉字。这些汉字直接用形式化的方式表现对象，有时被称为象形文字。除象形字外，也可以将两个或多个图形符号组合成一个字符，以表达更抽象的概念或观念（如，"日"加上"月"，形成了"明"，表示"明亮、聪明、清晰"之意；二木成"林"，表示树林；人靠在树上则为"休"字，表示"休息、放松"之意）。中国第一部字源辞典《说文解字》由许慎（30年—124年）编著。他将汉字按照540个"部首"进行分组（现代汉语词典中的部首大约有两百个）。《说文》还将汉字分为六类：象形、指事、形声、会意、转注和假借。现代汉语（包含大约420个不同的音节）中九成文字是形声字——也就是说，它们由表义的语义成分和表音的语音成分组成。为了读懂五经、写文章，一个知识分子就必须精通五千个汉字。但实际上你必须掌握更多汉字，因为要能够识别变体和通假字，也要能够读懂注疏。

从现有的资料来看，汉语在本质上并不是一种口语。文言文可以被朗读，但作为一种口语媒介是无效的，这一事实在很大程度上解释了文言文作为一种书面交流的共享工具的成功。20世纪初以前的中国官方文献和文学作品，大多以某一种版本和风格的文言文来记录。这也是哲学家、诗人、官员、经典编撰者和注释者运用的语言。为了更准确地把握汉字在20世纪广泛使用的意义，将汉字说成一种"书面"语更准确。但是，由于许多重要的经典文本及主要思想家都出现在古典时期，今天的学者和学生倾向于把20世纪早期以前的所有正式的汉语书面语都称为"文言文"（classical Chinese，直译为"古典汉语"）。

文言文对现代汉语的影响无所不在，尤其在文学和正式表达方面。在今天的中国，能够读写文言文仍然被看作受过良好教育的一大特征。背诵、记忆和引用名篇仍然是学校里的学生经常做的事。中国的政治家在特定场合也会引经据典；一些政治家用毛笔抄写经典文本中的引文，一些政治家（最为著名的是毛泽东）喜欢写古体诗。无论是口语还是书面语，现代汉语中有大量的词汇源自文言文，包括格言、成语、譬喻和典故等。从我们现代人的角度来看，文言文是一种主要用来读写的语言，不是用来听的（诗歌可能例外）。文言文首先是一种书面语，因此它的作用远不止于对口头语言的记录。由于这个原因，好的大学课程都包含文言文训练，以帮助学生深入了解中华文明。尽管"五四"时期（1915年—1921年）的新文化运动呼吁废除文言文的正式使用，推行白话文，但文言文仍然继续渗透在汉语语言和书面文本之中。

有人建议用简体字和繁体字来区分现代汉语和前现代语言。然而，把简体字与现代世界联系起来，把繁体字与传统的过去联系起来是不准确的。汉字的简化始于20世纪30年代，一直持续到1949年中华人民共和国成立。但简体字没有影响到中国大陆之外的华人社区（如香港和台湾）所使用的书写系统。简化旨在促进大众识字和教育。它服务于一种政治目的，将新的共产主义政权与一种被认为更有效、更容易消除社会鸿沟的官方文字结合起来；同时，它也试图缩小中华帝国时期受过教育的精英与那些未受过教育的平民百姓之间的差距。中国国务院推行的文字改革结合了实用性与符号性，这一点与秦始皇时期的文字改革不无相似之处，然而，繁体字简化实际上并不是 20 世纪的发明：今天列出的 2200 个汉字官方简体字的俗体大部分可追溯至唐宋时期的书法文化。中国的书写文化表明，对便于使用、易于书写的关切，并非现代社会所独有。

思想和语言结构有着错综复杂的联系。语言学家认为文言文实质上是省略性的。这意味着，这种主要由单音节构成的语言，试图通过相对少的字符数表达大量内容。也就是说，文言文阅读的诀窍之一在于处理省略的成分。读者需要学习如何推断没有说出的内容，在语序上它们处于何种位置；同时还需要注意某些语词和短语之间的对偶，虚词和韵律的使用；如此等等。文言文没有表示时态、格、语态、人称和数的曲折变化，即没有词尾变化。词的语法功能很大程度上体现在语序或句法上。因此，大多数词可以根据它们在短语或句子中的位置发挥多种功能。例如，基本意义为"好"的字符可以用作不及物动词（如在"她很好"这个表述中）、名词（如在"好的意思是……"中）、形容词（"好人"）或及物动词（相当于"认为某物很好"）。除了一些基本的句法规则和一系列助词或虚词，文言文读者不必掌握一套复杂的语法规则。相反，开启语言的大门需要掌握大量的词汇，并学习如何处理字符的语义。特别是在初学阶段，要死记硬背相当数量的词汇，还要培养对语言运用的创造性感觉。这些变化无常的文言文习惯用法在一定程度上解释了不同西方译者的译文之间的差异，尤其是对一篇充满抽象语言或象征语言的文献的翻译。除了书写，记忆和口头传播也是传达思想的重要手段。许多记录性文本用词简洁，或者使用一套帮助记忆的文体技巧（如押韵、排比、引用、重复）。因此，那些归属于中国哲学家的文本不太可能是对他们所说的话的直接记录。

最后，中国思想家的另一个重要特征是不注重分析性语言的运用，这就是为什么西方读者不会立即将中文文本视为哲学文本的原因之一。文言文惯于使用类比、比喻和典故来表达思想。现在，你可能认为思维清晰的标志应该是直接了当、特点鲜明的分析性词汇。但是必定如此吗？人们同样可以认为，想象、类比和隐喻中蕴含的可能性是逻辑和定义之类的干枯的语言所无法唤起的。冯友兰（1895—1990）曾经说道："中国哲学家所说所写是含混的，其暗示性近乎无穷。"象征语言在表达抽象概念方面绝不是无效的。通常，意象和隐喻的使用扩展了我们解释思想的视野。它可以软化抽象的、理论性很强的语言的棱角。较之于报出某人的精确年龄，或说某人处于青少年或到了领取养老金的年纪，中文里说一个人处于人生的春天或秋天显然赋予了同样的意思更多可能性。

原始文献

中国古代许多文本的性质在于它的开放性，它邀请读者进行评论、阐释和再阐释。与其将文本视为固定的或最终的成品，不如将其看作不断发展的有机体。许多材料都是随着时间的推移而累积起来的文本。就像夹心蛋糕一样，人们通常需要吃完一层又一层的海绵蛋糕和糖霜，才能尝到奶油夹心的味道。当然，有一些方法和技巧可以用来证明某一特定著作或版本是权威的最终版本。例如，你可以为文本作注，以此展示这一文本的权威版本。或者，人们可以在石头上刻写文本的一个版本，以确保它不会被篡改。通常，中文著作成为经典，并非因为它能被明确地鉴定为原稿或原版（即所谓的"原始文本"），而是因为特定学者对它的编排和注释已经被接受，具有权威性和确定性。中国古代的著述，其权威性往往与一种权威的注释或注疏谱系相联系。与孔子这样的伟人联系在一起，可以为后代提供一个具有思想标识的文本。

除了代代相传的文本（所谓的传世文本）和考古学家收集的物证，研究古代中国的学者也依赖越来越多的新出土文本。在一定程度上，由于快速的现代化建设，近几十年来中国发掘出的手稿数量之大是前所未有的，特别是写在竹简、木牍和帛书上的文本。今天文献学家和古文字学家（古代字迹和简帛专家）对这一大批材料的研究工作显示了一个中国

图1.3 楚竹书

古代文本可能多么令人费解。

在纸张或印刷技术出现之前，文字记录最常见的方式是在竹简（和木牍）上书写。在墓穴中发现的刻刀和磨石表明，人们在抄写时也可能会刮掉竹条上的文字或对文字进行修正。竹简用绳或线扎在一起，卷成一捆。数百甚至数千年后它们在墓穴中被发现时，将文本按顺序联接在一起的绳索已腐烂。受到土壤性质和湿度水平的影响，字迹本身可能部分消失或变得难以辨认。这样一来，将这些竹简按照原来的顺序重新串起来并恢复原状，这个过程就像把一包掉到厨房地板上，散落一地的生意大利面收集起来一样。想象一下，一部由数十卷竹简组成的文本，被堆放在一辆牛车上，从一个地方运到另一个地方。在铺着鹅卵石的道路上，只要有几个坑洼，就可能有一"卷"竹简从车上颠簸下来，掉在路边，被人遗忘。数百年来，无数的文献学家和历史学家可能会争论，到底丢失了多少支简，或者反过来，某一组从车上掉下来被遗忘的竹简可能属于哪部更大的作品。盗墓和利润丰厚的文物黑市交易让复原工作变得更困难了。很遗憾，一些手稿至今仍然无法确定出处。

我们倾向于认为文本只是由它们所包含的思想造就的。但事实显然并非如此。文本的物质史同样重要。以涂鸦为例，要了解艺术家（或破坏者）的意图，除了涂鸦的内容及使用的喷涂技术，同样重要的是在哪里涂鸦，在什么东西上涂鸦。与之相仿，古文献的发掘地点，与其一起随葬的物品，文献在书写介质上的确切排列方式，甚至文本与周围其他东西的相对位置也能教给我们很多东西。未来的考古学家和语言学家无疑会发现，弄懂今天使用的手机、计算机和其他设备，理解遗留在里面的神秘短信和消息所使用的词汇同样具有挑战性。古往今来，中国人也写下了大量的考据学著作。虽然考据学在近代有了很大的发展，学者们无疑还会继续研究许多资料的构成和意义。最近几年，与以往不同的一个显著变化是，中国已经走在了将古代文本数字化的前列。仅从数字化的数量来看，中国目前在制作原始文献的数字化版本方面居于领先地位。这意味着现在很容易获得更多的材料。今天，新发现的手稿会首先在互联网上的学术帖子中得到讨论。近几十年来，考古发掘复原的大量中国古代文献对现代学者来说是一个巨大的福音。这使他们能够修正千百年来几乎没有变化过的对文本的理解，也使得文献学家们看到先贤在传世文献解释上的纰漏。

　　文本也容易遭到误解和操纵。因此，当我们研究中国古典文献时，将某些文本涉及的历史人物与他们所反映的思想区分开来是至关重要的。中国传统中某些最基础的文献的作者要么不为人所知，要么只得到部分证实，要么存在严重争议。关于我们即将碰到的许多重要思想家，包括孔子和老子，可靠的传记资料很少或根本没有。然而，他们的名字一直与多个文本和大量涵盖范围很广的思想联系在一起，有时关联的基础很薄弱。孔子就是个典型例子，在中国历史上他的形象总是被有选择、有策略地不断重新刻画，直至今日仍是如此。比利时籍澳大利亚汉学家、作家李克曼（Simon Leys）在其《论语》英译本（这是近年出现的多个译本之一）序言中言简意赅地阐明了这一点："孔子当然不是儒家。"（Confucius was certainly not a Confucianist.）他的意思是说，当政的皇权倾向于只挑选和放大那些有利于当权者统治的言论。孔子认为有责任对统治者进行批判性评价，而且当统治者无法引领社会道德时应该对他们提出异议，这些都被轻易地忽略了。

历代政府乐于凭借《论语》这样的小册子来宣传他们对一些普遍价值观念的支持，如和谐、平等、均富、普及教育、社会流动、可持续发展、敬老、好学、服务社会等理念。当然，这并不意味着这些文本中不包含对政府来说可能不那么令人满意的思想，或可以解释为对现有秩序持批判态度的想法。

汉学家

专注于中国思想的学术研究，尤其是以文本和文献为基础，侧重于文学、历史、宗教和哲学研究的学者有时被称为"汉学家"（sinologists）。这个词主要在欧洲使用，出现在大学课程和学位证书上。研究前现代中国的学者更经常被称为"汉学家"。一段时间以来，西方学者对古代中国非常着迷。17、18世纪，多明我会和耶稣会传教士率先对中国的文本进行翻译和诠释。但直到1814年，欧洲才出现第一个汉学专业教席，设立在巴黎的法兰西学院。首位教授是雷慕沙（Jean-Pierre Abel Rémusat，1788—1832）。他是一位医学学者，在迷上了一篇中草药文献之后自学了中文。他的继任者儒莲（Stanislas Julien，1797—1873）在近四十年的时间里翻译了大量的文学和历史作品。继他们之后，法国又出现了几位中国文献学、目录学和手抄本研究方面的巨擘，其中包括沙畹（Edouard Chavannes，1865—1918）和伯希和（Paul Pelliot，1878—1945）。法国第一代汉学家中的其他人则从历史和人类学视角来看待古代中国，其中包括马伯乐（Henri Maspero，1883—1945）和葛兰言（Marcel Granet，1884—1940）。

德国人甲柏连孜（Georg von der Gabelentz，1840—1893）是系统研究汉语和汉语语法的先驱，两位苏格兰新教传教士伟烈亚力（Alexander Wylie，1815—1887）和理雅各（James Legge，1815—1897）使英国汉学在19世纪名噪一时（见图1.4）。理雅各以其对儒家经典的里程碑式的翻译而闻名。1876年，他被任命为牛津大学第一任汉学教授。1888年，剑桥大学也设立了汉学教席。最早担任这一教职的两位学者威妥玛爵士（Thomas Wade，1818—1895）和翟理斯（Herbert A. Giles，1845—1935）在中国担任外交官和领事后转向了学术工作。尽管两人私下不睦，但他们作为"威妥玛-翟理斯式拼音法"的创立者而永远捆绑在一起了。该拼音法在英语学界中被广泛运用于汉语音译，直至今日。不过，由周有光（1906—2017）参与制订、中国政府在20世纪50年代大力倡导的拼音系统已在很大程度上取代了它，成为使用最广泛的拉丁注音系统。

在北美和更广义的英语学界，随着"二战"后新的地缘政治秩序的建立，中国研究得到推进，已被纳入大学课程体

图1.4 儒家典籍的译者理雅各和他的中国助手

系。哈佛大学的费正清（John K. Fairbank，1907—1991）是引导中国研究走向跨学科研究的关键人物。这一举措将对中国和中国思想的研究纳入了社会和政治科学的研究领域。毫无疑问，围绕中国的学术研究将继续随着学科的变化趋势而变化，并对教学课程的新要求作出回应。但需要提醒我们自己的是，西方关于中国文明、语言和文化的研究仍然是一门相对年轻的学科，仅有两百年的历史。当然，这是相较于西方语言研究和对世界上许多其他地区的历史研究。那些翻译了大量中国重要文献的先驱在没有字典这样的基本工具和其他参考书的帮助下，就开始了这项艰苦的工作。他们常常不得不在信息不足的情况下工作。理雅各在1865年翻译的《尚书》的序言中曾预言："当一部词典被一个了解汉字起源的人根据真实的原则编纂出来,并追溯每个汉字在历史上曾呈现的形式之源流,对(儒家)经典的解释将被大大简化。"尽管开创性的学者不得不忍受各种挫折,西方对中国古代的研究还相对年轻。随着新文献和文物的不断发现,汉学研究将成为一项真正令人兴奋的事业。研究一种不断出现新的历史资料、手稿和档案的文明,以及一个持续以快节奏变化的中国社会,还有比这更令人有所收获的智力活动吗?说到这里,是时候让我们熟悉一下中国思想中的一些基本概念了。

第二章

CHAPTER 2

大道及其道
之种种

　　试想自己迷失在一座繁忙的城市。起初，你或许惊叹于眼前高楼广厦的建筑之美，乐在其中。不过，紧接着你就想找到一条出城的路了。为了在这迷宫般的街道与建筑中感到自在些，你寻觅着由中心通往郊区的路。你尝试不同的路线，寻找地标。但无论如何，你都不能确定自己所走的街道和小巷可否将你带往正确的方向。你检视街道地图，你向警察和交通管理员问路。但他们每个人对最佳路线都有自己的看法，告诉了你相反的方向。有那么一会儿，你开始怀疑自己是否永远走不出这座城了。不过，当你穿行于迷宫般的街道和建筑中，一边惊讶于周遭所见，一边提心吊胆想着街角将出现何物，你便渐渐意识到自己已经很喜欢晃荡的感觉。你探寻着道路，新的风景在你面前展现，能否走出去的焦虑逐渐消散。毕竟，天色尚早，大可慢慢来。在街道间，广场上，弄堂里，你发现身边的城市魅力无穷。起初火急火燎寻找出城之路的焦虑让位于这样一种感受：尝试不同的路线，不知道它们将导向何方，这已将这座城从一个令人压抑的陷阱变成了一个诱人的游乐场。如果你想知道某条路通向何方，唯一的法子，就是沿着它走。但你终究会意识到，乐趣在于行走，而不是分析地图，或沿着这条路走到底。你已经成为一个不想到达某一特定目的地的漫游者。

道

"路""径"或"路线"，这是汉字"道"的基本词义之一。"道"大概是中国哲学语汇中最重要、最常见的术语，所有中国思想家都谈论它。然而，"道"难以界定。"道"这一汉字在写法上包含两个图形：一个图形表示脑袋，另一个图形表示"移动"或"通向"。在汉字"道"的古体中，你甚至可以辨识出十字路口的形状。该词最早的用法之一，乃是指引导河流防止河水泛滥。那么，这意味着什么？意味着"道"只能被理解为其各种意义的总和：它是道路、途径、方法、方案、技艺；它是教导、解释活动或一种学说。"道"既是名词又是动词；它既是一条路，又是一条路形成的过程；它既是一种生活方式，又是对如何生活的建议；它既是言说又是实践。

作为一切存在之物背后的引导原则、一切人和物循之而行的路径，道统摄万物的运行。道体现了调节宇宙循环的自

图2.1 "道"的不同字形

然自发过程。然而，寻之则不见，听之则不闻。道无形，却让一切成形。就在你认为自己可以识别或命名它的时候，道已离你远去。就此而言，道是神秘的，却并非惑人；道是基本的，却并非初级。它超越了语言和理性思考。《道德经》开篇便写道："道可道，非常道；名可名，非常名。"（《道德经》第一章）你当然可以尝试用文字来表达什么是道。在这方面，许许多多中国思想家和诗人留下了大量优雅的文字。但是，要表达无法表达的东西，语言终究是捉襟见肘。你不能将"道"分割为几个组件或成分，因为它是"一"。它是一个整体，一种渗透于万物之中并将万物（天、地、人）紧密地连接在一起的统一体。所以你可以把它看作是一种终极的实在或过程，一种驱使一切运动不息的力量。正因为此，语言不能通达它。讲得越多，道的本质离我们越远，所谓"知者不言，言者不知"（《道德经》第五十六章）。

因此，接近道的技艺在于放弃判断。我们需要静下心，把语言抛诸脑后："信言不美，美言不信。善者不辩，辩者不善。知者不博，博者不知。"（《道德经》第八十一章）《道德经》中有一些与此类似的格言描述了道的本质。这部书本身篇幅不大，共八十一章，每章都很短。与《道德经》相关的老子是一位准历史人物，相传生活在公元前 6 世纪。从出土的抄本来推断，《道德经》至少要在两个世纪之后才成书。但我们无法知道谁写了这部书，又是在哪里写的，为什么而写。学者们如果揪住这些问题不放，恐怕就和《道德经》本身的反智主义背道而驰啦。

在西方，"道"这个词可能主要因《道德经》而为人所知，但值得注意的是，除《道德经》外，几乎所有其他哲学文本都以一种或多种方式描述了"道"如何运作。以下片段选自一首名为《内业》的长诗，它作为《管子》的一个章节流传下来。其辞曰：

> 彼道之情，恶音与声，
>
> 修心静音，道乃可得。
>
> 人之所失以死，所得以生也；
>
> 事之所失以败，所得以成也。
>
> 凡道无根无茎，无叶无荣。
>
> 万物以生，万物以成，命之曰道。（《内业》第六章）

"德"是我们每个人与生俱来的内在潜能或能力。人拥有一定的自由和个体能量，故而能够完成特定的行为，并更有效地按照"道"的样式生活。"德"意味着裁剪"道"的原则使之合乎个人的能力;易言之,它可被视为"道"在个体事物中运行的方式。例如,为了从 A 点到达 B 点,需要某种形式的移动,动物和人运用不同的方式和能量来完成这一行程,爬、走、跳,跑、游、飞、骑马、开车、骑自行车,如此等等。那么,将人类和其它物种区别开来的,在于我们有一点额外的自由能量,使我们能够有创造力,而不完全受自然模式的束缚。如果我们完全按照四季之道生活,我们将日出而作,日落而息,冬季昼短而夏季昼长。但是,电或蜡烛的出现可让我们延长冬季的短昼。而百叶窗或窗帘有助于我们缩短夏季的长昼。因此,我们的自由能量允许我们控制自然界的昼夜模式。然而,我们的行事方式应有一定的分寸,以跟上道的步伐:个体自由需要与自然秩序保持一致。一旦我们连续数日遮挡白天的阳光或整夜在灯泡下生活,我们就违反了季节之道,这种与自然不和谐的行为可能会危害我们的身心健康。

这些对"道"的描绘表明,我们可能不理解周围世界的一切,但我们至少能看到它是按照一定的样式运行的。似乎存在一种统摄世界和宇宙的秩序。我们自己的生活和我们生活其中的物理世界似乎都遵循一张基本的路线图。我们不能确切地知道,这张地图究竟为何会向四面八方无限辐射,生出无穷无尽的曲折变化。因此,承认人类的无知是关键。不要问"道"是什么;道是你所"为"。循着一条特定的路线,我们可能会接近我们要去的地方，但即使我们做不到，我们也将在这一过程中获得经验，甚至有可能欣赏这种找不到答案的追寻。既然我们找不到"生活是什么"这个问题的答案，中国思想家会认为，我们最好问下面这个问题："我应该怎样生活？"西方哲学（和科学）则对"是什么"这个问题更加感兴趣。例如，它允许我们把水定义为 H_2O。但水同时也是湿的，它会流动，（有时）可以喝，对所有生物的水合作用至关重要。一个脱水而渴望喝水的人不会因为能背出水的分子式而得到什么安慰。让河流改道，防止它淹没城市，或引导它灌溉稻田的工程师或农民首先也会将水视为一种移动和流动的东西。当你洗澡时，水是湿的，能够洗干净身体的。下雨的时候，水落在你身上，把你淋透；游泳的时候，水不同于空气，它能够让你浮起来。水就是水之所为，事物就是事物之所为。对中国的思想家来说，真正重要的是解释事物如何"成物"。

人们往往把"道"和道家哲学直接联系起来。在中国古代，道家通常与战国时期的两部神秘文献关联在一起，即上文提及的《道德经》和《庄子》。一般认为，《庄子》的作者是庄子（庄周，约公元前 369 年—公元前 286 年）。不过，"道"不仅仅是在上述的宇宙学意义上被使用，它在更宽泛的意义上还指方法或路径。"道"这个词绝非道家的专属。人生之道，无非是一个人从出生到高年，在身心发展上所需要遵循的轨迹。中国思想家提供了多种"道"或方法，每一种都对"如何"的问题提供了不同的答案。每个传统都提出了自己的路线图。正如我们将要看到的,儒家强调人类伦理道德和社会交往的重要性;对于他们来说,这里的"道"主要指"人道"。他们认为,人类可以付出努力,使旅程比道路本身更有趣:"人能弘道,非道弘人。"(《论语·卫灵公》)对道家来说,最好的生活就是从社会隐退的生活,因此,他们的"道"往往代表着自然的基本节律或万物从之出并向之归的原初的"一"。曾经启发秦始皇的法家的"道"则坚持用赏罚分明的制度来实行法治。总之,"道"是一个十分有弹性的概念。广义上,"道"的含义涵盖了支配宇宙的根本模式、人们的生活之道,以及狭义上的方法:战争之道、圣人之道、君子之道、古人之道、治国之道、养生之道。

且让我们重新回到作为宇宙力量的道。道从何而来?答案是,它一直在那里,不断地自我更新。在我们生活的世界之下并没有其他被遮盖的实在。可能有许多不同的路线图和理论来帮助我们导航,但道路始终只有一条。与犹太–基督教传统不同,中国的思想家们似乎普遍满足于这种解释,而没有求助于一种万能的力量——一位普遍的立法者或神圣的上帝。因此,"道"不是创造或设计出来的,也没有外力如第一因或大爆炸作用于它:"人法地,地法天,天法道,道法自然。"(《道德经》第二十五章)这里的"自然"一词很好地说明了古代中国人是如何认识道的作用的。"自然"可英译

为 "to be so of itself"（自身如此），也可译为 "to be of one's own accord"（自愿如此）。在现代汉语中，它仍有二义，或指自发性，或指物理客观实在（如自然科学、自然环境、自然界）。然而，在古代，它的核心含义为自发性，而非物理客观实在。"自身如此" 描述的是一种存在的状态，而非某种本质属性，亦非自身存在且按照其自身规律运行的物理世界。

简而言之，中国人认为宇宙是动态的、有机的。它有着自身的秩序。试着把它想象成一个能量场。事物以特定的方式活动，不是因为其他事物先前的作为或推动，而是因为事物自然就要如此。两者之间的区别是微妙的，就好比声称足球滚过球场是因为球员踢了球，还是因为滚动是球的本性。中国思想认同后者：世界是靠内在的自发性运作的；它自我生成、自我运转。它就是 "自身如此"。在中国人看来，与其说世界是无中生有，不如说世界及其复杂结构是从先前简单或未分化的状态演变而来的。"道生一，一生二，二生三，三生万物。万物负阴而抱阳，冲气以为和。"（《道德经》第四十二章）但这个需要融合的 "气" 到底是什么？

气

构成万物的基本物质被称为 "气"。"气" 有多种英译法，如 "vapour"（蒸汽）、"vital energy"（生命能量）、"essential

图2.2 汉字"气"不同的古字体

energy"（本质能量）、"material energy"（物质能量）、"life force"（生命力）、"breath"（呼吸）、"fluid"（流体）、"ether"（以太）。"气"是一象形字，从字源上看乃是描摹露水变成蒸汽，或者祭品加热后升起的水雾或湿气（该字的不同变体都含有偏旁"米"或"食"）。

"气"代表"生命的呼吸"，这一观点解释了为什么可以在其他文化中找到与之相关但不完全等同的概念（如希腊语 pneuma、梵语 prajñā、拉丁语 spiritus，或希伯来语 neshamah）。"气"这个概念最好不要翻译。"气"来源于其原始义"蒸汽"，后用来表示宇宙原始的物质，一种渗透于世界一切生命体的物质。

它可以跟气候条件或大气做比较（现代汉语中的"天气"字面义是"天上的气"）。用宇宙论的术语来说，我们可以把

"气"看作一种存在于大气中的流体。万物由气凝聚而成，消散之后又回归于气。气不是某种与物质对立的东西（如能量与物质相对）；也就是说，你不能拿一个东西，然后给它加上一些气。它与稳定的原子截然不同。气是充满活力的，不断运动的，就像你在小隔间里洗热水澡时周围充满的蒸汽一样。蒸汽可以再次凝结成水滴，也可以在你开门时消散无踪，但它永远不会真正消失。在医学术语中，气是一种生命力，它与血液一起使身体有活力，流经血管、静脉和动脉，并为我们的器官、皮肤和肌肉以及我们的情感提供物质基质。

　　气影响着我们行为的方方面面：从运动、行动到思想、气质。它既可以是一种身体力量，也可以是一种道德力量。在《论语》的一段话中，孔子提出，我们的"血气"状况会随着年龄的增长而变化，并与道德操守直接挂钩："君子有三戒：少之时，血气未定，戒之在色；及其壮也，血气方刚，戒之在斗；及其老也，血气既衰，戒之在得。"（《论语·季氏》）另一位重要的儒家哲人孟子（约公元前4、3世纪），谈到滋养自我的"浩然之气"。他认为，如果一个人带着一种正义感行事，那就积累了道德上善的气，它将"塞于天地之间"（《孟子·公孙丑上》）。因此，气可以控制我们的感官，引导我们过有道德的生活。气可以用一种好的或坏的方式加以引导。如精气畅通，可以确保身体和精神健康；如气被消耗、阻塞、纠缠或扰乱，就会导致疾病或缺乏道德和情感的智慧。

气存在于万物之中，包括我们可能认为或多或少没有生命的东西——岩石、树木和画作。

气以各种形式和不同程度的一致性表现自身。或粗或精，或轻或重，或粗劣或纯粹。气可以膨胀或凝结，集中或消散。气有清浊。浊气沉淀成土，清气上升成为天空、云彩、星星、太阳和月亮。

> 天地未形，冯冯翼翼，洞洞灟灟，故曰太昭。道始于虚霩，虚霩生宇宙，宇宙生气。气有涯垠，清阳者薄靡而为天，重浊者凝滞而为地。清妙之合专易，重浊之凝竭难，故天先成而地后定。（《淮南子·天文训》）

我们需要气来维持生命。正如庄子所说："人之生，气之聚也。聚则为生，散则为死。"（《庄子·知北游》）就气的状况而言，我们人类处于某个中间的位置。我们既会使用粗糙的能量，如身体力量，也会运作其更为精妙或集中的形态：我们的智慧、才能和感官。人所秉之气的性质使人区别于其他生物："烦气为虫，精气为人。"（《淮南子·精神训》）所有活着的生物都是由同样的物质组成的，只是"气"的不同构成方式导致了生物在形体和行为方式上的差异。因此，宇宙生于无形；进而，气凝聚而产生宇宙中的一切。

变与化

宇宙是由不断变化的生命能量构成的，变化也定义了人类的生活和世界。古代汉语中有丰富的动词和短语可以描述各种变、化和交替。中国古代思想家大都认为，使人们的世界观得以统一的，是万物都处于不断变化之中这一无可争议的定律。唯一稳定的参照点是认识到万物变动不居。但是，我们的目标应该是让自己适应不断变化的环境，不管是自然界的物质变化还是社会的变化，而不是焦躁不安，努力保持事物的原样，或者试图超越变化。从本质上说，生活和理解世界意味着掌握变化。《庄子》这部公元前 4 世纪晚期的道家经典中充满了说明世界处于变化之中的轶事和寓言（本书将会不断提到这部经典）：

> 昔者庄周梦为胡蝶，栩栩然胡蝶也。自喻适志与！不知周也。俄然觉，则蘧蘧然周也。不知周之梦为胡蝶与？胡蝶之梦为周与？周与胡蝶则必有分矣。此之谓物化。（《庄子·齐物论》）

但是，该如何应对变化呢？第一步是了解我们所经历的及观察到的周围的变化是何种类型：季节的流逝，农作物和其他植物的生长衰败，变老及其对身体的影响，情绪的消长，等等。第二步是尝试做出行动并引导我们的行动，使我们适应这个变动的世界。例如，我们可以尝试预测将会发生什么变化，并试图减轻事件对未来的影响。中国人发展出了许多占卜的方法以预测未来。几乎所有的占卜方法今天都仍然很受欢迎：观星，算命，看相、手相或面相，解梦，蓍草算卦，或者解释自然界的预兆和反常事件。一旦我们确定了周围的变化模式，就可以试着与它们保持一致，从而在某种程度上掌控我们周围不断变化的环境。这保护我们免受因没有回应变化而产生的负面影响，也使我们能够将变化转化为我们的有利条件，就像农民根据季节调整自己的活动一样。我们可以利用时间，设计时间表或日历以更加高效地规划我们全年的活动。如果我们承认变化是世界上唯一的一种永恒，那么，我们甚至可以由此获得心理上的安慰。

著名的《易经》（亦称《周易》，其部分章节可追溯至公元前 10 世纪至公元前 8 世纪）就是一个如何指导使用者在不断变化的世界中找到方向、如何应对不断出现的新情况的经典例子。《易经》的主体结构是六十四卦，每卦由六根线（实线为阳爻，虚线为阴爻）组成（如图 2.3 所示）。

每一卦都有一个卦名，其后是卦辞，由一串公式化的短语形成一个陈述。这个陈述解释用于占卜的卦象的意义（如"利建侯行师"或"利艰贞"）。卦中每一爻都有爻辞，其中使用的意象是隐晦而模糊的，这使得用蓍草进行占卜的人可以

图 2.3　乾卦、坤卦与恒卦

对意象做出不同的解释。抽象而晦涩的语言，及其多种可能的含义，无疑使这本书成为用于（以及滥用于）多种用途的智慧手册，从自我治疗到赌博和电脑游戏。人们认为，卦象中爻的变化捕捉到了每一个新出现的情形的动态变化中的不变因素。这样，占卜者就可以预测未来的结果。

　　撇开它作为占卜手册的技术复杂性不谈，《易经》要解决的根本问题是很清楚的：如何理解一个不断变化的世界？与卦象和卦辞关涉的数字命理学和隐晦的语言相比，更直白的是对《易经》的注释，即被称为"十翼"的《易传》。其中最重要的是《系辞》。它用更为典雅但同样深奥难懂的韵文写成，阐明卦象所代表的宇宙变化。它讲述了古代圣贤发现了自然界中的图形符号和标志，这启发他们发明了工具来创造了人类社会和人类文明以及支撑性制度。它记录了万物如何从无形无象的原始状态"气"中产生出来。它几乎将《易经》本身呈现为这些深层的宇宙模式的化身，并指出为了解开宇宙变化的奥秘，你需要求助并精通此书。《易传》用了丰富的隐喻和意象来描述变化概念。其中最有表现力的莫过于中国最具标志性的符号之一——龙。例如，下面这段话出自 1973

年在湖南长沙附近的马王堆发现的与《易经》有关的帛书。
孔子在其中描述了这种万能的生物：

> 龙大矣。龙形迁，假宾于帝，譬神圣之德也。高尚
> 行乎星辰日月而不眺，能阳也；下沦穷深渊而不沫，能
> 阴也。上则风雨奉之，下沦则有天神护之。游乎深水之
> 渊，则鱼蛟先后之，水流之物莫不随之；陵处，则雷神
> 养之，风雨辟乡，鸟兽弗干。曰："龙大矣。龙既能云
> 变，又能蛇变，又能鱼变，飞鸟虫，唯所欲化，而不失
> 本形，神能之至也"。（《二三子问》）

龙之所以神圣，是因为它有能力通过自身变化和转化成
存在的其他每一种事物来保存自己。正如龙是终极变形者一
样，人类也需要培养一种应对世界中不断变化的本领。但要
做到这一点，我们需要一个蓝图来帮助我们遵循这个变化的
世界运作所依据的规则或准则，并理解我们所有人在这个系
统中如何相互关联。

关联性与阴阳

中国人建立了不同的思想体系来阐述变化的缘由以及事
物之间的相互关联。关联性既非一个抽象的概念，也非中国

独有。在我们日常生活的很多方面，我们都是自然而然地用关联性术语或二元对立来分析和思考世界。例如，我们通过与对女性角色期待的不同之处来定义对男性角色的期待；通过与丑相比来确定什么事物是美的。我们用相反的事物衡量对立物，冷与热、老与幼、精力与疲倦、白昼与黑夜、和平与战争、好与坏、水与火、苦难与收获、高与低、甜与酸。

大约从公元前4世纪开始，中国人开始把世界看成是阴与阳的二元力量运作的结果，尽管有迹象表明关联性思维可追溯到更早的年代。阴阳思想被树立为标准，要归功于邹衍（公元前4—前3世纪）及其追随者。邹衍的作品没有流传下来，但他的影响显见于其他文本。他设计的体系和宇宙观产生了广泛影响。到了汉代，"关联性"思想便普及了。这给中国人分析世界的方式留下了深远的影响。

让我们先回到阴和阳。一些书籍围绕阴阳发展出庞大的自助理论产业，与这些书籍所暗示的相反，阴阳概念本身其实没有什么神秘或玄妙之处。"阴"字本义指山的阴面，"阳"字则指山的阳面。阴阳符号概括了这样一个原理：没有光就不会有阴影，反之亦然；阴阳对立互补，相互关联。彼此只能在相互关系中得到定义。这个观念以图像的形式展现在有名的"太极图"中。太极图从清朝起成为人尽皆知的标识性符号（但它的历史至少可以追溯到14世纪）。

宇宙是一个圆形，它分成两个部分，由一条曲线将其分

图2.4　太极图

开。一面是阳，另一面是阴。每一面都包含着另一面的种子或内核。阳可以生阴，阴又可以变为阳（你可以把"太极图"看作一幅不断旋转的动态图）。理想的状态下，阴阳和谐共存互补，没有疾病、死亡和自然及人为的灾害。阳过旺，人就会发烧；阴过重，庄稼就会冻坏。公元前4世纪的史书《左传》是最早描述气与阴阳关系的著作之一。一位名叫"和"的医师描述说：

　　天有六气，降生五味，发为五色，徵为五声，淫生六疾。六气，曰阴、阳、风、雨、晦、明也，分为四时，序为五节，过则为灾。（《左传·昭公元年》）

　　到此为止都没有问题。但至关重要的是，不要把阴和阳看成一个"东西"。每件事、每个人、每个物体或每个过程都有阴阳两面，但它们在不同层级上相互作用。阴阳描述的是世界不断变化的过程中的作用和阶段。《系辞》说:"一阴一阳之谓道。"在本质上,阴阳是一种用互补的对立面(明与暗、火与水、躁与静、男与女、夫与妻等等)来理解世界以及我们周围事物的方法。然而,没有任何事物是自身就为阴或为阳的。以男女为例:他们都有生育能力,都有一定的体力和精气神。但这些是我们赖以生存并指导我们生活的机能。那么何为阴,何为阳呢? 这个问题的答案完全取决于我们要描述的功能或活动究竟是什么。如果比较体力,男性往往比女性强壮。因此,当我们在体力的层面把男女联系起来时,通常说男阳女阴。然而,这种关系的性质可以根据我们所描述的功能发生改变。事实上,在生殖活动中,女性显然承担了更大的责任。比起怀孕和抚养幼儿,授精所需的时间和精力少之又少。因此,人们可以说,上面的分类颠倒过来了。生母显然扮演了"阳"的角色,而生父则处于次要地位,变成了阴。水相对于火而言为阳(它可熄灭火),但相对于太阳而言则为阴(太阳可蒸发它)。

换言之,每一种现象都可以是阴或阳,这取决于所讨论的功能。人类或自然界中的任何情形都可以适用于这个框架。在生命的某些阶段你可以积极进取(阳),而在另外一些时期觉得不想冒险或陷于沉思(阴)。但阴与阳都不能单独存在:山需要山谷,老师需要学生,收获需要播种,刚需要柔,言语需要静默,动需要静。这样,中国人的宇宙就呈现为一个庞大的关联网络，在其中一切事物都彼此关联，至少其中每个元素需要另一个元素的存在才能起作用。它像一个活的有机体一样运作，这和自然界及其气候系统很像。在此基础上，小的原因可能引发大的结果，中国思想家得出这样的结论远早于洛伦兹（1917年—2008年）提出著名的"蝴蝶效应"：一只蝴蝶在地球的某个地方扇动翅膀，随着时间的推移，可能会在另一个地方引发飓风。

我们和周遭的一切都有一种无形的关联，人类须努力理解并掌控初看上去是独立的事件或实体之间的关系。到了汉代，一种解释世间万物之间对应关系的更为复杂的体系已经深入人心。除了把事物之间的相互作用看作是阴阳力量之间的一种动态关系，持关联性思想的思想家还采纳了"五行"这一模型。五行系统用五种重要的资源（水、火、木、金、土）来解释世界上各种现象之间的相互关系，包括空间和时间。"五行"首次出现在《洪范》中。该文本成文的时间早于公元前400年，后来被编入《尚书》，成为其中的一篇：

> 一曰水，二曰火，三曰木，四曰金，五曰土。水曰润下，火曰炎上，木曰曲直，金曰从革，土爰稼穑。（《尚书·洪范》）

五行的排列顺序，或相克（木克土，金克木，火克金，水克火，土克水），或相生（木生火、火生土、土生金、金生水、水生木）。无论它们用何种顺序排列，重要的是，五行作为一种坐标，可以帮助我们解释事物之间的顺序。不仅所有的事物都在阴阳之间交替，而且这种交替模式本身也被认为需要经历五个连续的阶段。请注意，我使用了"阶段"这个词，而非"元素"。古希腊人谈到元素（土、火、水、气、以太）时，他们把这些元素想象成组成万物的实体，或万物的基本构成要素。它们背后的驱动问题是："它是什么——我们是由什么构成的？"中国的"五行"则不同，每一"行"不是一个东西，而是一个过程、一个阶段。这种观念的预设是一切自然和文化现象都是密切关联的，而且人体、自然、时间和空间的关联性也要经历五行（相生或相克）的循环过程。从公元前3世纪起，阴阳和五行模型的运用就非常普遍了，几乎可见于中国知识体系的每个分支，从医学到历史书写，从算命、星相占卜术到儒家的政治思想。今天，这些概念依然用于中医、武术、风水甚至中华美食。

　　但是，我们应该如何根据五行思考人生呢？根据五行来安排世界万物的秩序，这样做的实际意义是什么？时至今日，我们很难想象，这些理论是如何超越象征主义的层面，或走出知识分子和学者的书斋而被付诸实践的。将宇宙学关联到实际的行动并非易事，更不用说关联到可追溯至特定时间和地点的实践活动。中国思想家的诀窍是确保一切事物都能被放进这一模式。持关联性思想的思想家痴迷于寻求天（自然）和人之间的等同。他们试图按照五行的顺序来排列生活的各个方面：季节、方向、颜色、味道、声音、天气、数字、祭祀、仪式、饮食、器官、动物、谷物、人类情感，甚至朝代的更替和历史进程本身（参见表2.1）。

	季节	方位	颜色	味道	脾气	器官	动物
木	春	东	绿	酸	生气	肝	披鳞的
火	夏	南	红	苦	高兴	心	长羽的
土	仲夏	中	黄	甜	沉思	脾	无毛的
金	秋	西	白	辣	悲伤	肺	长毛的
水	冬	北	黑	咸	害怕	肾	有甲的

表2.1　以五行安顿世界

根据阴阳五行模式将宇宙论付诸实践的一个例子可见于公元前3世纪的一种特殊历法。该历法指导人们何时该做什么——故而被称为"月令"——并具体规定了每个季节可以开展的活动。它还警告人们不合节令的行为将导致灾难。月令将一年分为五季，中间加入了炎热的仲夏为第五季，对应五行中的"土"。根据月令，在一年中的生长期（木和火，即春和夏）应避免杀生；处决罪犯应该在主金之时进行，即与死和"阴"关联的秋后至初冬。因为天子肩负着维系天道（即通过"天命"授予他权力的力量）与臣民之间联系的重任，他必须努力维持宇宙的平衡。历法规定了统治者应该如何按照五行模式来安排他的生活。例如，他必须根据季节调节饮食，改变长袍的颜色和车舆上的装饰，在历法的每个重要节点举行重要仪式，改编宫廷音乐，甚至根据一年中的时令更换他在皇宫中的住处。就像龙（前文提到的变形者）一样，统治者通过不断自我调适来主宰世界。统治者必须以恰当的方式来呈现时间的流逝。《吕氏春秋》说道，不遵守节令、不合时宜的行动将产生不利后果：

> 孟春行夏令，则风雨不时，草木早槁，国乃有恐。行秋令，则民大疫，疾风暴雨数至，藜莠蓬蒿并兴。行冬令，则水潦为败，霜雪大挚，首种不入。（《吕氏春秋·孟春纪》）

这个例子意味着自然灾害至少有一部分是人为的。在这种思维方式中，自然和道德相互联系。一些学者认为，由于关联思维的基本前提是自然界被深度牵涉进了人类生活，因此，该思维妨碍了中国人将自然视为一个独立的知识领域（这又进而阻碍了中国自然科学的发展）。我们将在第七章更详细地讨论这个问题。诚然，在许多著作中，五行模式都变得高度机械和思辨。但建立在阴阳五行基础上的思维当然不是为了证明什么，而仅仅是为了在事物和事件之间建立次序。

只要每件事物都能在这个模式中找到位置，关系就得到了解释。然而，试图通过一个分为五个范畴的系统来解释一切事物——从人体机能到政府机构的运行——往往受限良多而获益甚少。有时，需要一种创造性思维，运用类比和比喻把事物联系在一起。例如，火与夏天、明亮、南方以及红颜色之间的关联似乎不言自明。考虑到生阳气的缘故，中国皇帝端坐于朝南的宝座上，背对着暗影中的北面。但是，要将鸟类与火联系起来，需要更大的想象力。例如，人们可以说，鸟起飞像火一样升起，或者鸟向着太阳飞。或者，如果快乐的感觉对应于火，悲伤对应于金，那么，用快乐战胜悲伤就可以被解释为事物的自然秩序，因为火熔化金属。然而，火热的喜悦过了头，又会让人心情沉郁（火生土）。如果人们把不同的朝代与周期循环的五行联系起来（如邹衍所做的那样），那么相克循环的逻辑决定了政权一定会自然地更替。烹饪时，五种口味之间的良好平衡可以防止一种口味压倒另一种口味。如此等等，以至无穷。

最后，看看我们人类在这个五行模式中的位置。如上表所示，动物物种根据它们的外形，更具体地说是根据皮肤的覆盖物来分类的。五行模式将动物分为有鳞的、有羽毛的、裸体的、有毛的和有甲的。在这一分类的大多数版本中，人类居于裸体动物的中心。因此，人类不仅被视为一种由更精微的气所构成的生物，而且五行模式还将人类描绘为维持系统平衡的中心力量。然而，它能够做到这一点，并不是通过赋予人类在进化等级中的生物优越性——声称在生物进化链中人居于顶端（如亚里士多德或达尔文所说）——而是将他们放置在中心，那里阳气最旺，而人类在那里也最能适应周遭世界并改造之。作为人类，我们有更多的自由精力更换居所，并根据不断变化的环境来调整我们的生物节律。人类与其他生物（或行为像动物的人）的区别，就在于我们有能力采取行动，适应不断变化的环境。

　　中国思想家在宇宙和自然界中发现的相互联系，并不仅仅是一种抽象或思辨运思的游戏。正如我们将在下面几章所看到的，对如何定义一个更大实体或群体成员之间的关系的强烈关注，也定义了中国人的社会世界。中国伦理学的重心是两大核心问题：应该如何定义人类在与外界，以及他们彼此之间的相互依存关系中的作用？在这个充满变化的世界中，什么样的策略最有利于掌握和控制人类的处境？

第三章

CHAPTER 3

为政之术

　　中国早期思想多为精英主义的，以君主而非民众为中心。中国哲学家大多数时候费心思考的，是那些在社会中占据主导地位的人：君主、将军、圣人、贤人、学者、贵族、君子、公、侯、伯、子或皇帝。因此，探究统治技艺，是中国古代"百家争鸣"的重要议程。"百家"一词用于指代公元前 4 至公元前 3 世纪的思想家群体。这一时期的中国哲学家没有一个不对治理百姓之道和社会统治之法发表自己的看法，就连那些选择远离权势的诱惑、与世无争的思想家也不例外。

　　是什么让一个人拥有权力？是个性，是与生俱来的才能，还是发现他人潜力并说服他为你工作的能力？是人格魅力、单纯的智力高超，抑或仅仅是你所处的职位或制度赋予了你权力和权威（老师总是能先发言，即使他们没有什么重要的事情要说）？那么，你应该如何激励他人，如何击退对手，保护自己并估量周围人的忠诚度呢？你应该隐在幕后还是应该走到民众中间？你应该显得很有主见，能以身作则，还是应该藏在高墙之后深宫之中从而显得高深莫测？为什么不干脆驱逐那些与你意见相左的人（若有需要，以巧妙的方式进行驱逐），而奖励那些愿意对你言听计从，无条件执行你的每个命令的人呢？你该如何斥责那些尸位素餐的人，以及当下达命令和指令时，你应当采用什么样的语气、应当如何措辞？你应该把你想实现的目标清楚详细地说出来，还是最好秘而不宣（即使你有值得一说的东西），或借别人之口完成沟通？怎样做才能最有效地确保别人懂你的意思？你是自信地直接说出"我认为……""我说……""我看……""我觉得……"，还是委婉地说"有言曰……""吾闻之……""古人云……"（古汉语对话中最常见的三种起头方式）？

这些都是中国思想家试图寻找区别统治者与被统治者的特征时所关注的问题。这些问题的共同点是：它们着迷于一个人该如何选择自己的定位，以便以最有效的方式进行治理或领导。大家关于君主集权制的基本前提并没有什么分歧，即权力必须集中在单一的统治者或首脑手中。然而，每一位思想家都提出了不同的策略，以赋予那些必须履行天命的人以权力，并使其发挥出良好的作用。有些人认为，社会最好由一个能够以身作则的、具有道德权威的人来管理。另一些人则认为，只有完全而彻底的专制权力才是最佳选择。有些人关注"出处之道"。有些人坚持认为最好的统治方式就是不统治，有些人则认为通过间接的方式进行统治最有效。理想主义者构想着关于社会应然状态的理论；现实主义者则着眼于所处战国时代的艰难现实，把政治看作做在当时当地切实可行之事的技艺。

选择自己的位置

了解中国政治哲学最简单的途径是从它的发源地，即战场开始。哲学家兼汉学家安乐哲（Roger Ames）指出，中国的军事典籍本身就是"应用哲学"。几乎所有中国古代的哲学家或理论家都反思过战争或曾以战争为喻。和儒家、法家，以及其他学派类似，兵家也只不过是服务于国家的另一个群体，他们周游列国、出谋划策。由于当时战事频仍，中国的军事战术和政治策略之间存在交叉融合并不奇怪。

中国现存最重要的军事战略专著是《孙子兵法》。这是一部可以单纯作为制定军事战术的技术和心理学指南来阅读的著作（正因为如此，全世界的军事院校都还在继续研究它）。但是，如果把《孙子兵法》作为一般性的战略论著来读，它的威力还将大大提升。这本书既讲了如何使用武器，也讲了如何管理人，因为它所包含的谋略、形象和隐喻可以延伸到生活的诸多方面。

《孙子兵法》（历史上流传下来的版本有 13 篇，1972 年发现的抄本又增加了 5 篇）论述了用兵之法。它讨论了战争的经济学和心理学，在侦察和情报收集方面也给出了指导意见。历史上，可能存在不止一个孙子：一位是孙武，孔子的同时代人；另一位是孙武约一个世纪之后的后人孙膑。《孙子兵法》很可能出自多人之手，成书时间约在公元前5世纪中叶至公元前4世纪初。孙子与其他几位兵家后来成为军事天才的典型代表，他们的名字也出现在几部兵家著作中（如《吴子兵法》《司马法》等）。孙子的传记里有一则著名的轶事，讲述他如何通过把一群宫女当作士兵一样训练来说服吴王聘请他。他把宫女编成几队。宫女听到操练命令只是咯咯发笑，孙子便把担任领队的吴王最喜欢的两个妃子处死了。命令必须得到服从。优秀将军的理想是带领一支和谐运转的武装部队，同样，社会领导者的最终目的，也要使社会像一支训练有素的军队一样遵纪、有序、和谐。

《孙子兵法》的核心思想是：真正巧妙的战略思维应该要能使实战得以避免。应当取胜于战斗之前。战争意味着损失："不尽知用兵之害者，则不能尽知用兵之利。"（《孙子兵法·作战》）但是，如果不得不兵戎相见就已经是一种失败，那么，还有什么可学的呢？孙子的天才之处就在于，他所设计的策略能够使战斗仅仅成为最后不得已的手段。优秀的统帅不会被逼开战，而是会运筹帷幄地通过战略定位来实现自己的目标："百战百胜，非善之善也；不战而屈人之兵，善之善者也。"（《孙子兵法·谋攻》）与其与对手正面交锋，不如先从攻击对手的计划开始，在他可能与他人建立的联盟中打下楔子。攻城略地应该是最后的选择。

因此，可以称为完美的战役应该是那些无需交火、无需一个士兵牺牲就能取得胜利的战役。只有当思想上的策略之战斗经过了充分的检验，指挥官才会下令对实际的军队发动进攻。不是依靠野蛮反击的力量，其目的是通过智慧和预判来取得对敌人的战略优势。优秀的指挥官应当表现出克制和自制力。他隐而不彰，高度适应变化的环境。优秀的指挥官善于伪装。归根结底，战争之道不过是一种欺骗的游戏："能而示之不能，用而示之不用，近而示之远，远而示之近。"（《孙子兵法·始计》）目的是让敌人动，而不是为敌所动（《孙子兵法·虚实》）。此外，指挥官不好智名，不好勇功；相反，他应该在容易获胜之处获胜（《孙子兵法·军形》）。

"势"这个字，包含环境、位置、实力基础、潜力、战略优势、区位优势等意思。一个指挥官的勇气和体力来自他的"气"，但他不会一言不合就掀起战争。为了控制局势并最终取得胜利，他要有办法评估自己的战略优势。就像一个人在股市中炒股票，或者在球场上指挥一支足球队一样，优秀的指挥官会根据实际情况进行操作和应对。他在各种选择间权衡利弊。因此，当他被迫行动时，他就总是能够从最有利的位置出发。他考虑到了所有可能影响决策与行动之后果的因素：地形和地势、时机、敌人的心理、后勤、军情。为了说明"由自身定位带来的优势"的概念，《孙子兵法》描述了这样一幅场景：若弓弩已经被完全拉开，只需要轻轻一扣扳机，就能从远处射杀敌人。受击者压根没时间看清箭的来路，甚至都来不及察觉发生了什么事。但要想这样一击奏效，需要始终保持满弓状态。不必扣动扳机就能带来的力量和威慑力，完全取决于弓弩保持满弓状态。

战术上的关键是能够对不断变化的情况作出反应：作战新阵形、新武器、适应新形势的战略演习、最新情报。与此相应，需要培养预测能力：知道什么时候该行动或战斗，什么时候不该行动或战斗。一个人要想达到最终目标，就要有自知之明，还要充分掌握情况："知彼知己，百战不殆；不知彼而知己，一胜一负；不知彼，不知己，每战必殆。"(《孙子兵法·谋攻》)因此，军队的真正力量不在于它的攻击能力，而在于它的防御能力和自保能力："善守者，藏于九地之下，善攻者，动于九天之上，故能自保而全胜也。"(《孙子兵法·军形》)换句话说，就是要激怒对手，使其暴露弱点，同时隐藏和掩盖自己的弱点。领导者正是要培养这种无为而为的诀窍，就像武林高手的战斗策略就是避免被击中。看似漫无目的，实则激发对方暴露自己的目的。因此，把注意力集中在自己能控制的因素上，诱使对方处于下风："不可胜在己，可胜在敌。"(《孙子兵法·军形》)要想征服世界、让自己有竞争力，最重要的是要让自己无懈可击，保持自己的士气和身体健康。

但我们千万不要觉得《孙子兵法》不看重终结战斗。与敌手正面交锋时没有中间地带：没有握手，没有妥协，没有停火。最终目标必须是完胜——速战速决而不是旷日持久——和彻底消灭敌人：通过一切可能的手段，但最好是以最小的代价和尽量少的正面交锋。夜袭敌人，因为此时敌军士气最低（《孙子兵法·军争》）。避免正面交锋或直接对抗。胜利应该是巧妙计划之后可预见的必然结果。胜利并不一定要依靠士兵的武艺、蛮力或尖端武器（尽管你必须确保一切都处于完美的工作状态）。胜利应当是指挥官成功掌控环境和部队位置的必然结果。孙子推荐的方法会让我们联想到现代的游击战。如果他生活在 21 世纪，通过卫星从遥远的控制室里进行操控的无人机无疑将是他武器库的一部分。

《孙子兵法》里刻画的优秀指挥官的形象所具备的品格、智慧和其他美德，是那些凡是负责管理大团队的人都需要具备的。我们可以把中国的君主视为将军的政治对应物（按照文献，他就像百姓的命运之主，决定百姓的命运，同时也守护百姓的安全）。一支军队需要一个统一的声音来指挥才能步调一致，同样，社会也需要一个领袖或圣王来掌舵。孙子坚持认为，娴熟的指挥官要能够指挥和奖励军队，让一支军队"如同一人"。将军如父，而军队如子女。要使这种关系奏效，将军必须纪律严明，而不能对军中的属下过于宽厚：

视卒如婴儿，故可与之赴深溪；视卒如爱子，故可
与之俱死。厚而不能使，爱而不能令，乱而不能治，譬
若骄子，不可用也。(《孙子兵法·地形》)

孙子提出了许多能够使一个部队行动起来并取得胜利的
原则，它们可以成为社会领导者的有效武器：明确的指示、
对命令始终如一执行的态度、明确而有效的组织等级制度、
无可置疑的专注和投入、勇气、精力、对臻于极致的追求。
难怪《孙子兵法》已经成为世界上人们阅读、阐发最多的经
典之一。它的理论和策略已被应用于生活的许多领域：从社
会关系、政治活动到商业谈判。

以身作则

一支军队应由明智的将军掌舵，而社会的治理则应交给
有德之士所组成的先锋队。孔子是中国最具持久影响力的思
想家，他的思想核心就在于，理想社会是一个由精英典型所
领导的和谐社会。作为社会权威的儒家君子人格围绕一套价
值观念展开，这套价值观念贯穿于中国社会政治思想始终。
这些所谓的儒家美德包括义、诚、信、仁、礼、孝、忠、恕、
智。不过，我们首先来看看孔子这个人及其著作。

孔子，姓孔名丘，字仲尼。我们对孔子生平的了解是零

散的，能够看到的传记材料只有三四百年后的司马迁所著的《史记·孔子世家》。但若要重构孔子的生平事绩是相当困难的。司马迁能获得的唯一基本可信的资料是引自《论语》的片段，而《论语》却是一个完全抹去历史背景的文本。在孔子逝世后的四个世纪里，有大量与孔子有关的口头和书面信息出现，但我们很难把它们组织成一部前后一贯的传记。此外就像其他名人传记的情况一样，传记作者也有自己的写作旨趣。司马迁失宠于汉武帝，被汉武帝处以最残酷的腐刑，因此他在孔子身上投射了自己的影子：一个不被认可的"无冕之王"，其思想没能被当权者所听取。简言之，他的《孔子世家》从其他文献中掇拾一系列的事实和事件，其叙述几乎可以肯定是存在时代错置的。因此，我们最好把孔子看成是一个与他同名的人物——也就是说，他所代表的一系列思想和理想并不能明确追溯到某个特定的时间或地点。孔子这个名字已经成为很多作者的"万金油"。早在公元前 4 世纪和 3 世纪初，他就被人们以很多不同的方式塑造成了某种典型：被神话为一个具有超人洞察力的人物，或被漫画成一位具有超自然身体特征的英雄（首类丘山）。后世甚至围绕他发展出了一个准神话故事，其中讲到他的神奇出生，即他的母亲是如何在梦中因神灵受孕的。

孔子思想及相关生平信息的主要来源是《论语》。据学者考证，《论语》成书时间稍早于公元前 400 年，或在此前后。

不过，关于它的来源仍是众说纷纭。《论语》文本未见于汉代之前，故而有人认为它作于汉代。然而，书中某些用词似乎早于汉代。因此，几乎可以肯定地说，《论语》的文字属于不同的时代：《论语》共二十篇，其中的前十五篇被公认为接近孔子本人的言论，而后五篇则可能系后世增补。在公元2世纪后期，《论语》和其他典籍一起被刻成石经。一经刻石，便可以摹拓的形式广为流传。我们最好把《论语》当成孔子与其弟子之间的简短论述、轶事和对话的汇集，随着时间的推移而演化成一部书，而非单单出自历史上的孔子一人之口。

孔子最初似乎是一个相对平凡的人——既非政治活动家，亦未自称某方神圣的宗教领袖。公元前551年，他出生在鲁国，在山东半岛上邻近曲阜的一个城邑。他的祖辈都是下层贵族。在他出生时，他家已经家道中落，面临经济上和社会上的种种困难。孔子幼年丧父，在母亲的教育下长大。他一生的大部分时间都只活跃在私人领域担任书记员和小官；在此之后，他把余生用在了履行公职上。他对军事没有兴趣——在他所处的战火纷飞的时代，从军需要极大的勇气。相反，他致力于学习古时周王的文化和礼乐。在他看来，周王是为政以德的典范。据说，他有一儿一女，儿子先于他去世。除此之外，我们关于他的私生活一无所知。一群弟子时时追随左右，其数量可能有三千之多。《论语》中提及的弟子有二十几个，每个人的脾气、优缺点各不相同。贫寒、俭朴的颜回是孔子最喜欢的弟子，他也最有才华。孔子好几次为他的英年早逝而哀叹。子贡经商，也是一个更有政治家风范的人物。他的倔强固执令人敬佩，但也遭人诟病。孔子去世后（公元前 479 年），子贡服完了规定的三年丧期，又在孔子的墓冢旁建了一座小屋住了三年。另一位弟子曾子则以"孝"著称。孔子的教学就是在这种师徒关系中完成的。孔子带领众弟子周游列国，向沿途的君侯传布他的学说。

无疑，有关孔子的生平叙事预示了和他关联在一起的一些价值观念。小时候，他喜欢摆弄礼器（如果有祈祷书玩耍，何必去玩一个足球呢？）。他对音乐感兴趣，渴望被召去做官，但却不愿事奉无德的君主。挫折感和对政治失败的恐惧伴随了他始终。一种永远的无根之痛贯穿在他对信任、忠诚和家庭的思考之中。但他也有一点认命的感觉，因为他认为，不管是被迫还是自愿，有才之士总是要居无定所的。总是要准备上路的艰辛激励着他："士而怀居，不足以为士矣。"（《论语·宪问》）他一直焦虑不被他人理解。据说他做官的时候，能把任上的事务管理得井井有条。他在女性面前显得不安而冷漠，甚至带有性别歧视："唯女子与小人为难养也，近之则不逊，远之则怨。"（《论语·阳货》）孔子每到一地，总是受到礼遇，但最终总是被迫离开，或者因为不受重用，或者因为孔子认为雇主不是贤君。《孔子世家》中写道，孔子最后回到家乡鲁国，不是做官，而是致力于编书写书。他的才华不被重视，不被认可，他在七十多岁逝世，当时无人意识到他将是中国名垂青史的"至圣先师"。

孔子的思想首先是为统治阶级制定行为准则（他毕竟是贵族出身）。他用"君子"（字面意思为"君王之子"）来指称能以身作则、道德高尚的人。"君子"有时被尴尬地英译为"绅士"（gentleman），因为这一译法准确地反映出，孔子本人在分析人的状况时可能并没有把女性纳入考虑（尽管后来出现了描绘贤良女子的传统）。然而，君子并非只是单纯注重礼节、讲礼貌或可敬。它最初指有一定社会地位的人，后来逐渐用来指道德品质高尚的人：一个人的价值不再只是以他的血统来衡量，而是以他实际的举动和行为来衡量。孔子之前的文献中已经明确指出，成为君子需要几种核心的个人品质：守礼，敬祖，自信，有洞察力、远见和智慧，勇、信、忠，既能使人又能为人所使。

在孔子看来，领导力首先意味着道德上的领导力。君主的权威建立在他以身作则，激励他人的天赋之上。孔子对于政治体制所言甚少。他几近盲目（有时甚至是幼稚）地相信，积极的好榜样可以激发他人做出积极的好行动。在儒家看来，权力几乎完全源自德性。领导者之所以被人仰望，并不是因为如果你不听话他们就有能力把你打倒，而是因为民众会自发地去效仿那些有嘉行的人："君子之德风，小人之德草。草上之风，必偃。"（《论语·颜渊》）为政以德，应该把君主置

图 3.1 孔子塑像，吴为山作，
剑桥大学克莱尔学院。

于高位："譬如北辰，居其所而众星共之"（《论语·为政》）。
但是，为了避免别人把你的夜空搞得一团糟，你就必须发光
发亮。领导就要先修身，从而让人们追随。荀子（荀卿：公
元前 4 至 3 世纪）曾用日晷和盘比喻此种关系："君者仪也，
民者景也，仪正而景正。君者槃也，民者水也，槃圆而水
圆。"（《荀子·君道》）

　　在孔子看来，做领袖也需要找准自己的位置，或者更具
体地说，培养自己的社会地位意识。虽然人们可以靠业绩和
勤奋学习提升地位，但孔子所讲的社会本来就是等级分明的
（这不一定就是不平等）。你执行任务的能力和效率和你在群
体中的角色密切相关。关键是角色意识，或者说意识到自己

的"职位描述"。"君君，臣臣，父父，子子。"(《论语·颜渊》)因此，在其位则谋其政，"不在其位，不谋其政"(《论语·泰伯》)。如果一个群体的成员知道人们对他们的期待是什么，那就会产生和谐。只有当社会成员形成内在的道德规范时，社会秩序才能最终得到保障。这并不是说我们注定要在社会中占据（或被束缚在）一个特定位置而无从逃脱。而是说，当我们身处某种角色时，我们必须确保我们了解与此相关的期望、义务和礼仪。一个君主如果表现得像个孩子，总是需要别人指点，那么他就会失去权威。一个国家元首，如果觉得必须表现得好像自己只是人民的一员，那么他的权力就会被削弱。当领袖时，要能领导；当仆从时，要能顺从。

　　愿景是通过促进和谐来统治。不和与混乱可以依靠道德鼓励和劝说来克服。这也意味着，想控制别人的人也应该能够控制自己的情感。平衡的社会需要由平衡的人来掌舵。《中庸》是《礼记》中的一篇，它一开始就讲到，君子能够居"中"：

> 　　喜怒哀乐之未发，谓之中；发而皆中节，谓之和。中也者，天下之大本也；和也者，天下之达道也。……君子中庸，小人反中庸……中庸其至矣乎！民鲜能久矣。(《中庸》)

对"中"的解读当然不止一种。之所以维持社会和谐，其最重要的结果（无论是否为其意欲实现的结果）就是君主必须成为或最终成为人们关注的中心。儒家统治者的道德意识中被写进了这样一种信念，即平民百姓需要好的领导，因为百姓自身没有这样的能力："民可使由之，不可使知之。"（《论语·泰伯》）换句话说，不要期望所有的社会成员都是政治动物，只要统治者让百姓信任他的"牧"（字面义为"放牧"，有时指"统治"）：

> 子贡问政。子曰："足食，足兵，民信之矣。"子贡曰："必不得已而去，于斯三者何先？"曰："去兵。"子贡曰："必不得已而去，于斯二者何先？"曰："去食。自古皆有死，民无信不立。"（《论语·颜渊》）

反之，德才兼备的人天然就有义务为社会服务、为他人做事。孔子鄙夷那些想要把自己的才能隐藏起来不好好使用的人。对女性的美貌、其他"禀赋"以及让人不能专心服务国家的消遣，孔子都不屑一顾。但是，服务首先需要端正的环境风气。他斥责当时那些掌握权力的人是"斗筲之人，何足算也"（《论语·子路》）。然而，一个人不应该不惜一切代价去参与政治，也不应该为无能的君主服务："天下有道则见，无道则隐。"（《论语·泰伯》）

因此，统治者必须要善于擢拔有才之士。这就需要让那些有潜力的人互相竞争，也把那些已经取得地位的人暴露在竞争的氛围之中："中人以上，可以语上也；中人以下，不可以语上也。"（《论语·雍也》）其目的应该是"举直错诸枉，能使枉者直"（《论语·颜渊》）。因此，明君应当善于四处搜罗最优秀的人才，并意识到处处有竞争存在："举尔所知。尔所不知，人其舍诸？"（《论语·子路》）个人关系也是如此。在这里，儒家的君子将识人的能力与情感智能结合在一起。他慎于择友："益者三友，损者三友。友直，友谅，友多闻，益矣。友便辟，友善柔，友便佞，损矣。"（《论语·季氏》）

以身作则是赢得信誉和公信力的唯一途径。政治不只是简单的职能、角色和职务，而是涉及每个身处其中的人："政者，正也。子帅以正，孰敢不正。"（《论语·子路》）有能力、有感召力的统治者自然会散发出光芒，吸引优秀的人到他们那里去："近者说，远者来。"（《论语·子路》）儒家的君子要想吸引人才，就必须随时给自己定下比别人更严苛的标准："躬自厚而薄责于人，则远怨矣。"（《论语·卫灵公》）不过，掌握权力也需要一种让自己适应世界变化的诀窍，需要认识到没有一个统治者能够完全掌控社会所抛出的一切。

我们能否训斥或批评那些具有"北辰"特质的人呢？挑战权威或表达异议同样需要选择恰当的位置。孔子建议，与其和上级正面对峙，或以公开对抗的方式展开争论，不如采取消极进攻的态度。在有权势的人面前，应该采取沉默或悔悟的姿态。与其公开揭露他人的错误，不如保持顺从的态度，提出可供选择的其他观点或方法。孔子评价他最聪明的弟子："吾与回言终日，不违，如愚。退而省其私，亦足以发，回也不愚。"（《论语·为政》）必须允许矛盾和分歧的存在，但与其试图通过对抗来驳斥或揭穿他人的论点，不如将不同意见包装起来，作为一种替代方案提出来："御人以口给，屡憎于人。"（《论语·公冶长》）直接的结果需要间接的方法。孔子认为核心问题不在于你是赞成还是反对，而在于某事是否合乎道德："君子之于天下也，无适也，无莫也，义之与比。"（《论语·里仁》）因此，他区分了两种态度，一种是真正同意某人的观点并吸收其精华，另一种仅仅是表面上附和权威人士的观点："君子和而不同，小人同而不和。"（《论语·子路》）与其让大家都赞同你，不如创造条件让善人接近你而让不善者避开你（《论语·子路》）。

领导力需要技巧和道德，这一想法并非孔子独有。以墨子（墨翟；约公元前479—公元前381年）命名的著作中也有类似的观点。（关于墨子，下章将有详细讨论。）关于谁应该成为领导者的问题，墨子和他的追随者（被称为墨者或墨家）断言，我们应该像古人那样始终坚持"举贤尚能"："虽在农与工肆之人，有能则举之。高予之爵，重予之禄，任之以事，断予之令。"（《墨子·尚贤上》）如果选拔贤能之士担任职务，那么就可以防止徇私舞弊、拉帮结派和破坏性的对抗发生。墨子描绘了一个能力出众、尽职尽责的官员与管理者形象："蚤出莫入，耕稼树艺，聚菽粟。"(《墨子·尚贤中》)

但是，谁能保证君主（或父母、或老师）一定就能做到这一点呢？墨子不同于孔子之处在于，孔子认为任何有德之人都可以通过以家族为基础的等级制来担任君主的角色，而墨子只信任一种力量，即作为道德权威最高来源的天。对墨子来说，天是衡量一切的唯一的、不容置疑的标准。如果我们允许任何较低级的行动者（如家人、熟人、同事或其他你认识的人）做出判断，那就意味着屈服于偏见和偏心。墨子认为，明君当以法天为法。这样明君就知道该如何"不辩贫富、贵贱、远迩、亲疏"(《墨子·尚贤中》)。墨子的天是确保道德的最高力量，它监督着统治者。因此，那些获得权力并能运用权力的都会借助天的力量。

墨家的"天"慷慨而无私。它是客观的，运用统一的标准，把利益分配给所有人。不过也有一个障碍。服从天志，最终也就必然意味着统治者可能会有缺点，因此也可以理所当然地被忽视："天下之为君者众，而仁者寡，若皆法其君，此法不仁也。法不仁，不可以为法。"(《墨子·法仪》)这里的要点在于，道德标准是不能讨价还价的，道德上可接受的标准到底是怎样的，也不是能由凡夫俗子随意决定的。它应该是自上而下的层层传递。一旦在各个层面上担任职务的是那些能力最优秀的人，而且任命他们时遵循了任人唯贤的原则，那么绝对服从上级的规定就应该是"（上之）所非，必皆非之"（《墨子·尚同上》）。如果每个人，下自村长上至天子，都向上报喜报忧，秩序就会得以维持。处于顶层的统治者也不例外。与此同时，自上而下的每个人都应以天为其道德的准绳："天下之百姓皆上同于天子，而不上同于天，则灾犹未去也。"（《墨子·尚同上》）最终，对墨子来说，力量在于能让你的臣民完全信任地传达并执行统治者的命令，或者换个说法，就是确保臣民能够盲目地服从有能力的在上者。墨子的"天"如同人一般：它知晓万物，懂得爱恨，有自己的意志。它还有一种正义感："我有天志，譬若轮人之有规，匠人之有矩。轮、匠执其规、矩，以度天下之方圆，曰：'中者是也，不中者非也。'"（《墨子·天志上》）统治者应该把这些道德标准铭记于心，那些不符合上天标准的人当受惩罚。

墨子还坚决反对侵略战争，认为这是最严重的罪行。假如不谴责侵略，而把战争作为获取更大利益的必要手段加以推崇，或者不承认战争本身是不义的，这些行为都是错误的。拒绝较小的犯罪与拒绝战争，二者在道德上不应该有什么区别："杀一人，谓之不义，必有一死罪矣。若以此说往，杀十人，十重不义，必有十死罪矣；杀百人，百重不义，必有百死罪矣。"（《墨子·非攻上》）然而，墨家并不主张全面推行和平主义。他认为在必要时可以攻击流氓国家，或对他国侵略予以自卫反击。然而，战争带来的收益，从来都不能使那些为了战争而付出的人力物力变得有价值："今尽士民之死，严下上之患，以争虚城，则是弃所不足，而重所有余也。为政若此，非国之务者也。"（《墨子·非攻中》）战争不仅害人，还可能违背天志，触犯鬼神，而鬼神是能够最终判断一个国家是否失去了统治甚至存在之天命的唯一客观仲裁者。

孔子和墨子没完没了地重申他们对道德力量的信念，想想那个时代在他们周围发生的事情，我们就不能不怀疑他们在多大程度上生活在俗世间，有没有将他们身边的现实考虑在内。只应擢拔德才兼备的贤人，这一准则很大程度上来自对古代先圣的景慕。孔子和墨子是理想主义者，而在他们眼里，古人就是未来。他们歆慕过去，并致力于创造一个类似的世界。孔子是教师和哲学家，但并不从事现实政治。然而，《论语》中的一些片段暗示出，即使是圣贤也有人性的一面。一个人很难做到一辈子完全致力于服务事业而道德品行完美无瑕，因此孔子会说："吾未见好德如好色者也。"（《论语·子罕》，亦见《卫灵公》）孔子也承认，许多人追求权力，部分原因就是为了物质报酬。孔子肯定快乐和适度的奢侈享受，只要这种享乐不至于影响君子以身作则的使命。在这点上，孔子颇不同于当时的大多数其他主要思想家。

无为而治

孔子和墨子主张积极主动的道德领导方式,另一种思潮则与之针锋相对。一些思想家认为,治理社会和主宰世界的最佳方式应当是被动的。在道家看来,终极的力量在于不作为、不干预。这里的核心概念是无为,意味着从不用力地做事、不作为、最小程度的介入或消极的成功。《道德经》以诗意的笔触阐述了这一立场:治需不治,学不如不学。将军的最终目的不是为了战斗,同样,圣王也不试图主动行事。相反,他以最小干预的方式来维持和平。他把灾祸扼杀在萌芽状态,问题一有苗头就及时解决。从这个意义上说,他什么都不做,但什么都没有忽视:"道常无为而无不为。侯王若能守之,万物将自化。"(《道德经·三十七章》)通过最小的努力和能量实现最大的功效。如果制定了民众能够自发认同的目标,那么国家就会自己运转;过度的法律、法规、教条、计划和新技术会扰乱社会的自然秩序。这里的前提预设是(在孔子那里也是如此),社会是自然和谐的。

道家将这一理念发挥到了极致,主张统治者应当对周围的环境闭目塞听,而不是驱使一群像蚂蚁一样忙碌的官员去事无巨细地管理事务。这样一来,他就可以避免分心,可以集中精力去做真正重要的事情。有能力的人不用亲眼目睹,就能知道世界上发生了什么事:"不出户,知天下;不窥牖,见天道。其出弥远，其知弥少。是以圣人不行而知，不见而明，不为而成。"（《道德经·四十七章》）道家对国家治理的态度，就像今天人们谴责"推特治国"的政府一样，对政府自上而下发号施令的权力持怀疑态度，因为独裁者和煽动者一样，都受限于他们微观管理的愿望和对一切事物发表看法的冲动。因此，最好的治理方式是放手："欲取天下而为之，吾见其不得已。天下神器，不可为。为者败之，执者失之。"（《道德经·二十九章》）渴望权力，最终结果自然是被剥夺权力。

毫不奇怪，道家典籍中的一个共同主题是拒绝出仕。不参政、少野心或根本没有野心乃是有德的表现。在战乱时代的政治环境下，一定会有哲学家讨论与"如何说不"这个主题相关的种种。中国古代拒绝做官的故事莫著于《庄子》所载者：

> 庄子钓于濮水，楚王使大夫二人往先焉，曰："愿以境内累矣！"庄子持竿不顾，曰："吾闻楚有神龟，死已三千岁矣，王以巾笥而藏之庙堂之上。此龟者，宁其死为留骨而贵乎？宁其生而曳尾于涂中乎？"二大夫曰："宁生而曳尾涂中。"庄子曰："往矣！吾将曳尾于涂中。"（《庄子·秋水》）

　　在道家看来，有时对社会无用或以游离于正常社会期望之外的方式生活实际上是自我保护。一棵枝条弯曲的树比起笔直的树更容易躲过伐木工人的斧头。失明或失聪会严重阻碍你的公职生涯，但它却可以使你免于被征入伍，而在战国时期，这几乎就等于可以使你免于命丧战场。《庄子》中有几个故事以孔子这个形象为讽刺对象，认为他不懂得虚其心，却以积累知识为务，甘愿接受艰苦的教育和训练，还非要立志为官。其中一则轶事生动地写道，孔子最后送走门人，自己隐退到沼泽地。穿兽皮，食橡栗，行于鸟禽之中而不惊动它们。"鸟兽不恶，而况人乎！"（《庄子·山木》）

　　人们可能会说，道家并没有提供多少关于实际权力和政治的可行指南。在许多方面，道家都是号召人们投身社会参与服务的孔子的对立面。但或许并非完全如此？前面讨论过的"无为"也曾出现在《论语·卫灵公》篇中。而且，别忘了北极星是固定的，全然不动。孔子在几个地方也坚持认为，统治者自己的行为应该有很强的魅力（并且明智地选择典范人物跟随在自己身边），不需要强迫就可以让人们自发地服从他们。然而，在现实中，儒道两家学说的期望却迥然相异。在儒家看来，社会是一个由受过教育的精英阶层来运作的复杂网络；而道家则认为，一个良好的社会应当只希望停留在简单自足的层次。《道德经》这样描绘理想社会：

　　小国寡民。使有什伯之器而不用；使民重死而不远徙；虽有舟舆，无所乘之，虽有甲兵，无所陈之；使民复结绳而用之。甘其食，美其服，安其居，乐其俗。邻国相望，鸡犬之声相闻，民至老死，不相往来。(《道德经·八十章》)

　　从邻居家传来狗叫声，这到底是一条小猎犬还是一条大麦町？弄清这一点对你来说又有何益！试图找出答案只会让你灰心丧气：你翻过篱笆，结果却被愤怒的邻居抓住了。好奇心让人感到刺激，但也会带来伤害。老子所传达的意思是，待在家里，满足于自己的生活吧，不要到处兜售自己的想法，四处奔波又四处碰壁。知道越少的人越幸福：

　　为学日益，为道日损。损之又损，以至于无为。无为而无不为。取天下常以无事，及其有事，不足以取天下。(《道德经·四十八章》)

　　理想中的道家统治者是有控制力的，不是因为他完全放手，也不是因为他什么都不做，而是因为他能够尽可能地少做，并在最合适的时机采取行动。他拥有的是天然的直觉能力，而不是被社会认可的智能。正如人在被拖入战斗前就该计划胜利，同样，不干涉意味着，在问题最容易处理的阶段就处理好了：

> 其安易持，其未兆易谋。其脆易泮，其微易散。为
> 之于未有，治之于未乱。合抱之木，生于毫末；九层之
> 台，起于累土；千里之行，始于足下。（《道德经·第
> 六十四章》）

《道德经》《庄子》等书中提出的"无为而治"，几乎不可
能为任何一个正在经历深刻社会变革的社会提供最切实可行
的指导。在西汉时期，朝廷中也曾有一派颇有影响的主张简
政的势力（其中包括一位痴迷《道德经》的太后）。他们精通
黄老思想（"黄"即传说中的黄帝，"老"即老子），其中几位
有军事背景，反对文人和官僚治国的思想。他们提出，退出
政治是保存性命最好的办法（不幸的是，这对其中一位来说
意味着纵情于酒色）。然而，这种与道家的短暂亲近在朝廷中
只是昙花一现，很快就在汉武帝独尊儒术的时候消逝了。

以"曳尾涂中"的方式治理天下可能确实不是实践政治
的最佳方案。这种隐退的哲学对积极主动的领导深表怀疑，
但它却有可能隐秘地促成绝对权力。在某些情况下，对教育、
社会规则和行为准则采取不信任和不干预的态度可能会被操
纵以有利于当权者："古之为道者，非以明民，将以愚之。民
之难治，以其智多。故以智治国，国之贼；不以智治国，国

之福。"(《道德经·六十五章》)。使人们处于愚昧状态，可以让那些觊觎权力的人为所欲为；在这里，道家消极、自发的无为暗示了一种与德治截然相反的政治哲学。

集权

与孔子和墨子不同，当时的法家完全不相信高尚的道德能造就善政。"法家"有一个并不完美的英译"Legalist"，其词根对应着中文字"法"（"法律"或"标准"之义）。"法"和西方所讲的"law"（法律）有共同之处，但又不完全一致。法家的核心思想在于任何一个行动都必须按照一个最高权威发布的明确标准来衡量：

> 故明主慎法制。言不中法者不听也，行不中法者不高也，事不中法者不为也。言中法，则听之；行中法，则高之；事中法，则为之。(《商君书·君臣》)

要实现集权，必须创造集权国家。至于实现这一目标的秘方，可以在法家思想的奠基之作《商君书》中找到。与中国早期的许多典籍一样，这部书也是随着时间的流逝而不断积累，其中包含了不止一种声音。但它的核心是商鞅（公孙鞅，公元前 4 世纪）也就是商君的思想结晶。这位政治家的思想和政治改革巩固了秦国的力量，最终使秦国建立了中国第一个统一的帝国。商鞅在魏文侯（公元前446年—公元前396年在位）那里任职一段时间后，成为秦孝公（公元前361年—公元前338年在位）的顾问和重臣。

商鞅认为，统治者应该全面控制其国家的人力物力（如果没有统治者来严格执行，立规则就没有意义）。百姓能从严格的等级制度和秩序中受益，因此，君民之分及君臣之分应当清晰明确。那些擅用法律、偏离规定标准的人必须受到惩罚。法家不以统治者的道德价值来评判统治，认为超越人之"好恶"、严苛冷峻的政策总的来说更为有效："故王者以赏禁，以刑劝，求过不求善，藉刑以去刑。"（《商君书·开塞》）

《商君书》思想的前提是：人本质上是自私的。你可以教人以道德为准绳来生活，但其效果是有限的。人口增长，资源匮乏，这时仅靠道德教育远远不够。人们会不择手段地追求财富和地位，哪怕它可能意味着打破规则，危害自己或他人。为了防止社会动荡，国家需要增强自己的力量："民弱国强，国强民弱。故有道之国，务在弱民。"（《商君书·弱民》）不可能改变人、改变人们的基本本能，但我们可以操纵并利用人们的私欲为国家福利和公共利益服务。因此国家需要一个权力至高无上的君主，而这个最高领袖需要严格的法律法规和禁令惩罚体系，或正向或负向地激励百姓服从他的命令。

> 人情而有好恶，故民可治也。人君不可以不审好恶。
> 好恶者，赏罚之本也。夫人情好爵禄而恶刑罚，人君设
> 二者以御民之志，而立所欲焉。(《商君书·错法》)

商鞅主张，国家的基本职能是依靠从土地获取的资源，发展出高度有效的军事机器。但他也坦然承认，没有人喜欢打仗或在田间劳作。因此，他建议，统治者应只给那些全心全意从事战争和农业的人以军衔和官职，而不考虑其他一切活动。求利只有一条门路："富贵之门，要在战而已矣。"(《商君书·赏刑》)让战斗和农耕成为国家的唯一目标，也是社会流动的唯一途径："境内之民莫不先务耕战而得其所乐。"(《商君书·慎法》)统治者可以积极压制任何除为国家利益服务外的其他获得收入和地位的渠道，从而把人们直觉上逃避的任务转化为国家利益。试想一下：如果国家需要醋，那就应该处决那些致力于酿酒的人。这样一来，人们就会相信造醋是当今社会应有的行为。当你看见"民之见战也，如饿狼之见肉"(《商君书·画策》)，就知道他们已经为征兵做好了准备。因此，商鞅说，人们在别无更好选择的情况下就会欣然受雇。

法家的统治者是一位严酷的社会工程师。他铲除一切与战争和农业相竞争的活动或职业，这包括禁止百姓自由流动。要达到此目的，就必须有人口普查登记：法家要求严格

控制兵役和税收；防止任何人脱离岗位、不履行职责；人口普查以便于（相互）监视。在可利用的土地上分配适当数量的人口是关键：如果一块土地上居住的人口过多，统治者就应该开辟新的领地。如果国家某一区域人口不足，他就应该吸引移民劳工。只有这样，才能充分开发特定地区的自然资源（《商君书·算地》）。商鞅和秦国制定了一些政策，通过减免赋税来吸引移民。在这里，我们发现了一个最早也是最直白的支持移民的论点：移民可以帮助你充分利用土地和资源，而且如果管理得当，他们可以为军队提供补给。

要想在一个由法家理政的国家改善自己的命运，一个人或一个单位应当只有一个想法：在战场上斩杀规定数额的敌人，在土地上生产出规定数量的粮食。小商小贩，或沉湎于书本和理论的人，实乃国家的损失。（在《商君书》中，他们被斥为"螟螣蚼蠋"——他们会啃掉别人生产的东西。）孔子认为，国家治理离不开精英知识分子，而法家统治者则把知识分子视为国家最严重的威胁。多花一分钟在空谈和对话上，用于耕种和战争的时间就少了一分钟；谈话只能导致国家覆亡。

因此，君主必须让百姓保持单纯无知。君主可与百姓一起庆祝成功，但不能与他们"虑始"。（《商君书·更法》）也就是说，千万不要让他们参与决策和谋划。"归心于农，则民朴而可正也，纷纷则易使也，信可以守战也。"（《商君书·农战》）法家统治者试图压制知识分子，他的力量来自有组织的无知。对百姓来说，知不如无知："愚农不知，不好学问，则务疾农。知农不离其故事，则草必垦矣。"（《商君书·垦令》）

商鞅的措辞和理论严厉刺耳，但他最伟大的成就和最持久的改革之一是引入了一种以功绩取代血统的提拔晋升制度。这在他所处的时代——公元前4世纪的战国时期——是彻底的革命，它甚至是中国历史上最重大的社会改革。《商君书》并不主张精神控制，也没有暗示统治者应该给人民洗脑。它的思路是个人的升迁或降级只取决于个人的功绩（主要是军事上的）。这一思路的另一面则是，国家在社会层面和经济上控制民众的权力是无限的。至于惩罚方面，商君坚持如下原则：法律面前人人（指君主以下的人）平等，没有等级之分。不能因为过去的善行等因素而减罪。惩罚要反映所犯的实际错误（《商君书·赏刑》）。

法家君主把自己的意志强加于百姓之上的威权主义让人联想到前文提到的，军事指挥官如何在战场内外达其目的。《孙子兵法》言曰："令素行以教其民，则民服；令不素行以教其民，则民不服。令素行，与众相得也。"（《孙子兵法·行军》）同样，能服从和高效的是那些被置之死地的人，这种观念也和当时烽火连天的现实相呼应：

施无法之赏，悬无政之令，犯三军之众，若使一人。

犯之以事，勿告以言；犯之以利，勿告以害。投之亡地
然后存，陷之死地然后生。夫众陷于害，然后能为胜败。
（《孙子兵法·九地》）

汉学家谴责法家学说缺乏道德感，这可能有些不够慎重
了。《商君书》新近的译者尤锐认为，对商鞅及其追随者来
说，"暴力和压迫是通向普遍之善的必要之恶"。说到底，严
刑峻法的目的是为了形成一种威慑力，使惩罚成为多余之事。
后来的法家慎到（约公元前 360 年—约公元前 285 年）甚至
认为，"法虽不善，犹愈于无法"（《慎子·威德》）。这当然
有一定的道理。考虑到他们所处的天下大乱、诸侯相争的环
境，大多数中国思想家的观点都旨在摆脱当时的状态，构想
一个理想社会、一个尚未到来的乌托邦。然而，很难想象那
些法家之雷霆手段的承受者能有余裕去理解他们的长久之计
和良苦用心。强制作为一种为政策略要想延续下来，前提是
实施强制的国家机器能够有效运作，并且在严格的控制之下。
秦国的兴衰表明，通过不道德的手段所能达到的道德目的非
常有限。仅仅几十年之后，事态就如士大夫贾谊（公元前
201 年—公元前 169 年）论曰："攻守之势异"（《史记·陈涉
世家》）。

残酷的哲学家遭遇了残酷的结局。回到秦国，执政者们
很快就对商鞅大权在握产生了反感。等到他的靠山秦孝公一

死，他们没多久就把他处死了。商鞅受车裂之刑，还被诛灭全家。他所设计的威权主义将要深深地嵌入中国的政治文化，而他自己先倒在了亲手锻造的利剑之下。在中华帝国随后漫长的岁月里，人们贬低、忽视或否定商鞅及其思想遗产。直到 20 世纪初，才有人开始（重新）评价商鞅的思想，认为它是在通过一种反保守（反儒家）的思想来加强国家的力量。在 20 世纪 70 年代，毛泽东认可并推崇法家和秦始皇。尽管这种肯定的态度在学术界和政界延续至今，但商鞅并没有摆脱他作为政治家的负面形象：他给中国带来了令人难以忍受的专制主义，或者如汉学家葛瑞汉（Angus Graham）所说，"一种非道德的治国术"。

其他思想家重新阐释已有的概念，或将新的思想引入法家传统。其中一个核心的问题是，统治者一个人是否可能同时垄断决策权和行政权。有人提出，统治者可被赋予自主决策权。与申不害（申子，卒于公元前 337 年）相关的只言片语表达了这一观点（我们对这位思想家几乎一无所知）："独视者谓明，独听者谓聪。能独断者，故可以为天下主。"（《韩非子·外储说右上》）商君也认为，理想的君主统治不需要官员或谋士，也不需要依赖层层中介。民众本身就应该是君主的耳目，他们应该互相控制（即刺探）、相互监督（即举报）。这又让人想起兵家著作中的战术："非圣智不能用间，非仁义不能使间，非微妙不能得间之实。微哉！微哉！无所不用间

也。"(《孙子兵法·用间》)

但是，你如何保护手握绝对权力的君主不受他的随从、大臣、谋士以及所有不顾一切想要讨好他的人的影响？对法家统治者来说，关键能力在于让臣子们彼此敌对以形成制衡，从而没有一个人能够占上风。申不害把这种理政方式比喻为丈夫拒绝优待任何一名妻妾（那时中国的精英实行一妻多妾制）：

> 夫一妇擅夫，众妇皆乱；一臣专君，群臣皆蔽。故妒妻不难破家也，而群臣不难破国也。是以明君使其臣，并进辐凑，莫得专君焉。(《申子·大体》)

要获得和维持集权，就需要确立好自己的位置，让自己的权力基础坚不可摧。作为道德成败之承载者的儒家君主退场了，登台的是冷漠无情的操纵大师，他能够操控周围人的私利。

如何通过精准定位来维持专制领袖的权力？最精微的理论见于《韩非子》。韩非子（约公元前280年—约公元前233年）出身韩国（今山西、河南一带）宗室。他曾短暂地拜大儒荀子为师，与李斯同学。李斯后来在秦为相，推动秦国征服统一中国。韩非使秦，惨死于李斯之手，这位昔日的同门如今已视他为仇敌。韩非见谤于秦王，等待他的可能是残酷的处决。在此情况下，他被迫服毒自尽（和苏格拉底的例子一样，被允许饮鸩也是让他体面"解脱"的一种方式）。韩非患有口吃，无法像当时的说客那样在朝堂上雄辩地表达自己的思想，故而致力于写作。《韩非子》现存五十五篇，其中大部分确为韩非所著。在许多方面，韩非都可以说是缔造了中国第一个帝国思想体系的理论设计者。

韩非完全否定为政需要依赖当权者的德性，更不主张为政当师法古人，"古今异俗"故也。明君不会等到人们成为善人并敬畏他，而是创造一种人在其中不可能作恶的社会环境（《韩非子·显学》）。你可能很幸运，在田间耕地时，一只兔子撞到你身边的树桩上折了脖子成了你的美味。但是，如果你因此就放下手中的犁，守在树桩前等待另一只兔子撞上去无疑是浪费时间（《韩非子·五蠹》）。这是说，只有极少数领导人有能力成为道德模范。绝大多数民众并不会仅仅因为一个统治者表现出道德上的正直就服从他（韩非嘲笑孔子：枉有高尚的道德操守，却只有那么几十个弟子追随他！）。相反，让人臣服于你的，是你的权力地位，而不是你的人格。因此，高效的治理需要认识到世上没有所谓"永恒的可行性标准"（"圣人不期修古，不法常可"）。君主应该审时度势，随时根据实际情况而行动。

君主只有善用奖惩制度才能牢牢把握政治。韩非称之为政之"二柄"，且不应有折中的办法。鼓励不能只是拍拍背，

责骂也不可温柔:

> 是以赏莫如厚而信，使民利之；罚莫如重而必，使
> 民畏之；法莫如一而固，使民知之。故主施赏不迁，行
> 诛无赦，誉辅其赏，毁随其罚，则贤、不肖俱尽其力矣。
> (《韩非子·五蠹》)

韩非还用父母之爱做类比。爱本身并不能教会孩子如何做人；它需要地方行政长官（也就是国家）的鞭子来支持："母之爱子也倍父，父令之行于子者十母；吏之于民无爱，令之行于民也万父。"(《韩非子·六反》)因此，好的法家规则意味着法律将永远高于任何形式的私情。这种程序先于私情的思想也见于《管子·任法》，不过其中也包含后出的韩非时代的思想（管子即齐桓公的名臣管仲，卒于公元前645年）："治世则不然，不知亲疏远近贵贱美恶，以度量断之，其杀戮人者不怨也，其赏赐人者不德也。以法制行之，如天地之无私也。"

权力不可分享；它必须是排他的，因此只能归属于君主一人。在韩非那里，君主不仅不分权，而且还要分化那些争夺他权力的人。他通过"术"来操控臣子，并保护自己的政权不遭反叛。法家的专制主义有公私两面，如果这两方面都运用自如，则如法国哲学家于连（François Jullien）所言，君

主就可以"公开发号施令,而秘密操纵"。虽然统治者运用人人必须遵守的清晰可见的规范,但他的权力基础还有一个隐蔽的面向。通过巧妙的情报收集和秘密操纵系统,他既保护自己免受伤害,又直接控制着他统治系统的成员。他让他的下属们为他工作,成为他的眼睛、耳朵和手脚。

韩非承认,专制君主的统治需要精明、毅力和精力,很少有人拥有这样的素质,尤其是当利益冲突而野心勃勃的大臣们如饿狼般环伺在他周围时。在现实中,权力往往会被侵蚀,会在君主周围的竞争派系之间分化。因此,韩非认为,重要的是要保护君主不受群臣的影响,保护君主制不受君主本人的影响。制度必须具有免疫能力,即使一个不称职的人继承和占据王位,它也不会被潜在的毒瘤侵蚀。由此,韩非颠覆了孔子对人格力量的信任:只有当职位超越了占据职位的人,专制统治才能存在。用现代语言来说,无论什么时候、无论谁成为政党的对外代表,这个政党都必须能够生存。

那么,如果某位君主统治不当,那该如何?保护王权不被当权者毁掉的一个办法,就是抹去君王的人性特征,把他变成一个纯粹的权威符号。韩非将君主身上一切与通常人的行为有关的东西都抹去了。他没有感情,没有知识,没有欲望,缄默不语,从不与人辩论。只要隐藏了自己的真实性格,隐藏了自己的权力基础,统治者就可以保护自己不被臣子的阴谋所伤。如同孙子所讲的优秀统帅,他深不可测,哪怕是对自己的部下和士兵也不显露他的动机和意图："静以幽，正以治。能愚士卒之耳目，使之无知。易其事，革其谋，使人无识。"（《孙子兵法·九地》）

在韩非看来，统治者要能够操纵和消灭对手，就像一个木偶艺人在暗处拉动他的木偶线。为政的技艺在于懂得如何利用让自己处于未知所带来的力量："见而不见，闻而不闻，知而不知。"（《韩非子·主道》）这样做的目的是为了实现政治版的班克斯效应，即防止大臣们猜测君主的意图："君无见其所欲，君见其所欲，臣自将雕琢。"（《韩非子·主道》）。

但是，这就出现了一个矛盾。为了显示出绝对的力量，并瞒骗他的对手，他需要把自己变成一个看似遥远而神秘的人物，与社会的日常运作隔绝。这意味着，他必须将行政权力下放给那些可以既忠诚又有能力的谏议大臣。为了创造出一种无懈可击的光环，他不能信任他身边的任何一个人。然而，为了使政令行之有效，他别无选择，只能将责任委托给那些必然不信任他的有能力的官员。因此，具有讽刺意味的是，当继承王位的人无能、无知或顽固不化时，他的权力和地位就会完全取决于那些他本想牵制的贤臣的服务。如果统治者目光短浅，他的大臣就需要有远见卓识。但任何一方都不希望自己的目标被对方探知。

遗憾的是，彻底效忠君主，绝无二心的忠臣少之又少；韩非认为，私利和欺骗的诱惑潜伏在所有的官员身上。因此，那些逾越官职权限的人，即使他的目的是为了讨好统治者也必须受到惩罚。名与实必须相符：

> 昔者韩昭侯醉而寝，典冠者见君之寒也，故加衣于君之上，觉寝而说，问左右曰："谁加衣者？"左右对曰："典冠。"君因兼罪典衣与典冠。其罪典衣，以为失其事也；其罪典冠，以为越其职也。非不恶寒也，以为侵官之害甚于寒。（《韩非子·二柄》）

因此，归根结底，把专制主义的君与臣捆绑在一起的，是一种相互的不信任和潜在的背叛可能（回想一下孙子的名言：箭要想一击致命，弓弩就需要始终保持满弓状态）。在任何情况下，法家的统治者都需要在忠诚和敌对关系不断变化的情势下评判、重新评量和定位自己。如果他想露出外表背后的真面目，成为一个"人"而放弃高位带来的保护性屏障，那他就可能面临危险。由于君主通过继承而非功绩获得地位，他可能会让自己长期处于不信任和偏执的困境之中。那么从逻辑上讲，政府和官僚机构要想有效地运作，最好是有一个平庸的领导者，而不是一个太聪明或太愚蠢的领导者。

在中国古代，至高无上的权力就像一个被下了毒的酒杯。秦始皇乔装打扮，混迹人群，在不同的宫室之间搬来搬去，每天夜里睡在不同的地方，生怕被人刺杀。君主的守卫者无疑承担着艰巨的任务。公元前 210 年，秦始皇在离京巡游的路上去世。由于担心叛乱，他的尸体不得不被藏在一车已经腐烂的鱼下面偷偷运回京城。暴君虽死，专制主义永存。法家的权力理论或许名义上消失了，但他们向我们提出的问题仍然值得探究：应该相信统治者的智慧，还是说社会应该相信那些进行统治的制度？是否有可能把人从政治中抽离出来？最终，事实证明，推动秦国发展、巩固秦始皇地位的法家思想过于激进、过于专制。它所创造的法律太过短暂，未能转化为持久的政治制度。在汉代，韩非死后不到四十年，儒家思想就成为帝国统治的主流意识形态。但是，法家思想对中国政治文化的影响仍然是无孔不入。据说，在中国，那些掌握权力者都是"外儒内法"。

藏与隐

据《论语》记载，有人对孔子从商的弟子子贡说，他可能贤于他的老师孔子。子贡回答说：

> 譬之宫墙，赐之墙也及肩，窥见室家之好。夫子之墙数仞，不得其门而入，不见宗庙之美，百官之富。得其门者或寡矣。(《论语·子张》)

子贡提醒自己的赏识者，虽然他有不俗的个人财富和天赋，但孔子的内在力量和魅力远远超过他。子贡的仕途比孔子成功得多，他曾经在两个不同的国家担任过高官。然而，他认为，要进入孔子深不可测的心灵，要求极高，困难极大。请注意子贡对高墙（虽然不是长城"Great Wall"）意象的运用。只有一道门的高墙背后隐藏着一个人独一无二的力量，但绝大多数人无法通过这道门一探其秘。墙高不可攀。除了极少数人被认为有资格从大门进入，其他人根本无从得知高墙后面隐藏着什么。

从孙子的战场谋略，到韩非子深不可测的君主观念，中国古代政治思想中始终有一种有意思的倾向：它将权力与权威和保持不可知、不可见的技艺关联起来。古罗马人通过公开展示来赞美他们统治者的功绩：肌肉发达的雕像、英雄（元老、作家和哲学家）半身像，以及庆祝政治和军事胜利的豪华仪式。在中国古代没有类似的肖像画和雕塑传统。画家以新古典主义的风格描绘拿破仑骑在跃起的骏马上跨越阿尔卑斯山，挥斥方遒；而大清皇帝总是静静地坐在龙椅上，在宫殿深处，丝绸黄袍遮住全身只露了一张脸："故天子不视而见，不听而聪，不虑而知，不动而功，块然独坐而天下从之如一体，如四肢之从心。"（《荀子·君道》）宫廷建筑的设计是为了隐藏中国的统治者：用墙和屏风遮挡公众的视线。官车或皇家车马行进的道路两旁栽种着树木。马车掩藏着尊贵的乘客。陵墓将逝者从生者的视线中隔绝开来。

在中国古代思想家看来，权力和权威源自能够在刻意炫耀（展示你是谁，你有什么，你能做什么）和策略性隐藏（隐藏你的才能和财产）之间保持良好的平衡。若暴露出了虚弱，统治者就有被更有能力的觊觎王位者推翻的风险。然而，公开展示自己的能力和至高无上的地位，却有可能激起那些觊觎地位的次要人物的嫉妒。由此生出这样一种观点：权力和威望只能通过采取一种被动的、接受性的，朝向内部而非外部的姿态而产生。圣王不用看窗外就能看清世界，但为了保护和维护自己的权力，他的感官不应该暴露在每一件事物上，否则他的判断力就会受到蒙蔽，无法识清大局：

> 故古之王者，冕而前旒所以蔽明也，黈纩塞耳所以掩聪，天子外屏所以自障……夫目妄视则淫，耳妄听则惑，口妄言则乱。夫三关者，不可不慎守也。（《淮南子·主术训》）

因此，中国的统治者无需视听就能看到一切、听到一切。这种被动接受者的形象使君主成为一个近乎神秘而超然的人物。换句话说，他被看作一个强大的操纵者，从他隐秘的权力基础上指挥和安排世界——一个难以接近的剪影，其真实的身份不可捉摸。把统治者看成一个没有身体的影子，一个没有嘴巴的声音，一个没有个性的人物。开明的君主通过放手来统治。最好的行政长官也并不亲自执行政策，而是能够授权于人，使自己显得纯属多余，而人们并没有注意到他一直在幕后操纵一切："故善为主者，倚于愚，立于不盈，设于不敢，藏于无事，窜端匿疏，示天下无为，是以近者亲之，远者怀之。"（《申子》）

每一个法家的内心中都隐藏着一个道家。专制主义统治者通过大臣处理政务，他应该能够袖手不管，听任大臣做实际的事情。他征求建议，检查正在做的事情是否符合约定的计划，并根据业绩是否符合预期进行奖惩。中国的历史环境无疑影响了这种被动权力的观念。在动荡不安的战国时代，引人注意意味着很快暴露弱点。而在战场上，战功最辉煌的将军敌人是看不到的，他低伏在山谷中，而不是穿着闪闪发光的盔甲在山顶上炫耀。

言与不言

语言的力量这个话题如同旋转木马，一直在中国的哲学和政治思想之中回环轮转。名有何意义？一些中国思想家认为，名和言意味着一切；另一些人则说，语言是徒劳的，是不能得到任何结果的无价值的手段。在孔子看来，语言的使用兹事体大，如何说话、如何措辞非常重要。要引导和说服别人，就应该对事物进行正确的命名。这就是"正名"说。为避免误解或错误的期望，有权威的人应该用正确的名称称呼事物。为政首先需要正确使用语言，所谓"政者，正也"：

> 名不正，则言不顺；言不顺，则事不成。事不成，则礼乐不兴；礼乐不兴，则刑罚不中；刑罚不中，则民无所措手足。故君子名之必可言也，言之必可行也。君子于其言，无所苟而已矣。（《论语·子路》）

在儒家看来，正确的术语和明晰的语言极为重要。在这方面，名号和头衔是强有力的工具，因为它们能创造出明确的角色定位。我们都经历过由于名号、头衔或称呼的不当使用而导致的社交不适：我应该用头衔还是用名字来称呼我的部门经理？我朋友的母亲，我是叫她史密斯太太还是喊她的名字安琪？在需要紧急抢救的时候，你叫喊房间里可有"医生"（doctor），你最不需要的就是一位哲学博士（doctor）站出来帮忙抢救。或者你怎么看政府用各种名目鼓励你交税：费用、税率、税收、关税、过路费、成本、善款、应缴税款、应付款。如果人们需要纳税，就要把"税"叫作"税"，并明确规定它的适用对象。正如孔子所言，用词很重要。你的销售收据或税单背面的小字越是啰里啰嗦弯弯绕，你就越不会尊重那些向你要钱的人。

在孔子看来，名具有施事能力，也就是说，你使用语词就相当于语词所对应的行为本身。名即规范。你称某人为"老板"，因为你期望你所称呼的人实际上在充当"老板"这个角色。汉学家史华慈（Benjamin Schwartz）指出，孔子认为，称谓"并非仅仅指称纯粹的生物事实或政治事实"，相反，"每一个角色都是其角色规范的承载者"。

"辞达而已矣"（《论语·卫灵公》）。一旦语言变得过于花哨——花言巧语和时髦的术语盖过了所讲的内容——沟通就会出现障碍，而君子的声誉也会因此受到影响。孔子坚信，从当权者使用的语言中，我们就能判断其本质。正如他的弟子所言："君子一言以为知，一言以为不知，言不可不慎也！"（《论语·子张》）评判语言也要有判断力："不以言举人，不以人废言。"（《论语·卫灵公》）如果行不逮言，那么说出的话就变得空洞不可信。言语必须代表行动，行动必须与言语相符。正确使用名号和称谓，完全是为了在群体中建立明确的角色期待：我们期待我们称为老师的人教导我们，我们称为战士的人保护我们。因此，如果谁把老师派往战场或把战士放在讲台上，那我们一定会痛加挞伐。把女朋友叫作"老婆"或把老婆叫作"女朋友"，都有可能引起摩擦。所以，有效的统治取决于正名。名不仅仅是标签，而是功能。名标识了社会区分或政治区分：称某人为父亲，也就意味着要求他的行为必须像个父亲。因此，君主被称为"百姓之父"，这对君主来说意味着一种责任而非一种特权。

有一群哲学家在更抽象、更理论的层面反思语言，反思语言与事物之间的关系。他们主要关注的是语言能否以及如何表征实在，这些人被合称为"名家"。最著名的代表性人物是公孙龙（约公元前325年—公元前250年）和稍年长的惠施（惠子；约公元前370年—公元前300年）。前者的思想主要保存在《公孙龙子》一书中。惠施则出现在其他一些文献的某些对话和段落中，经常作为庄子的辩论伙伴。公孙龙基于儒家所讲的名当与实相符，提出著名的"白马非马"说（"马"与"白"是两种不同的东西，一以命形，一以命色）。惠施则以类似于芝诺悖论的"十辩"闻名（如"日方中方睨，物方生方死"）。后期墨家也讨论认识论问题（我们如何认识事物）。现存的《墨子》中保留了后期墨家的六篇文献，涉及一系列论辩和逻辑难题。然而在中国的传统中，名家的理论把戏从来没有得到真正的重视。荀子批评名家"辩而无用，多事而寡功，不可以为治纲纪"（《荀子·非十二子》）。理论没有转化为实践、为了争论而争论，这是儒家君子宁可没有的消遣。

但是，语词本身又是什么呢？怎样才是良好的、能发挥作用的语言？儒家的荀子对此论之甚详。他认为，语词具有任意性，只是一种约定俗成的东西。它们并不在本质上代表任何东西：

> 名无固宜，约之以命，约定俗成谓之宜，异于约
> 则谓之不宜。名无固实，约之以命实，约定俗成，谓
> 之实名。名有固善，径易而不拂，谓之善名。(《荀
> 子·正名》)

任何命名都可能是合适的。你可以把苹果叫作"蓝色"。但是，一个词的用法只有得到大家的一致赞同才能算是对的（我们一致认为"苹果"指的是一种水果，而"蓝色"是一种颜色）。在实际的使用中，名应当简单直接。为了避免混淆我们的感官，选用的语词不应和语词想要命名的东西相悖。被冰层覆盖的地区或陆地理应叫作"冰岛"，而不是"亚利桑那"（Arizona，这个词在印第安语里的字面义为"少泉之地"）或"格陵兰"（Greenland，字面义为"绿地"）；如果一条狗取名"小黑"，那它身上最好要有黑色的毛发。在荀子看来，语言具有语用功能。我们通过感官来认识世界，注意到周围的事物之间有同有异，于是用语词把这些表达出来、区分开来。有时，我们把事物统称为"物"；有时，我们把它们区分细化（荀子以"鸟"和"兽"为例）。一旦我们把语言和命名确定下来，就一定要坚持约定俗成的用法。只有这样才能有效沟通。因此，具有权威的是那些有能力掌握大量的主题并能看清其本质的人。他们能把事情简明扼要地表达出来。君子要确保他的主张符合事实；他不多费口舌。他非常清楚自己的

想法和意图（《荀子·正名》）。智者的语言通俗易懂。白马，它毕竟还是一匹马。

儒家强调语言的重要性，而庄子则严厉批评语言。在中国古代所有的文献中，庄子对语言价值的解构最令人眼花缭乱了："夫言非吹也，言者有言。其所言者特未定也。果有言邪？其未尝有言邪？其以为异于鷇音，亦有辩乎？其无辩乎？"（《庄子·齐物论》）庄子声称，语言是一种割裂世界的符码。荀子主张，为了提防语词的随意性，我们必须对语词的用法达成共识；而庄子则认为，语词并没有好的用处。语言让世界碎片化。语词给我们造成一种错觉，因为它迫使我们把现实分割成不同的部分，从而使我们无法直接地经验世界，也就是"道"。语言使我们认为"此"不同于"彼"。它训练我们用二元对立的方式进行思考：对与错、真与假、美与丑、我与你（或你与我）。语言制造纽结，让我们的存在更加混乱而不是更加自由。此外，由于我们对语言的选择完全是任意的，它永远不能准确地反映现实。一旦我们用语言把世界分为不同的类别，我们就不能再把它经验为未分化的整体了："其分也，成也；其成也，毁也。凡物无成与毁，复通为一。"（《庄子·齐物论》）

因此，语言遮蔽而非揭示；它使我们无法看清更大的图景，把简单的东西复杂化："狙公赋芧，曰：'朝三而暮四。'众狙皆怒。曰：'然则朝四而暮三。'众狙皆悦。"（《庄子·齐物论》）养猴人没有改变食物的名称和数量，却成功解决了问题。使用语言就像给猴子以不同比例的坚果，却不明白这么做并不影响整体的数量。如果没有意识到实情并无改变，我们比较之下就会倾向于接受"朝四"。因此，庄子不认为语词可以给世界带来秩序。圣人让自己的语言自成其序自由表达。归根结底，语言和话语应是多余的。具有讽刺意味的是，对语言价值提出质疑的文字本身却是中国文学中的绝妙辞章。但它确实提出了一个重要的问题：有些真理是无法用语言表达的："荃者所以在鱼，得鱼而忘荃；蹄者所以在兔，得兔而忘蹄；言者所以在意，得意而忘言。"（《庄子·外物》）我并不反对这一观点，但仍对语言怀有感激之情！

儒家认为应当正确使用语言，而道家主张尽量少用语言；虽然有此分歧，儒道二家都认为，如果语言仅仅是为了修辞和说服的目的，或为了论辩而论辩，那么，我们不应该相信语词的力量。《论语》记载，孔子在恼怒时甚至也觉得，这个世界不需要巧言，佞言以及随之而来的虚伪："子曰：'予欲无言。'子贡曰：'子如不言，则小子何述焉？'子曰：'天何言哉？四时行焉，百物生焉，天何言哉？'（《论语·阳货》）法家也曾质疑语言的使用："惟明君知好言之不可以强兵辟土也。"（《商君书·农战》）道家说，语词不足以形容道，它反而干扰我们经验周遭世界；法家说，语词只是行动的借口；儒家说，语词只有受到习俗的严谨约束才行。

因此，我们不能认为，中国古代参与政治和哲学争论的人要么把话说得非常清晰，要么什么也不说。在一个四分五裂的世界里，四处奔走的哲学家要想获得潜在赞助人的青睐，离不开说服的技艺。哲学家声称自己不信任花言巧语，这恰恰表明，研习言说技艺的传统在当时还是有很强的生命力的，尽管可能不如古希腊和古罗马的演说技艺那么发达。延臣要找到一个庇护者，离不开敏锐的头脑和流利的口才。没有它们，在朝为官长不了，甚至在世为人也长不了。《战国策》收录了很多关于朝堂演说的记录和轶事，它们让我们生动地感受到唇枪舌战的技艺不亚于本章开篇谈到的战争技艺。著名的《韩非子》以及其他一些哲学文本也论及如何向君主进谏。常用的技艺是通过故事阐明道理，而故事所讲的事情或背景未必是真实的。其目的是通过历史和文学的典故来表明自己的政治观点，从而以间接的方式说服或批评当权者。

《战国策》（以其中故事发生的历史时期命名）记载了一批聪明机智的人物，他们通过纵横术、阴谋和诡计获得利益，儒家对此是嗤之以鼻的。这部书读起来像一部历史小说。其中一些故事可能是为了训练弟子们的说服技艺而写的。说客苏秦（卒于公元前284年）因说服其他大国结盟反秦而闻名于世。这些人物是中国历史上的谋略家和雄辩家。且看苏秦如何同时忽悠两位国君：

东周欲为稻，西周不下水，东周患之。苏子谓东周君曰："臣请使西周下水，可乎？"乃往见西周之君曰："君之谋过矣！今不下水，所以富东周也。今其民皆种麦，无他种矣。君若欲害之，不若一为下水，以病其所种。下水，东周必复种稻；种稻而复夺之。若是，则东周之民可令一仰西周而受命于君矣。"西周君曰："善。"遂下水。苏子亦得两国之金也。（《战国策·东周策》）

从说客讲的故事中产生了许多成语，它们在汉语中一直流传至今。为了达到自己的目的，最好不要"画蛇添足"。这是形容人做事过头、临时改变说法、提供一些不必要的细节或过于沉湎于某种好东西。利用别人的战略地位，让自己能够"狐假虎威"（狡猾的狐狸骗老虎走在它身后，让老虎以为遇到的所有动物都是因为看到狐狸才吓得一哄而散）。"昼伏夜出"；"两虎相争"等它们彼此消耗之后再发动突袭；"鹬蚌相争，渔翁得利"。这些成语采自中国古代说客的修辞战场，它们告诉我们，自我定位的政治技艺具有永久的价值。

我们已经看到，统治者、领导者和管理者的策略和技巧构成了中国思想的重要组成部分。然而，如果没有其他星辰的环绕，北极星不可能独自发光发亮。同样，统治者不能单独统治，他们要有需要或渴望被统治的臣民。他们需要有制度来实施他们的战略。不管从何种角度看，社会都只能是个体的集合，哪怕个体是无名的。那么，中国的思想家如何理解人性，如何理解成"人"的方式？人如何成为人格体，即具有一个自我的行动者？个人如何与更大的群体相关联？且待下章分解吧。

第四章

CHAPTER 4

个人与集体

　　告子曰："性犹湍水也，决诸东方则东流，决诸西方则西流。人性之无分于善不善也，犹水之无分于东西也。"

　　孟子曰："水信无分于东西。无分于上下乎？人性之善也，犹水之就下也。人无有不善，水无有不下。今天水，搏而跃之，可使过颡；激而行之，可使在山。是岂水之性哉？其势则然也。人之可使为不善，其性亦犹是也。"（《孟子·告子下》）

　　这是中国古代关于人性最著名的一次对话。对话者一为孟子，一为告子。孟子（公元前4、3世纪）是孔子之后中国古典儒家传统中最有影响力的思想家，而关于告子的记载仅见于孟告之辩。我们已经看到，中国的哲学大师对如何为君所论甚多。但当时讨论的另一个重要问题则是：如何做人。孔子在描述君子理想时，主要从公共人格的角度对人的品格进行了界定：人应当修身，积极参与社会。正如我们所看到的，他的主要目的是为了阐明能够帮助人们处理社会关系和在社会中发挥恰当作用的礼仪和规则。但是，是否可以把一个人仅仅看成一个社会角色的扮演者？我们是否都具有相同的人性和内在性格？人作为个体应当如何行动？

中国的思想家大多认为，人首先是社会动物。即使那些声称只有隐居才能过上好生活的人，也只是对以下这种共同的看法表示质疑：人的本性由环境及构成环境的人和制度所塑造，或是在此关系中塑造自身。一般说来，儒家主张，每个人都可以自我完善："唯上智与下愚不移"（《论语·阳货》）。问题不在于是否有可能培养和教育一个人成为社会的一分子，而在于这种培养和教育如何才能做到最好。一种主流观点认为，人的性格应该在家庭这个背景下，通过系统学习来形成。有些人主张，跟随师父学习和悉心教育需要严格的管教，而人的欲望必须通过古人传下来的礼教来加以控制。墨子及其追随者则质疑家庭是否应该成为社会化和教育百姓的场所。激进的道家认为，在家国语境中所谈的"修身"毫无意义。他们提出，最要紧的，不是和他人和谐相处，而是返身向内，与自我和谐相处。个人怎样才能在其周围的环境中获得最好的发展？尽管上述各家在这个问题上见解不同，但我们仍然可以看出他们共享一个现实：没有他人，就没有自我；没有自我，就没有他人。无论是把人视为社会秩序的一部分还是自然秩序的一部分，人总是在与他人和他物的关系中成为（或不再成为）人。

人性

孔子很少谈论人性。他强调"仁"的重要性。在他看来，"仁"是对其他人类的爱与同情心（《论语·颜渊》）。有德之人应该把自己的仁爱之心扩展到他人身上，即使这样做不会得到回报："不患人之不己知，患不知人也。"（《论语·学而》）君子不计较自己的名声，但同情他人、帮助别人。因此，孔子提出他的道德金律："己所不欲，勿施于人。"（《论语·卫灵公》）

孔子还认为，在仁之外，人还应该培养"义"。人应该履行道德义务，一个人不能推卸和自己的社会地位相伴随的责任：父亲要照顾家庭，君主要照顾百姓，年轻人要照顾老人，学生要尊敬老师。孔子并没有过多地阐述我们为什么要坚持这些美德，也没有阐述人的内心是如何做出正确决定的。他并没有试图剖析人的心理，追问"我们是谁?"，而主要是花精力讨论人们形之于外的行为：相对于他人，我们处在什么位置上？孔子主要关注的是社会角色，而不是人心。然而，他对人性的唯一重要论述却为后来的争论埋下了伏笔："性相近也，习相远也。"（《论语·阳货》）在孔子看来，人的行为更倾向于随波逐流。只有特定的习惯才会把人塑造成好人或坏人。河岸决定了溪流的流向，这可能是好事（如用于灌溉），也可能是坏事（如泄洪到邻国）。孔子对人的自然倾向持中立立场，但在他逝世后的三个世纪里，人的自然倾向究竟是善是恶，在他身后的追随者那里却变成了常常争论的话题。这些追随者中，声名最著者莫过于孟子和荀子。

孟子（孟轲）是孔子思想最重要的继承者，故有"亚圣"之称。他是山东南部邹国人。据说，孟母三次迁居，以便让年轻的孟子接触到合适的环境。他们先是先后住在墓地和集市附近。孟母认为，坟墓和商贩对孩子的影响都不好。于是徙居学宫之旁。在那里，"其嬉游乃设俎豆，揖让进退"（《列女传·母仪传》）。孟子受业于孔子之孙（一说其门人）子思。孟子一生中，大部分时间周游于列国之间。在齐国，他曾担任过一段时间的名誉官职，也可能在所谓的"稷下学宫"待过。在齐国首都临淄的这个学术中心，知识分子受庇于齐国的历任国王，其中最主要的是威王（公元前357—前320年在位）和宣王（公元前319—前301年在位）。在大约一百五十年间，学者们聚集在这里，衣食无忧，潜心思考、授业和学习。《孟子》一书与历史上的孟子本人有密切的联系。汉学家普遍认为，传世的《孟子》（七篇，每篇又分上下）由孟子本人及其弟子编纂而成。与《论语》一样，《孟子》也是由对话和收集到的言论组成，其编排顺序是任意的。但与《论语》

不同的是，《孟子》中有几篇对话分析性更强，篇幅颇长，论证一个接着一个。

在中国历史上，孟子是第一位阐述人与生俱来的伦理倾向并提出人性论的大哲。他认为，各类事物都有自己的本性。人性是所有人普遍具有的东西：我们每个人都有同样的自然能力。在我们的生活中，我们都会表现出我们每个人都有的恒定的行为（如想要进食、保暖或生育）。然而，外在环境导致了人与人之间的区别。借用他与告子对话中的比喻：我们可以手击水，使之泼到脸上，也可以使之逆着自然倾向而流动。在孟子看来，人与人之间存在着一种自然的平等，只有外在的环境才会打破这种平等：

> 富岁，子弟多赖；凶岁，子弟多暴，非天之降才尔殊也，其所以陷溺其心者然也。今夫麰麦，播种而耰之，其地同，树之时又同，浡然而生，至于日至之时，皆熟矣。虽有不同，则地有肥硗，雨露之养，人事之不齐也。故凡同类者，举相似也，何独至于人而疑之？圣人与我同类者。（《孟子·告子上》）

我们每个人的内心都有一种初萌的道德冲动，孟子称之为四"端"（英译为 "sprouts of virtue" 或 "beginnings"）。四种端倪激发出四种基本美德：恻隐之心，仁之端；羞恶之心，义之端；辞让之心，礼之端；是非之心，智之端。四端犹如四肢，不发展它们是没有理由的。但是，这些道德冲动只有被激发和培养，才能充分发挥其潜能。仁和义是孟子的最高纲领："五谷者，种之美者也。苟为不熟，不如荑稗。夫仁，亦在乎熟之而已矣。"（《孟子·告子上》）孟子把开发我们与生俱来的道德潜质作为一种神圣的志向。不道德地活着比死亡更可怕："鱼，我所欲也，熊掌亦我所欲也；二者不可得兼，舍鱼而取熊掌者也。生亦我所欲也，义亦我所欲也；二者不可得兼，舍生而取义者也。"（《孟子·告子上》）

　　但是，人的性情会向哪个方向倾斜呢？孟子认为是向善。当面临选择时，人们自然倾向于行义。人们拥有一种内在的并促使人们为善的道德自主性："人皆有不忍人之心。"（《孟子·公孙丑上》）对于义的感觉就在我们的内心，而不是外在强加的标准。古代中国人认为，做判断的思维器官是心（而不是脑）；知与情都在于心（因此，"心"常译作"heart-mind"，在西方主要语言中找不到对应的词）。

　　为了证明同情心生而有之，孟子做了一个测试："今人乍见孺子将入于井，皆有怵惕恻隐之心。"（《孟子·公孙丑上》）孟子坚信，任何人都会第一时间跳下水去救这个孩子，但这是为什么呢？毕竟，你可能自己会淹死，也可能救不出孩子，在后一种情况下，你甚至可能还要因为孩子的死而受责。孟子认为，任何人依其本性都会不假思索地立马跳下去救孩子。

你跳下去，是因为这是你道德构造的一部分；与生俱来的道德萌芽被本能地激活，而不是理性考量的结果。没有外在动机驱使你跳下去。你并不是因为孩子是你自己家庭的成员而去救他；不需要教育或指示，你就会对其他人类男女怀有亲善之情。你在这样做的时候，根本不是为了谋求奖赏或社会的赞许。

诚哉斯言。但是，如果所有的人都有同样的天性，为什么有的人发展成为优秀的个体，而有的人却没有，为什么有的人在生活中取得了成就，做得很好，有的人却做不到呢？在这里，孟子承认，我们每个人的内心里也有作恶的潜质。人是可以被带入歧途的，但这样做只是因为人的天性被侵犯、阻挠或弃之不顾。我们的任务就是要让正确的萌芽苗壮成长（浇花而不是浇杂草）。因此，他回答公都子说："从其大体为大人，从其小体为小人。"（《孟子·告子上》）对物质财富及食色等身体享受的渴望，确实是人性的一部分。但孟子警告说，不应该让这些欲望扭曲了我们内心的道德指针。在政治上，这意味着君应该与民分享这些物质上的快乐。心反映出感官冲动。它判断欲望（我们的小体）是否违反了与生俱来的道德倾向（我们的大体）："耳目之官不思，而蔽于物。物交物，则引之而已矣。心之官则思。思则得之，不思则不得也。此天之所与我者。"（《孟子·告子上》）

孟子意识到，阻碍人们做出正确道德判断的原因可能有很多。人的意志可能是软弱的，人们也有可能因为心理缺陷或训练不足而未能发展出能够让道德端倪破土而出的道德意识。很多人没有充分地发展出仁。我们很乐意把同情心扩展到我们身边的人（家人、朋友、近邻），但要超越我们熟悉的圈子就要难得多。凡是为慈善事业捐款的人，都会认同这种感受。孟子以齐宣王以羊易牛的故事为例说明这一点：

> 曰："臣闻之胡龁曰，王坐于堂上，有牵牛而过堂下者，王见之，曰："牛何之？"对曰："将以衅钟。"王曰："舍之！吾不忍其觳觫，若无罪而就死地。"对曰："然则废衅钟与？"曰："何可废也？以羊易之！"不识有诸？"曰："有之。"曰："是心足以王矣。百姓皆以王为爱也，臣固知王之不忍也。"王曰："然。诚有百姓者。齐国虽褊小，吾何爱一牛？即不忍其觳觫，若无罪而就死地，故以羊易之也。"曰："王无异于百姓之以王为爱也。以小易大，彼恶知之？王若隐其无罪而就死地，则牛羊何择焉？"王笑曰："是诚何心哉？我非爱其财。而易之以羊也，宜乎百姓之谓我爱也。"曰："无伤也，是乃仁术也，见牛未见羊也。君子之于禽兽也，见其生，不忍见其死；闻其声，不忍食其肉。是以君子远庖厨也。"（《孟子·梁惠王上》）

孟子在这里提出了隐晦的批评：齐宣王没有认识到，也没有减轻百姓的痛苦。他把他的恻隐之心扩展到了动物身上，却没有扩展到百姓身上。他能感受到亲眼所见的痛苦，却不能感受到发生在视线之外的痛苦。

然而，尽管有很多阻碍我们发展道德端倪以达乎他人的东西，孟子依然坚信，人与生俱来的善的倾向总是会自己重新发芽。人性不断地修复自身。他打了一个漂亮的比方来描述这一点（这一比方没有逃过当代环保主义者的眼睛）：

> 孟子曰："牛山之木尝美矣，以其郊于大国也，斧斤伐之，可以为美乎？是其日夜之所息，雨露之所润，非无萌蘖之生焉，牛羊又从而牧之，是以若彼濯濯也。人见其濯濯也，以为未尝有材焉，此岂山之性也哉？虽存乎人者，岂无仁义之心哉？其所以放其良心者，亦犹斧斤之于木也，旦旦而伐之，可以为美乎？"（《孟子·告子上》）

牛山代表了一种积极有力的，让我们重振信心的理由：人类有能力在逆境中反弹，做出正确的事情。

然而，孟子在敦促我们爱护照料他人的道德潜质的同时，他的理想主义也包含着现实主义的色彩。不能指望人性一朝一夕就能开花结果；需要从内心循序渐进、分阶段地成长。

人格需要以适当的节奏加以培养，需要在天性与教养之间取得微妙的平衡：

> 宋人有闵其苗之不长而揠之者，芒芒然归，谓其人曰："今日病矣！予助苗长矣！"其子趋而往视之，苗则槁矣。天下之不助苗长者寡矣。以为无益而舍之者，不耘苗者也；助之长者，揠苗者也。非徒无益，而又害之（《孟子·公孙丑上》）

孟子还在人性观的基础上引申出了他的政治哲学。如果恻隐和仁爱可以激发人们相互靠近，那么这也应该适用于当权者。"君仁莫不仁，君义莫不义。"（《孟子·离娄下》）但孟子却认为百姓有义务促使君主承担责任。君主和国家服务于民众的福祉。民众的支持是衡量政治正当性的道德标准。孟子是第一位公开表示应该推翻暴君的哲学家（在这种情况下，杀君不属于弑君）。身居高位的大臣如果不能指出君主的缺点并督促他改正，那就是一种失职："君有大过则谏。反覆之而不听，则易位。"（《孟子·万章下》）如果把民众的利益放在第一位，那么君主就应尽可能避免发动战争。孟子不认为有正义的战争，有的只是某些战争比另一些战争好一点（《孟子·尽心下》）。侵略性的战争是不正当的，除非它是惩罚性的——也就是说，由在上者加于在下者，以纠其罪（类似于一个人因犯罪而受到当局的惩罚）。如其他君主剥削其人民，则"王往而征之，夫谁与王敌"（《孟子·梁惠王上》）?

先秦时期儒家学派的第三大代表人物荀子对孟子的人性论提出了反驳。荀子出生于赵国，也曾游于齐国稷下学宫。他在楚国的宫廷中也很活跃，还到过秦国。荀子得享高寿，可能活了九十多岁，逝年约在公元前238年。他的著作《荀子》（现存三十二篇）捍卫儒家价值，驳斥来自内部与外部的思想威胁（以墨家为主，兼及法家和道家），包括孟子的学说。《性恶篇》便是反驳孟子。

荀子并不认为人具有强烈的先天道德导引。相反，他认为人有作恶的倾向。这并不是说人性**就是**恶的，也不是说人乐于做错事。相反，荀子认为，人天生利己，把自己的欲望放在第一位，高于其他一切："今人之性，生而离其朴，离其资，必失而丧之。"（《荀子·性恶篇》）如果说孟子的先天道德潜能的杯子是半满的，那荀子的杯子则是半空的。

《性恶篇》开篇就说："人之性恶，其善者伪也。"要想让人们去行善，就需要制定一个刻意去付出努力（伪）的计划。人们必须接受一套学习和教育的制度。他们需要老师的指导，由老师来灌输一套明确的标准。除非人们有礼法准则的指导，否则他们就会做出错误的选择。做一个好人不是自然而然的；相反，它需要训练和人为的手段。要把人变成善于交往和有道德的人，需要做的不只是像把树苗培育成参天大树（孟子可能会这么说）。曲木变成特定的形状，需要木工、蒸、揉和矫的工夫。人性如钝铁，需要在磨刀石上打磨使之锋利（《荀子·性恶篇》）。

荀子的前提是，人生而好利，顺着它，必导致争夺和贪婪，后者所包藏的嫉妒和仇恨的情绪又会导致暴力和犯罪。对美好事物的欲望（他称其为"耳目之欲"）则导致放荡的行为。人（像动物一样）被原始的欲望所驱使，如果不加抑制，就会导致无政府状态和混乱。然而，这些特性是人的天性的一部分，是上天赋予我们的，是无法取消的。荀子所谓的天不是人类世界的道德守护者；它不回应人类的关切，也不帮助我们行使道德。总之，天性需要通过其他力量来加以塑造：

> 不可学、不可事而在人者谓之性；可学而能、可事而成之在人者谓之伪。是性、伪之分也。（《荀子·性恶篇》）

换言之，荀子认为，道德的源头不在人的内心，而在人之外，也就是说，在圣人的礼义教化之中。只有他们的指导和榜样，才能约束人的自然冲动，引导人的道德行为。举个例子：你饿了。如果任由自己的本能，你会马上想办法满足自己对食物的欲望而不顾及他人。然而，经过教育，尊重和道德责任的原则已经成为你的第二天性，你学会了应该在狼吞虎咽培根和鸡蛋（或米饭或面条）之前，先让长辈吃饱，并而把菜肴中最美味的部分留给他们。因此，人的天性需要道德的正确引导。这只能通过教育和学习礼仪来获得。荀子说，这好比陶工把泥土变成壶罐，或木工把木头变成器具。具有讽刺意味的是，他仿佛在告诉我们，要想成为善，一个好人先需恶：

> 凡人之欲为善者，为性恶也。夫薄愿厚，恶愿美，狭愿广，贫愿富，贱愿贵，苟无之中者，必求于外。故富而不愿财，贵而不愿埶，苟有之中者，必不及于外。用此观之，人之欲为善者，为性恶也。（《荀子·性恶篇》）

究其实，孟子与荀子强调了不同的重点，但他们的观点并无实质性差异。两人都认为，所有的人都是可以完善的；理论上每个人都可以成为圣人。人皆有心思，它可以选择和引导我们的冲动。两位哲学家也都认识到，人需要通过学习来实现社会化。他们的不同之处在于，他们对于天性与教养各自的作用有不同的看法。孟子认为，善是生而有之的，稍加刺激就可以激发出来，因此在很大程度上是一种自发的产物；而荀子则认为，要让人文明化，使人摆脱与生俱来的自我中心，就需要人们付出更多共同的努力。孟子是理想主义者，相信我们的伦理倾向已经以合适的方式建构起来。荀子似乎更像是一位现实主义者：我们拥有原材料，但它们需要塑造和打磨；因此，他区分了性与伪，前者是（顺应基本欲望）的先天本性，后者则是通过教育而习得的本性。

在几百年后的宋代（公元 960—1279 年），儒家围绕"心"的问题展开论战，孟子的人性观占了上风，成为正统，而荀子则声名不佳，被认为是遮蔽了孔子的真正传统。编写于 13 世纪的《三字经》自成书以来便成为最流行的蒙学读物。《三字经》全文不过五百余字，三字一句，换韵成文，易于记诵。七百多年来，它开篇的几句话已经铭刻在无数代孩子和学生的脑海里：

> 人之初，性本善。
>
> 性相近，习相远。

育芽

《三字经》紧接着说："子不学，非所宜。幼不学，老何为。"不管是用木工工具将木头加工成有用的形状，还是用农夫的手艺让树木长直，孟子和荀子都坚信，人的性格处在不断发展的过程中。儒家认为，无论天性如何，人都需要接受教育才能成为有序社会中合格的成员。这意味着，那些道德上已经很完善的人（我们中间的圣人）应该肩负起责任，去教导和感化别人。将自己的知识传授给他人，这对于儒者的生活来说是必不可少的义务（我教，故我在）。在这里，儒家便回到了与孔子及其主要门人相联系的一个基本形象：他们是有经验的老师，学而不厌，诲人不倦，为他人树立学习和自我提升的榜样。

在《论语》中，孔子首先是作为一位随时强调学习重要性的老师出现的。他说自己沉浸在学习中，忘食忘忧，也忘了老之将至（《论语·述而》）。他"大言不惭"地说道，没有人比他更好学（《论语·公冶长》）。今天，孔子作为中国历史上第一个将自己的一生都奉献给教育的人，继续享有这一地位。千百年来，他一直被尊为中国的"至圣先师"。在中国台湾地区，他的生日（9月28日）被定为教师节。在中国大陆的正式出版物中，他被称为"思想家"和"教育家"。宣扬孔子的师者形象，折射出一种自古以来坚定不移的信念：人可以通过学习臻于完善。每一个情境都可以变成一次学习的机会："三人行，必有我师焉。择其善者而从之，其不善者而改之。"（《论语·述而》）孔子也主张终身学习，在他看来这是一个不断积累的过程："吾十有五而志于学，三十而立，四十而不惑，五十而知天命，六十而耳顺，七十而从心所欲不逾矩。"（《论语·为政》）

孔子对弟子要求甚高。他们必须能够自己思考问题，自已解决问题：

> 不愤不启，不悱不发。举一隅不以三隅反，则不复
> 也。(《论语·述而》)

孟子也说："教亦多术矣。予不屑之教诲者，是亦教诲之而已矣。"(《孟子·告子下》) 另一方面，孔子又是温和宽容的。孔子在挑选学生的时候，不会因为经济背景或社会地位的不同而区分对待。对于学生能提供何种酬劳，他并不计较，即便只拿出一条干肉即"束修"也无妨(《论语·述而》)。他最优秀也最受人敬慕的学生颜回是个穷人。然而，在他所处的时代背景下，孔子不计较学生背景的有教无类，实则基于一种虚假的人口统计。只有精英家庭才能让年轻的或成年的男性免于劳作。在中国古代，教育和指导在很大程度上是自费的。学生需要向老师供奉礼物和酬金，这就让大部分平民百姓没有机会学习。

孔子在《论语》开篇就倡导一种非常特别的学习观："学而时习之，不亦乐乎？"(《论语·学而》) 学习不应该是一种纯理论的、抽象的或知识性的努力 (尽管在实践中，学习儒家经典确实需要相当程度的背诵)。学习有其实践的维度：它包括理解和模仿，理论和实践。"学而不思则罔，思而不学则殆。"(《论语·为政》) 最重要的是，学习是一项道德事业：

"子以四教：文，行，忠，信。"（《论语·述而》）教师应该成为言传身教的道德典范。归根结底，正是通过模仿和效仿典范才能提升自己，成为他人的榜样（这也意味着，学生所推崇的价值观念，与老师身上他们所看重的品质相一致）。孔子近乎盲目地相信，人们具有自主学习和寻求道德修养的愿望，尽管他对其背后的动机同时也持批判态度："古之学者为己，今之学者为人。"（《论语·宪问》）然而，尽管一个人应该乐于学习，但却要避免吸收知识而不付诸实践。在这方面，孔子是一位现实主义者："三年学，不至于谷，不易得也。"（《论语·泰伯》）这一看法也反映了今天的学生的担忧：修完学位课程之后，能否找到工作。

儒家的精英教育包括历史、文学、礼乐等方面的课程，其重点则是那些据说包含了古人智慧的典籍。在《论语》中，孔子多次提到学习《诗经》的益处："小子何莫学夫诗？诗，可以兴，可以观，可以群，可以怨。迩之事父，远之事君，多识于鸟兽草木之名。"（《论语·阳货》）孟子则喜欢引用《尚书》等书来支持自己的论证。然而，儒家之学旨在超越对传统典籍和礼乐的知识性把握。学习的目的在于，让学生获得可以在日常生活中实践的价值观和技能。掌握所谓的"六艺"，即礼、乐、射、御、书、数，目的在于品格养成。孔子质疑武术学习的价值。与之相反，箭术的目的并不是为了培养战士，而是为了达到一种能使人击中目标的内心的平衡状态。对于那些有志于成为君子的人来说，学习不仅要修心，还要修习整个身体，修习行为举止，修习七情。《荀子》以《劝学》开篇，其中便重申了这一点。它引用《论语》中关于学习的箴言，并阐述其重要性：

> 君子之学也，入乎耳，著乎心，布乎四体，形乎动静，端而言，蠕而动，一可以为法则。小人之学也，入乎耳，出乎口。口耳之间则四寸耳，曷足以美七尺之躯哉！"古之学者为己，今之学者为人。"（《荀子·劝学》）

以注入道德价值为目的学习理想往往只是理想而已。在实践中，儒家教育往往变成了竞争性的学究式学习和对古代文献知识的追求。死记硬背、鹦鹉学舌、生搬硬套的做法从来没有消失过。反讽的是，在这件事情上，孔子是自己最好的批评者："诵《诗》三百，授之以政，不达；使于四方，不能专对；虽多，亦奚以为？"（《论语·子路》）在君主制时代，无数考生处在科举考试的压力之下，以谋得一官半职为最高回报。在这些考生中，肯定会有很多人在想，孔子关于"今之学者为人"的箴言为什么被遗忘了。虽然课程设置上的题目可能已经改变了，但类似的压力和竞争的氛围仍然笼罩着当今中国的高考。不过，中国在这方面可能并不独特：西方的许多学府也都以考试文化取代了教育文化。

在儒家看来，学习离不开师傅或老师的外在帮助："学莫便乎近其人。"（《荀子·劝学》）师生关系是教育学生的核心。教导不只是简单地通过言传，而是通过观察老师在弟子中间的所作所为来进行。学习应该是经验性的而非理论性的。《孟子》提到了古代设立的各类学校（《孟子·梁惠王上》）。《礼记》等文本详细描述了学生在学习过程中应该如何对老师表示敬畏和尊重：穿着得体，保持安静，恭敬听讲，不插话："请业则起，请益则起。"（《礼记·曲礼》）

有人可能会问：如此潜心研究古人的话是否值得？它真的能使人变成更好的人吗？在《庄子》的作者看来，答案是完全否定的，因为人生中最好的东西不是靠书本知识或博学而得来的。天赋、技巧和克服人生阻碍的诀窍，都是自然而然得来的；书本上没有值得追求的智慧。儒家不懈追求教育和道德修养，庄子和他的追随者对此表示遗憾，因为教育和道德修养只是一种拖累。庄子讲了一个关于桓公与车轮匠的故事。桓公读书于堂上，车轮匠打断他，问他读什么书。公曰："圣人之言也。"曰："圣人在乎？"公曰："已死矣。"曰："然则君之所读者，古人之糟粕已夫！"古人已经把他们的智慧带入坟墓了。他说，"臣也以臣之事观之。斫轮……得之于手而应于心，口不能言，有数存焉于其间。臣不能以喻臣之子，臣之子亦不能受之于臣"（《庄子·天道》）。

因此，道家的主张与儒家不同。儒家认为，干预和努力

（无论是它们的增多，还是减少）是塑造人性、传授价值观和技能的必要条件；而道家则可能主张，对事物听之任之，这是培养对世界的自发感知能力和技能习得的最佳途径。教学不需要解释，也不需要理性分析。学习和理智追求是否具有培养人格的作用?《庄子》等文本的作者对此成功地提出了尖锐的挑战，这是很神奇的。然而，他们未能推翻儒家社会（不管是过去还是现在）的核心原则：每个人有义务通过不懈的学习和勤奋的工作来提升自己。

生活在众人之中

　　儒家认为，人类需要通过教育和礼法来适应伦理规范。这一信念的出发点乃是我们生活在众人之中：我们不仅与他人一起在团体（荀子称之为"群"）中生活和行动，而且在这个社会环境中我们还扮演许多种角色。不难想象，一个人是多重角色的集合体，而不是一个具有特定的、单一个性的个体。因此，我们不应该把张三看成一个具有特定性格特征（害羞、有同情心、聪明、常常以自我为中心，但又很谦虚）的单一的（独特）个体，而是应该把他理解为分别作为父亲、老师、儿子、学生、丈夫、爱人、纳税人的张三，作为员工、部门主管、诗人、笑话大王的张三，如此等等。那么，张三要想在社会中正常生活，他需要注意到自己在任何特定环境中的角色和位置。不断变化的环境促使我们调整自己的角色。要成功地做一个人，就需要我们掌握在任何特定环境中进入正确角色的艺术。如果做不到这一点，就会造成我们与周围的人联系起来的职业网络和社会网络短路。在工作时间，张三可能是一位出色的大学教授，总能抓住课堂上（或多或少感兴趣的）学生们的注意力。但是，如果他要是每天晚餐的时候给他的妻子和孩子上课，就很可能引起反感了。总而言之，指导我们行动的，应当是我们与他人的关系，而不是我们作为个体的性格。

《中庸》相传系孔子嫡孙子思（公元前483—前402年）所作，其中对五种基本关系的描述如下：

> 天下之达道五，所以行之者三：曰君臣也，父子也，夫妇也，昆弟也，朋友之交也。五者天下之达道也。知、仁、勇三者，天下之达德也，所以行之者一也。（《中庸》第二十章）

《中庸》还强调"诚"的美德。诚的程度因人而异（圣人生而有之，凡人通过学而得之），因此需要努力培养。

在儒家的社会结构中，最重要的是家庭。在家庭这个单位中，孩子和成年人掌握社会技能，承担社会义务，而这些技能和义务可以投射到国家的层面。（君主把民众视为自己的亲属；民众对他表现出忠诚和义务感，后者类似于家庭内部子对父。）儒家没有把国家及其制度作为规范人的行为的主要力量，而是把这种权威交给父权家族和统治家族的亲属关系（父权意味着权威的来源和传承依靠男性一系：男性祖先、父辈、子）。家族既受习俗、惯例和礼法的支配，又受外部法律的支配，它对中国的法律思想产生了重大影响。下一章将对此展开讨论。在家族中，每个成员都必须履行指定的角色义务。

让我们从孩子开始说起。对童年的定义至少有两种方式。首先，我们可以从自然的角度看待儿童，把儿童理解为处在生理和心理发展某一阶段的特定年龄的人。其次，我们可以把儿童定义为一种社会身份，一个人生阶段，在家庭、社区、学校等环境中要表现出某些与之相应的规范性行为。中国人的传统兴趣主要集中在对童年的社会性界定上。

在中国古代，婴儿并不被认为是完整的人。中国的思想家对婴儿或婴儿的发育过程几乎没有表现出什么好奇心。只有当孩子会走路、会说话时，才会出现在他们的视线中。但即便如此，童年往往被理解为通往成年的过渡阶段。当然，哲学大师们热衷于用儿童的形象来进行哲学论证。在老子看来，脆弱的婴儿证明了表面上的软弱应该被视为力量的源泉："含德之厚，比于赤子。毒虫不螫，猛兽不据，攫鸟不搏，骨弱筋柔而握固，未知牝牡之合而朘作，精之至也；终日号而不哑，和之至也。知和曰常，知常曰明。益生曰祥，心使气曰强。物壮则老，是谓不道，不道早已。"（《道德经》第五十五章）孔子说："后生可畏，焉知来者之不如今也？"（《论语·子罕》）如我们此前所看到的，孟子用孺子入井的形象来说明他对人性的看法。另一个广为流传的比喻可以追溯到《诗经》和《尚书》，那就是把君主与百姓的关系比作父母照顾婴儿。但这些意象都没有透露出多少关于青春本身的卓越之处，也没有透露出在一个认为越老越有智慧和见识的社会中孩子所面临的社会现实。

在前现代的中国，从童年到成年的过渡期在十四岁到十九岁之间（相当于中国人所讲的十五虚岁到二十虚岁）。"冠礼"标志了男孩的成年，而少女的成年仪式则为"笄礼"。孩童很少作为孩童而被提及。更为普遍出现的是早熟的孩子形象，他们显示出成人的特征和技能，预示着他们的优异的个性和光明的前途，比如能大段背诵经典（少年时代的孔子和孟子在庙里闲逛时，就已经会有样学样地行礼）。父母之爱的私人表达，孩子们所激起的情感，或者是对孩子们玩耍的描述，这些在当时的著作中都少见记述。只有在《韩非子》中出现了一个罕见的例子。不过讽刺的是，它想表达的意思是古人的说法同儿戏一样不符合现实："夫婴儿相与戏也，以尘为饭，以涂为羹，以木为戬，然至日晚必归饷者，尘饭涂羹可以戏而不可食也。"（《韩非子·外储说左上》）

当然，这并不意味着表达对幼童的喜爱之情是令人厌恶的。然而中国文献主要关注的是公共生活，以及那些可以看出儿童将来成年后的前景的方面。在儿童身上被称道的美德和价值实际上是成人的美德和价值。《三字经》终篇写道："勤有功，戏无益。戒之哉，宜勉力。"少年时期是一个必要的间隔期，在此期间，孩童应该养成成人后在公共生活中取得成功所需的品质。

预测孩子的个性和影响孩子的性格发展，这在一个崇尚公共服务和道德操守的社会里意义重大。历书（又称"日书"）规定某些日子为分娩的吉日。在不吉利的日子里出生的孩子有可能不健康，也有可能将来养成坏脾气。新生儿的哭声和外观上任何明显的身体特征都被认为是其性格的标志。如《左传·宣公四年》中说道，有"豺狼之声"的新生儿长大之后注定不会是好人。人们很早就开始看相，即根据长相来预测和解释一个人的道德品性和行为举止。教育可以从子宫内开始。这就是所谓的"胎教"。母亲的饮食被认为会影响到胎儿的性情。母亲在怀孕期间所看到、听到或接触到的任何东西都会影响孩子的发育。孕育着未来皇位继承人的皇后不应该贪吃或食用非常规的食物（即不应季的农产品或以错误的次序端上来的饭菜）。据说，孟子的母亲在产前护理方面一丝不苟：她做"胎教"，只坐在直垫子上，不吃切割不当的肉。孕期饮食均衡，生出来的孩子就会有节制感和平衡感。

20世纪70年代初期出土的汉代文献《胎产书》说，想生男孩，可以吃毛毛虫的蛹，或者喝泡有狗鞭的水；想生女孩，可以吃黑母鸡的肉；孕妇食母马肉，则生出来的孩子精力旺盛。还有一个比喻也用来描述要把孩子放到一个有利于激发道德的环境中去："养儿如染丝"。

汉代丧葬铭文把婴儿说成是"未成人"，表明他们还没有成为一个完整的人，因此不需要为他们举办完整的丧葬仪式。婴孩的死比成人的死要轻。（令人痛心的是）秦律规定，杀死身体有残疾的婴儿（怪胎："有怪物其身及不全"）不算犯罪。同一条文还规定，以多子之故遗弃一个健康的孩子，当以杀婴罪论处。婴儿的死亡，对政府的政策影响相对较轻，甚至可能对家庭内部的影响也相对较轻。汉代文献表明，在物质匮乏时期，父母宁可杀死自己的孩子，也不愿意交纳必须交的人头税。这种税区分婴儿和儿童，通常在孩子年满六岁时开始征收。儿童随着年龄的增长而逐渐变得重要。婴儿在七八个月大的时候"出牙"，就被记入人口登记册，但很多婴儿没有达到这个阶段就夭折了。秦朝的人口登记册最初甚至按身高而非年龄登记。身高是判断儿童是否能够服兵役的一个更加可靠的指标。任何身高超过一百六十厘米或五英尺三英寸的男性都可以应征入伍（在秦朝，这相当于十六七岁；而在现代欧美相当于十三四岁儿童的平均身高）。

在家庭和家族中，父系继承制决定了对孩子的态度，由此导致重男轻女（后来的医书认为，孩子的性别取决于交媾发生在女性月经周期中的阳日还是阴日）。父母的专制行为被作为规范接受下来。男孩可以继承父亲的土地，也继承父业，或接受训练之后从军或做官。对女孩来说，婚姻是她们在社会上唯一真正的出路。对未来家庭的策划从婴儿时期就开始了。上流家庭的家长们四处打探，为自己的女儿争取一个前途光明的婚姻安排，把她嫁到一个比自己更加显赫的家庭中去。给幼女裹脚（用绷带绑在脚上，将脚趾向脚底弯曲，最终使脚弓断裂）的可怕习俗始于唐代，从 11 世纪起开始盛行。人们认为，在女孩的少女时期自残造成的痛苦，为好婚姻和丰厚彩礼铺平了道路。缠足象征着女性的屈服和限制。缠裹之后的脚也被称为"金莲"，围绕它产生了一种情色的热爱。一直到了 20 世纪帝制结束之后，裹脚才被废止。

《礼记》规定，无论在私人场合还是公共领域，都要坚持男女有别。它将男性和女性的领域划分为"外"和"内"，禁止男女直接接触或共享空间和财物："男女不杂坐，不同椸枷，不同巾栉，不亲授。"（《礼记·曲礼》）而且，妻子不与丈夫共用浴室；妇女住在内屋，男子住在外屋；妇女只讲家务事（"外言不入于梱，内言不出于梱"）；妇女外出时要遮住脸；妇女靠左走，男子靠右走（《礼记·内则》）；即使在丈夫死后，妻子仍要忠于他。保持男女有别的理由是，这样做可以让父子关系更加亲密，反过来又能促进家庭内部和整个世界的和谐。如果没有男女之分，美德就无法形成，人就会像动物一样生活：禽兽无礼，故父子聚麀（雄鹿和小牛都与同一只母鹿交配）（《礼记·曲礼》）。

班昭（约公元 48 年—116 年）作《女诫》，这是第一部由女性为女性而写的文本。班昭建议，每个女性都要坚持女性良好行为的四大支柱：妇德（包括贞洁、谦逊），妇言（即避免粗俗的语言，慎重选择自己的言语，知道什么时候说话合适），妇容（保持衣服干净清爽）；妇功（织布、缝纫、侍奉饮食）。班昭出身于一个有学问的贵族家庭。她年纪轻轻就丧偶孀居。她把余生的精力都投入到治学和著述上，成为中国最著名的女学者，在后世享有盛誉。婚后，媳妇就成了公婆家的一员，要为新家庭的利益服务。对于新婚的女孩来说，公婆家可能是一个充满敌意的环境。班昭所制定的训诫，对于毫无防护能力的媳妇来说是一种生存法宝。

《女诫》是班昭写给自己的女儿的。她处处征引儒家经典支持自己的指导意见。班昭认为，女孩需要教育和训练，这样才能掌握典范女性行为的准则："但教男而不教女，不亦蔽于彼此之数乎？"主导全书的主题是谦卑、顺从、虚心、稳重、敬重侍奉丈夫及其父母。班昭还强调了夫妻间需要身体上的分离，以防止肆无忌惮的激情和过于亲密的关系。

> 夫妇之好，终身不离。房室周旋，遂生媟黩。媟黩

既生，语言过矣。语言既过，纵恣必作。纵恣既作，则
侮夫之心生矣。此由于不知止足者也。(《女诫·敬慎》)

从《礼记》开始，有几部文献指出，妇女在一生中应当
遵循"三从"的原则。在人生的每个阶段，她都要依附于男
性：出阁前从父，已婚从夫，夫死则从子。

千百年来，另一部著作也影响了对女性行为的看法，那
就是刘向的《列女传》，成书于公元前1世纪末。该书收录
了125位历史上著名或不太知名的女性的生平事迹，根据她
们所表现（或未能表现）的美德进行分类：母仪、贤明、仁
智、贞顺、节义、辩通。这些故事在肯定贞节、顺从等美德
的重要性的同时，也赞美了女性的才智，赞美了她们在子女
的道德和思想教育方面的作用（如孟母）。《列女传》中的情
节给后世的绘本、画卷、壁画、绘画、漆器和屏风创作带来
了灵感。

中国古代的妻子、母亲和女儿并非都只有受压迫的命运，
女性并非都是无权无势，总是作为沉默、被动和顺从的受害
者遵守社会的期望。我们不能忘记，造成这种印象的文本是
规范性的：它们规定了女性应有的行为举止，而这些并不一
定就是女性真实的行为举止。轶事和故事表明，一些精英女
性也会在家庭以外的地方活动并获得赞誉。妇女还担任导师
和顾问的角色，因此，她们往往成为后台的强大活动者（例

如，在宫廷里，她们可以左右年轻的帝王）。一些精英女性在文学、医学或占卜、算命等技艺方面表现出色。此外，关于女诫的文字大多是针对精英家庭的，他们的住所非常奢华，足以容纳成群的妻妾，并保持视觉上的分隔。农民的妻子在播种和收割时，不得不赤膊上阵，分担劳动。（汉代的核心家庭一般是五口之家。）然而，当时提倡的主流思想是女性的顺服。儒家关于家庭关系的修辞是以男性为中心的，尽管有证据表明，个别有才能的女性与当时的意识形态背道而驰。"公庭不言妇女。"（《礼记·曲礼》）。

然而，至少在哲学上，一些思想家把女性呈现为更强大的力量。在《道德经》中，除新生儿的形象外，女性也被纳入其隐喻的范围内，以说明被动的、接纳的、柔软的、顺从的事物最终将占上风："知其雄，守其雌，为天下谿。"（《道德经》第二十八章）在老子看来，母亲代表着万物之根，是万物向之归的力量："既得其母，以知其子；既知其子，复守其母，没身不殆。"（《道德经》第五十二章）山峰暴露在自然力量的侵蚀之下，而谷神——所谓"玄牝"——则静静地在那里不死不灭（《道德经》第六章）。在哲学上，女性的生育能量被赋予了荣耀的地位；但在社会上，她却不得不居于次席。

孝道

中国的文献中，谈论更多的是子女对父母应尽的义务，而不是父母和成年人对子女应担的责任。年轻人必须将自己纳入严格的家庭等级制度中，有义务服从尊重父母长者，有义务敬奉祖先。在所有让家庭单位团结在一起的美德中，孝道是迄今为止最重要的美德。孝乃是在道德上、物质上和身体上服从和无条件支持父母长者的义务。它是一种承诺，适用于人生的各个阶段。在儿童时期，它意味着顺从和尊重养育你的人。成人之后，它意味着赡养那些把你养大的人。到了中年或老年，它意味着对祖先祭之以礼。"生，事之以礼；死，葬之以礼，祭之以礼。"（《论语·为政》）因此，在人生的每一个阶段，一个人要么是接受孝道的人，要么是尽孝道的人，要么两者兼而有之。就算是在快速现代化的社会带来的个人主义和物质主义的不断挑战之下，"孝"仍然是一个被灌输给当今中国儿童和青少年的价值观念。尽孝的意义在过去的时代中一直在随时而变，而今天也在继续如此——例如，国家颁布的措施包括对照顾年迈父母和祖父母的人提供税收优惠，或鼓励子女住在年迈的父母附近。

孝并不是孔子的发明。这个概念在他之前的著作中就已经出现了。英文"filial piety"是对汉语"孝"的一个相当乏味的翻译，"孝"最初也指一种进献祖先的祭品。在儒家的家庭和社会模式中，居于核心位置的是服从和服务于长者（推而广之，则是上级和父母之邦）。在家好犯上，长大之后就也会犯上："君子务本，本立而道生。孝弟也者，其为仁之本与！"（《论语·学而》）孟子列举了五种不孝：懒得照顾父母；因游戏（下棋）和饮酒分心而不顾父母；好钱财，偏袒妻子而不顾父母；因"耳目之欲"而让父母受辱；好勇斗狠，危害父母（《孟子·离娄下》）。最大的不孝，则是没有子嗣（《孟子·离娄上》）。

在理论上，孝并不意味着必须完全盲从（尽管在实践中，毫无疑问，历史上许多一家之主就是这样解释孝的；父母养育子女需要付出代价，但另一方面子女对父母来说也是一种形式的社会保险）。批评和纠正父母是没有问题的，但无论他们是否听从你的建议，都不能影响你对他们的感情："事父母几谏，见志不从，又敬不违，劳而不怨。"（《论语·里仁》）父亲被儿子好意的劝告激怒，"挞之流血"。在这种情况下，儿子也"不敢疾怨，起敬起孝"（《礼记·内则》）。在实践中，孝可以意味着违背自己更好的判断而顺从父亲。不过，人们也有一些办法可以悄悄地偏离长辈所设定的道路。一旦关于父母的切近记忆开始消退，传统的三年之丧已经过去，若有必要，儿子可以开始按照自己的意愿来塑造自己的行为，而不是按照父亲规定的准则。但在此之前则不可！"父在，观其志；父没，观其行；三年无改于父之道，可谓孝矣。"（《论语·学而》)孔子坚持主张，孝道不只是赡养父母老人的机械过程，而是必须要有情感上的敬重。"今之孝者，是谓能养。至于犬马皆能有养；不敬，何以别乎?"(《论语·为政》)给父母买东西是一件高尚的事情，只要你不把它当作苦差事，并且在父母有所要求的时候欣然接受。

尊重并照顾好养育过你的人，这也意味着，你需要照顾好自己，照顾好从父母那里继承下来的身体。《论语》说道，有一种孝行是"父母唯其疾之忧"(《论语·为政》)。禁食和无意物质收获可以帮助集中精神，或在哀悼期间表示尊敬。但是，如果因此而让身体憔悴、生病，那就太过分了。汉代《白虎通义·丧服》说道，"重先祖遗支体"也应该是为人子的责任。从中古时代的故事来看，有些人把孝道的责任发挥到了极致，包括放弃食物、财富和奢侈品，甚至弃官以便照顾父母。忍受苦难以事父母被认为是一种崇高的理想。

有一句话很形象地概括了子女应该如何偿还养育之恩，那就是他们应该"反哺父母"，就像成年后的乌鸦反过来喂食母亲一样。事实上，《礼记》中就有一套专门用于老年进补的食谱。孝道还延伸到了个人卫生等问题：

　　　　五日，则燂汤请浴。三日具沐。其间面垢，燂潘请靧。足垢，燂汤请洗。(《礼记·内则》)

　　简而言之，行孝要求年轻人在行动和选择上要始终以长者和整个家庭的福祉为目标。做儿子的要避免丢父母的脸，也不宣称自己拥有的任何东西是属于自己一个人的。

　　在处理代际关系时推崇孝道，中国的《孝经》在这方面发挥了重要作用。《孝经》编纂或流传于秦代之前不久，使用了相当通俗的词汇，且篇幅较短，不到两千字。《孝经》成为秦朝和汉朝部分时期里学校的必读书目。它规定了一个人应该如何对待父母和长辈，进而规定了事奉尊长的行为准则。《孝经》开篇，孔子教诲门人曾子（曾参）何为孝道。后续诸章以他们之间对话的形式展开。《孝经》对女孩几乎只字未提，尽管实际上好妻子或好媳妇也应严守孝道。相比之下，父亲的形象至高无上："天地之性人为贵。人之行莫大于孝。孝莫大于严父。"（《孝经·圣治》）

　　虽然孝道是以小家庭和大家族内部的家庭关系为基础的，但它也是一种政治美德。因此，它也被解释为对国家的忠诚和对权威的顺服：

　　　　身体发肤，受之父母，不敢毁伤，孝之始也。立身行道，扬名于后世，以显父母，孝之终也。[…]夫孝，始于事亲，中于事君，终于立身。（《孝经·开宗明义》）

　　　　资于事父以事母，而爱同；资于事父以事君，而敬同。故母取其爱，而君取其敬，兼之者父也。故以孝事

君则忠，以敬事长则顺。(《孝经·士》)

在汉代，董仲舒（约公元前 179—前 104 年）等思想家将这些关系解释为阴阳宇宙论的一部分：君（阳）之于臣（阴），如父（阳）之于子（阴），夫（阳）之于妻（阴）(《春秋繁露·基义》)。但是，就像其他放弃家庭忠诚的人一样，一个君主如果不能坚持遵循孝的要求，或不能回报臣民的服务和忠诚，就会有麻烦。以家庭模式为基础的道德是一把双刃剑，而且可能很严酷：如果一个人被逐出家庭，他就几乎没有其他关系网可以依靠了。

以家庭模式作为家族式国家的政治镜像，这绝非中国独有。无论古今东西，人们常常用"母国"或"父国"指称出生的土地和国家。领导人和国歌都把他们的开国者和英雄称为国家的"父亲"（有时是"母亲"）或"祖先"。现代民主国家的制度基础是保护个人和为个人谋福利；即便如此，政治家们也会把家庭的形象投射到国家上。（同样，在大大小小的公司和企业中，几乎没有一次公司的聚会不提醒员工，他们都属于一个幸福的大家庭。）

敬老也被认为是文明的标志。它使中国人从他们"未开化"的邻居中脱颖而出，并将受过教育的人与野蛮人区分开来。许多文献认为，野蛮人之所以野蛮，是由于他们缺乏对老人的尊重，却赞美年轻力壮的人。根据它们的说法，蛮族人常年奔波，不从事定居农业，未能创造出必要的空间和条件，让适当的家庭单位得以发展，道德美德得以发扬光大："狄不谷食。贱长贵壮，俗尚气力。"（《淮南子·原道训》）相反，中国人把孝顺作为一种不可侵犯的习俗。在封建社会早期，敬老成为法律条文中的重要内容，允许老年人免税，甚至免于诉讼。如果不在人口登记册上登记老人，就会被罚款。国家每年都会定期举行敬老的仪式，年逾古稀的老者获赠肉、丝织品和鸠头手杖（鸠子从不噎食）。

孝道似乎与儒家分不开。它深深扎根于中国社会，甚至连孔子的批评者也承认它的重要性，不管是以积极的还是以消极的方式。传世的《道德经》文本中两次提到"孝"（《道德经》十八章、十九章）），而庄子也说，"子之爱亲，命也，不可解于心"（《庄子·人间世》）。

兼爱——何以爱？

不是每个人都把家庭看作道德的摇篮，也不是每个人都认为家长是约束家庭成员行为的不二人选。孟子说，先爱你的家人，再把这种情感扩展到陌生人和其他生物（《孟子·告子上》）。孟子的说法真是对的吗？法家对个人的自主力几乎没有或完全没有信心，他们只相信君对于臣的权力。法家指出，国家的利益和家庭的利益必将冲突。把人们与家庭绑在一起，就会让他们与国家相背离。对此，韩非讲了一个故事：

> 鲁人从君战，三战三北。仲尼问其故，对曰："吾有
> 老父，身死莫之养也。"仲尼以为孝，举而上之。以是
> 观之，夫父之孝子，君之背臣也。故令尹诛而楚奸不上
> 闻，仲尼赏而鲁民易降北。上下之利，若是其异也，而
> 人主兼举匹夫之行，而求致社稷之福，必不几矣。(《韩
> 非子·五蠹》)

对孔子以家为先思想最激烈的批判来自墨子和他的追随
者。关于历史上的墨子（墨翟；约公元前479—前381年），
我们所知甚少，只知道他曾在宋国为官，稍晚于孔子（他的
生年即孔子的卒年）。有人推测他有工匠背景，可能是木匠
或车轮匠（有一则故事提到他曾造过木鸟或风筝）。后世文
献往往把孔子和墨子作为思想上的论敌对举，这有时会让人
觉得他们的生活时代是重叠的。但这样的说法并没有充分的
史料依据。17世纪，耶稣会士将他的名字用拉丁文拼写为
"Micius"。有一些证据表明，墨家的追随者生活在有组织的
（准军事化）群体或教派中，由巨子领导。但很难从历史学的
角度搞清楚墨家在多大程度上是个乌托邦式的运动，即追随
者聚集在一起，形成奉行平等主义的集体。

《墨子》一书形成于公元前4至3世纪。(传世版本共

五十三篇；最初的版本篇幅更大，已亡佚部分可能有十八章之多）。千百年来，《墨子》一直被忽视。在中国，直到清代，特别是 20 世纪初，《墨子》才重新受到关注，当时的学者对古代文本的文献学研究重新燃起兴趣。在西方，《墨子》直到近几十年才受到学术界的认真关注。就文学品质而言，《墨子》当然比不上其他一些哲学典籍中精致的文字。《墨子》中有大量的重复，而且使用的词汇相对有限而简单。和这一时期的大多数文本一样，《墨子》也是层层累积的，它的编纂也很有可能历时甚久，因此无法确定任何一个人是其中某一部分的作者。作为一种运动，墨家很早就消失了，其影响力到公元前 2 世纪时就已经减弱。

然而，墨子的价值并不在于那些可能编纂了《墨子》一书的人的历史渊源。墨子可以说是他那个时代的思想家中第一个真正的辩论者。他的许多学说都是直接驳斥孔子的思想。他的风格是论证性的，他可能是第一个对证据问题感兴趣的中国哲学家。墨子认为，凡立一说，都需要经过三重检验（称为"三表"）：首先，要确立学说的本源（即对照古籍中记载的圣人的言行来检验这个假设）；其次，要通过目击者的描述（"百姓耳目之实"）来确立学说的有效性；最后，要确定学说是否可以应用于实践，是否有利于百姓（《墨子·非命上》）。除了论述墨家核心学说的章节外，《墨子》还论及守城，且花了相当大的篇幅讨论技术问题（数学、光学、物理学）、语言和逻辑。

在上一章中，我们看到，墨子和孔子都认为，对尊长的忠诚和道德行为是治国者的必备品质。然而，一个人首先要效忠谁？在这个问题上，墨家有着截然不同的看法。孔子和他的追随者认为，通过与祖先的紧密联系而得到强化的亲属关系应该是一个道德社会的基本组成部分。墨子对此表示反对，并谴责一切形式的基于家族或血统的优待：

> 故古者圣王甚尊尚贤而任使能，不党父兄，不偏贵富，不嬖颜色。贤者举而上之，富而贵之，以为官长，不肖者抑而废之，贫而贱之，以为徒役。是以民皆劝其赏，畏其罚，相率而为贤者。（《墨子·尚贤中》）

墨家认为，如果我们"尚贤"，不偏袒、不徇私，社会就会繁荣。因此，一个人的爱和忠诚应该扩展到社群的每一个成员身上。针对儒家忠于少数人和家庭内部的孝道观念，墨子提出"兼爱"（universal love 或 caring for everyone）。对他人的关心应该是包容的："天下之人皆不相爱，强必执弱，富必侮贫，贵必敖贱，诈必欺愚。"（《墨子·兼爱中》）相反，相互关爱确保每个人受益。"老而无妻子者，有所侍养以终其寿；幼弱孤童之无父母者，有所放依以长其身。"（《墨子·兼爱下》）墨子对兼爱的内涵采取了高度功利化的立场：它不在于表现出同情或善意，而在于确保人们的物质关切得到满足，其痛苦得到解决。因此，对百姓普遍福利的关注需要一个强大的国家（而不是一个家庭）。国家应劝阻和防止基于家庭关系、亲友关系或其他党派联盟的优待。任何偏袒徇私都必须消除；我们应该把对自己父母和亲属的情感扩展到社会和整体世界。

墨家所提出的不是激进的或不加质疑的利他主义。归根结底，每个人都需要获得更好的待遇。一个人出于功利动机谋"兼爱"，这是完全可接受的，因为利益是双向的：他人从你这里受益，你也会从他人那里受益。利他主义可以是利己主义的一种实际形式。与孔子的不同之处在于，墨子并不关注"善"意味着什么或代表什么，而是关注如何"为善"。这其中的含义渗透到他的其他核心学说中，如他对节俭的诉求。为了能够将自己的关怀扩大到尽可能多的受助群体，统治者应该表现出克制和节制，过节俭的生活。要避免任何形式的不必要的消费，避免浪费，避免奢侈的享受（他这里的攻击对象是礼乐上的开支）。他反对时尚、装饰、审美或对任何不具直接效用的东西的欣赏："其为衣裘何？以为冬以圉寒，夏以圉暑。凡为衣裳之道，冬加温、夏加清者，芊䱃不加者去之。"（《墨子·节用上》）从理论上讲，墨家思想的政治结果有两个方面。第一，它把人们从家庭（以及在世袭官职和亲属关系网络的阴影中孕育出来的裙带关系）的束缚中解放出来，以建立纯粹的精英统治，促进社会流动。其次，通过"上同"，个人将为强大的中央集权的国家服务，倾向于效忠于一个关心所有人的君主。墨子相信虔敬，但他却不希望虔敬只是孝敬。

但是，人究竟为什么要在乎这些呢？如何引导关爱和关心的意识，它们的对象是谁，顺序应该如何，对于这些问题孔子和墨子有不同的看法。但是，他们的哲学都建基于以下信念：人是社会的存在者，与人共处是实现生命的最好方式。这是一种强调个人需要在集体之中发展壮大自身的伦理学。另一些思想家并不以此为然。他们认为，个人要想发展，就需要牺牲集体。有一个群体把这种强调自我、不参与和不作为的思想发挥到了极致。他们就是所谓的杨朱学派。

杨朱学派的中心人物是活跃在公元前 4 世纪的杨朱，虽然在当时很有影响力，但他的著作却没有流传下来。他的思想被保存在其他文献中的某些对话和某些段落中，通常是通过反对者之口记录下来的。杨朱主张彻底退出社会。在他看来，无论是顺应社会的变化还是改革社会的尝试，都不值得追求。用美国汉学家倪德卫（David Nivison）的话说，杨朱提出了一种"退出哲学"（drop-out philosophy）。在孟子看来，杨墨之说对他所代表的儒家传统来说是最明显的威胁。尽管杨墨的哲学立场是相对立的，但孟子对他们都提出了激烈的批评："杨子取为我，拔一毛而利天下，不为也。墨子兼爱，

摩顶放踵利天下，为之。"(《孟子·尽心上》)墨子的支持者
准备兼爱天下，而杨朱连这样的念头都会加以谴责。如果你
准备牺牲一根毛发，那么下一步呢？用助人一臂之力回报一
餐饭，放弃一夜的睡眠来回报别人给你工作？

　　杨朱被描绘成一个享乐主义的隐士，甚至是一个激进的
利己主义者。然而，从本质上讲，他的学说是关于自我保护
的。在他看来，抗拒他人对自己担任公职的期待是完全合理
的，不需要通过解释的方式来论证它的道德合理性。彻底退
出社会，不需要被看作一种出于道德原因而选择退出社会的
抗议方式（比如说，我不同意老板的意见，所以我辞职不干
了）。退出是一种深思熟虑的行为，是一种功利性的选择。杨
朱认为，只有退隐才能避开那些阻碍你活到自然年限的因素，
从而得享天年。要保护身体和身体健康不受世间虚假诱惑的
影响，就必须完全依靠自己（而不是家庭，也不是别人纯粹
的爱）。因此，杨朱学派堂而皇之地将自己的健康放在第一
位。后来的道家著作《列子》中有一篇《杨朱》，其中就概括
了杨朱享乐主义背后的想法：

　　　　百年，寿之大齐。得百年者，千无一焉。设有一
　　者，孩抱以逮昏老，几居其半矣。夜眠之所弭，昼觉之
　　所遗，又几居其半矣。痛疾哀苦，亡失忧惧，又几居其
　　半矣。量十数年之中，逌然而自得，亡介焉之虑者，亦

亡一时之中尔。则人之生也奚为哉？奚乐哉？为美厚尔，
为声色尔。而美厚复不可常厌足，声色不可常玩闻。乃
复为刑赏之所禁劝，名法之所进退；遑遑尔竞一时之虚
誉，规死后之余荣；偶尔慎耳目之观听，惜身意之是非；
徒失当年之至乐，不能自肆于一时。重囚累梏，何以异
哉？（《列子·杨朱》）

杨朱学派的想法是一种"及时行乐"（"抓住今天"），并
希望充分利用自己的自然生命的观念。生命太短，不能被社
会性的承诺所困住，这些承诺甚至可能会危害你的健康和个
人幸福。因此，杨朱学派的追随者将自利转化为一种积极的
价值：自己好好活，也让别人好好活。他们的动机是生存和
自我保护。如果每个人都有机会满足自己对健康、长寿和远
离忧惧的自然欲望，那么总的来说，这个世界仍然会比只是
由纯粹的利己主义者组成的世界更好，因为没有人会觉得有
必要侵犯彼此的空间。

儒墨主张投身伦理社会，杨朱主张彻底归隐，庄子则居
于二者之间。他告诉我们保存生命的第三种方式，那就是
"无为"。庄子赞美"无用之用"，但不是出于虚无主义的目的
（不管怎样，生活还是需要过下去的）。恰恰相反，庄子的想
法是，显得无用、无能、无才、无价值，在社会中可以成为
一种自我救赎（就像宁愿曳尾涂中而不出仕）。"人皆知有用

之用,而莫知无用之用也。"(《庄子·人间世》)《庄子》中有
很多寓言都是以树为喻说明这一道理。长得最高大的树,正
是那些未能引起伐木者的注意的树。

> 宋有荆氏者,宜楸、柏、桑。其拱把而上者,求狙
> 猴之杙者斩之;三围四围,求高名之丽者斩之;七围八
> 围,贵人富商之家求禅傍者斩之。故未终其天年而中道
> 已夭于斧斤,此材之患也。(《庄子·人间世》)

庄子高度怀疑人的社会价值的重要性。他借孔子与门人
之口驳斥了对幸福和道德完善的追求:教育、社会义务、道
德修身和对自我完善的不懈追寻。"克核大至,则必有不肖之
心应之,而不知其然也。"(《庄子·人间世》)"真人"(庄子
以之代替儒家的君子)并不认同这些规范。他显得无才无德,
拒绝养其"善"端,以此保存自我。伦理规范毕竟只是一种
社会发明。儒家热衷于把人(不管其天性如何)转化为有道
德的人,其前提是把道理解为人之道。但在庄子那里,"道"
包含了更多的东西,它的运行超乎人的控制。在他看来,个
人和国家既非道德,亦非不道德。所以,当我们行走于人世
间的时候,庄子提出了另一种机制,让我们能够经受住复杂
的挑战和危险。身处乱世之中,他认为最好的办法是不见用
于世。与其用自己的能力服务人类集体,不如"支离其德"

（《庄子·人间世》）。

事实上，在中国古代，人们一方面赞扬钦慕那些出仕的人，另一方面不断谈到那些退隐的人。弃官归隐经常是传记中浓墨重彩的一个主题，同时也不断地出现在诗文中。许多人似乎都把告病去朝的策略铭记于心（中国古代有一长串表达此种意愿的方式）。装病或装疯是逃避政治危险的方便法门。为什么要上朝堂，如果那里等着你的只有刀剑？史书记载了好几个人物用各种办法装疯脱困：散发，赤足，裸奔，烂泥涂面，甚至溃烂其肤、涂之以漆！中国古代最著名的疯子莫过于楚狂接舆。他最有名的故事是歌而过孔子，对一切当权者发出谴责："凤兮凤兮！何德之衰！往者不可谏，来者犹可追！已而！已而！今之从政者殆而！"（《论语·微子》）孔子想跟他说话，他却匆忙避开了。这一次，孔子没有机会发挥影响。

和谐社会

21世纪初，中国领导人总结20世纪70年代邓小平倡导经济改革（所谓的"改革开放"政策）之后中国社会几十年来发生的变化，"（社会主义）和谐社会"的理想逐渐进入中国的政治言论。2004年，胡锦涛在中共中央委员会上把它作为国家未来社会经济发展的官方政治准则。党的纲领所选择的"和谐"这个古典名词包含了一系列宏伟目标：解决贪污腐败问题；解决不平等问题，让社会各界都能分享国家建设的新成果；可持续发展；爱护环境（人与自然和谐共生）。古往今来，中国的统治者都习惯于有选择地引用先哲所倡导的名词或概念。在政治话语中引用过去的文学传统中的诗句也是常见的做法。人们借用古典词汇作为政治政策的口号，往往很少或根本不注意它出现的原初语境。引用的话被重新解释，以适应特定的目的。毕竟，儒家经典的"真义"早已被历代注者反复阐释过，为什么不继续沿用同样的思路呢？

"和"在中国历代政治哲学中出现的频次已经远远超越了其他热词。确实难以质疑它在中国思想中的中心地位：儒家希望人与人和谐相处，法家希望百姓与君主的意志相呼应，道家希望人与自然和谐相处。此外，贯穿于所有哲学传统的一个主题是，当权者应"持中"，即培养一种能够做出平衡判断和控制情绪的人格。虽然没有被直接提到，和谐社会的理想仍然被复制在与之紧密联系的一系列概念之中：合一、合作、一致、和平共处、团结、秩序、甚至法则。我们在第九章中将看到，中国古代关于烹饪的词汇也要讲"和"。

纵观中国的历史，人们对和谐社会的内涵有多种设想。这些设想从平均主义的社会（如墨家、19世纪的太平天国起义军或20世纪的共产主义革命者的设想），到严格的等级世界，其中每个人都知道自己的位置，并承担起服务他人的责任。这些和谐世界的原型往往被投射到一个据说人类已经偏离了的黄金时代。因此，"改革"或"改变"现在可以被理解为恢复古代圣贤所创造的原本和谐的秩序（革命是指回到以前的时代）。19世纪末的改革家康有为（1858年—1927年）被弟子梁启超（1873年—1929年）称为"儒家的马丁·路德"，他将自己的乌托邦式的平等社会的愿景称为"大同"。这个词来自《礼记》，通过孔子之口说出：

> 大道之行也，天下为公。选贤与能，讲信修睦，故人不独亲其亲，不独子其子，使老有所终，壮有所用，幼有所长，矜寡孤独废疾者，皆有所养。男有分，女有归。货恶其弃于地也，不必藏于己；力恶其不出于身也，不必为己。是故谋闭而不兴，盗窃乱贼而不作，故外户而不闭，是谓大同。（《礼记·礼运》）

谁不希望自己是这样一个幸福社会中的一员呢？这种理想甚至会让道家也感到满足。但是，这些关于完美社会的乌托邦式的设想需要放在历史背景中去看。在中国古代，人们生活在这样的认知中：国家，无论是封建国家还是帝国，都可以要求成年的臣民用相当多的时间从事强制劳动或服兵役。在定期的轮换服役中（直到汉代，仍然频繁到每隔五个月轮换一次），国家可以要求臣民协助修筑工程、运送官府的货物或粮食、修路或修理国家的粮仓。在天灾或收成不好的情况下，就需要执行紧急任务（如建水坝、抗蝗灾等）。这往往意味着要在远离家乡和家人的地方服役。简而言之，对于中国古代大多数普通人（以及很多不那么普通的人）来说，注定的命运不是长期的家庭幸福，而是贫穷和苦役，同时忍受着灭顶暴力和政治危机的威胁。中国的哲学家们在宣讲和谐与美德的时候，如果不是因为他们长期处在军事和政治的混乱与无序之中，那么，他们的宣讲就会显得漫无目的而徒劳无功。

在现实中，中国思想家们对和谐、社会秩序与团结的设想有不同的色调和层次。在孔子那里，和谐还包括了做忠诚反对派的可能性。求和不等于一味地赞同。"君子和而不同，小人同而不和。"（《论语·子路》）同样，简单地强加秩序不等于和谐。达到和谐需要礼法和习俗，所谓"知和而和，不以礼节之，亦不可行也"（《论语·学而》）。

孟子提出了一个和谐社会的实体模式。他把它设想为一个由集体合作农户所组成的网络。他称之为"井田制"。灵感来自汉字的"井"字。从字形上看，"井"犹如一个网格，八个敞开的方格子围着中间的第九个方格子（参见图4.1）。八家各自耕种自己的田地，而他们的领主从由八家共同耕种的第九块田地中获得收入：这就是完美的封建概念。在孟子的乌托邦社会中（孟子声称曾经有过这样一个繁荣的社会），一个

图4.1 汉字"井"

家庭不仅要照顾自己,而且还要为共同利益(在孟子的时代,就是授予土地使用权的领主)贡献一份力量。没有任何令人信服的历史证据表明,曾经有过一定规模的"井田制"社会。但是,"井田"成了另一个象征和谐、合作与团结的意象。

孟子的"井田"乌托邦是社会工程的最古老的例子之一,其前提是认为人类的心理和行为受生活和工作环境的物理景观和空间布局的影响。这里隐含的预设是,通过将家庭单位分配到一个方格空间中居住,社会秩序就会出现,思想也就会统一:"乡田同井,出入相友,守望相助,疾病相扶持,则百姓亲睦。"(《孟子·滕文公上》)对君主来说,为了征收赋税和一般的行政管理,有必要进行人口普查登记。例如,秦国采纳商鞅的建议,用方格小路将土地划分成长方形的块状。但是,还有其他的动机可以促使君主把属于同一阶层或职业的人分配到指定的居住区或地区,如警戒和控制,鼓励专业化和发展职业技能,或维护国家安全。

集体生活和集体工作的模式,在中国历史上的其他时期也曾有过尝试。最近一个广为人知的尝试，则是中国共产党在 1950 年代设计的人民公社模式下的农业集体化（但 1978 年后逐步取消）。人们雄心勃勃，企图通过集中土地，以大队、生产队和公社为单位组织劳动力，从而优化农业生产，促进自力更生。这样的合作社不仅协调人们的经济生活，而且还协调私人和公共生活的其他许多方面，如学校、社会服务和医院。一切都是为了集体的利益而组织的，目的是在更平等的基础上进行财富再分配。

倘若荀子能够穿越时空，他一定会反对这种激进的平均主义。正是荀子最清楚地阐明了一个没有阶级的社会将颠覆社会秩序和社会繁荣。如果所有的社会阶级都是平等的，每个人的地位都是一样的，就没有人愿意为别人服务了（《荀子·王制》）。

> 人之生不能无群，群而无分则争，争则乱，乱则穷矣。故无分者，人之大害也；有分者，天下之本利也。（《荀子·富国》）

荀子的理想以"王制"为中心：一个严格的等级社会，由受过良好教育的精英人士监督，而这些精英人士以先王和古代圣人的礼法为榜样。荀子认为，依照人的本性，除了满足自己的私欲，人们不会愿意做任何事情。因此，他希望国家能够富强，从而建立起强大的政治和社会结构，把自利的个体转化为乐于服务集体的有用之人。于是，治理就是拆除那些妨碍人们道德转化的障碍物的艺术。先王古圣的价值和标准是普遍、绝对、不可置疑、牢固不变的标准，所以，他们的"道"可以教给每一个人，只要有强有力的老师制定严格的学习日程。然而，教育人们进入自己的角色需要漫长而艰苦的磨练，人们不可能自然而然地获得后天的技能。荀子形容这是一个锲而不舍、循序渐进的过程。"骐骥一跃，不能十步"（《荀子·劝学》）。

但是，荀子认为，纵向的等级制度和社会阶层的区分，不应排斥以功绩为基础的社会流动：如果那些血统好的人没有功绩，就理所当然应该失去爵位，被有才能的庶民所取代（《荀子·王制》）。荀子和孔子一样，也允许百姓推翻无能的在上者："君者，舟也；庶人者，水也。水则载舟，水则覆舟。"（《荀子·王制》）但是，不是每个人都有能力上升到最高点。社会需要有一个有魅力的领导者，同时得到有才能的大臣们的辅佐，他们致力于维护约定俗成的标准而不会偏袒或不公。因此，他的结论是：精英主义是社会和谐的必要条件。由此可以推出，掌握了治理专业知识的人应该代表臣民做决定。荀子的君主是严厉的。惩罚对他来说仍然是重要的手段。"和解调通，好假道人……尝试之说锋起。"（《荀子·王制》）

在本章的最后，我们似乎应该转向《大学》。在前现代的中国，没有任何一篇文献在阐述个人、家庭和国家治理的关系方面比《大学》更具影响力。《大学》本是《礼记》中的一篇，它的写作可能可以追溯到公元前3世纪，后来被认为系孔子门人曾子所作。经宋儒朱熹（1130年—1200年）编辑整理之后，《大学》成为著名的儒家文献。（除了孔子，中国的思想家中，还没有一个人的地位能与朱熹相提并论。）朱熹和他的追随者将重点从五经转移到"四书"，即《论语》《大学》《中庸》《孟子》。在他们看来，"四书"组成了一个文本脉络。在它们据称的作者之间可以找到直接的联系（从孔子，到他的弟子曾子，再到曾子的学生子思，再到子思的学生孟子）。四书，与朱熹的注释一起，被认为是儒家思想的精华。从14世纪直至清末，这些文本成为所有有志于参加科举考试的仕子的核心课程。

《大学》短小精悍（不足一千八百字），一代又一代的学生和受过教育的家庭中的（男）孩子都能背诵（和《三字经》一样）。它描述了社会秩序建立的先后顺序：始于修身，进而齐家治国平天下：

> 大学之道，在明明德，在亲民，在止于至善。知止而后有定，定而后能静，静而后能安，安而后能虑，虑而后能得。物有本末，事有终始，知所先后，则近道矣。

古之欲明明德于天下者，先治其国。欲治其国者，先齐其家。欲齐其家者，先修其身。欲修其身者，先正其心。欲正其心者，先诚其意。欲诚其意者，先致其知。致知在格物。物格而后知至，知至而后意诚，意诚而后心正，心正而后身修，身修而后家齐，家齐而后国治，国治而后天下平。

《大学》提出的观点是，要向外看，就要先准备向内看，关注内在的自我：忠于自我，就会带来家庭内部的良好人际关系，然后就可以通过家庭，与国家建立良好的关系。孟子提到了一句包含类似观点的俗语："天下国家。"他进而评论说："天下之本在国，国之本在家，家之本在身。"（《孟子·离娄上》）个人与国家的关系是双向的：从国到家再到身；从身到家再到国。（阅读上面这段话，就像拆解和重组俄罗斯套娃一样。）但关键在于，一个有道德的人只能存在于家和国之中。

《大学》也提到要研究事物，理解事物背后的原理。何为格物？宋明儒家对此争论不休。有人把格物引申为观察自然界。然而，这里并没有暗示任何实验性或科学性的学习。它要传达的信息似乎是，修身需要探究周围的世界，调查自身以外的事物。只有当你静下心来了解事物的原因，你才能对事物做出适当的反应。对朱熹来说，这意味着要不断地研究，把握他所说的让事物贯通起来的"理"。因此，这段文字类似孟子关于人的潜能观的助推器，教导学生如何将先天的道德知识付诸实践。

将上述文本（尤其是儒家传统中的文本）联系在一起的主题似乎很明确：要想脱颖而出，就必须融入其中。然而，融入集体并不等于平淡无奇的顺从、空洞或盲目服从权威，也不等于抹杀一切还保留着的自我意识和自主性（尽管它完全可以这样理解，而且经常也是这样被理解的）。顺从被看作在社会中打上自己印记的必要前提，是成为权威个体的一个组成部分。儒家的君子之所以能够处于领导地位，是因为他吸收了美德，掌握了与他的社会地位和社会网络相应的角色和礼法。他因为他人而成为一个人，而不是不顾他人的存在而成为一个人。只有把一个艺术家的艺术与其他艺术家的作品集合相比较，我们才能判断他的原创性。同样，儒家君子之所以成为社会的先锋人物，是因为他成功"事上"，在现有的结构中游刃有余。对他（例外的情况下，则是她）来说，问题不在于"我该入还是该出"，而在于我如何才能在"融入"的同时脱颖而出，并通过这样做，确保自己与周围的环境保持和谐。

家庭模型在这里起到了催化剂的作用。家庭是围绕着毫不妥协的等级制度和严格执行的习俗和义务而建立的，因此，它是教授和学习角色意识的实验室。能成为孩子父亲的人可能更容易成为百姓的父亲。孝敬你自己的长辈，你就可以期待别人忠于你。儒家认为，知道自己在社会上的地位是有回报的。如果不知道自己和他人的状况，你将无法推己及人。但是，这些指导人们行为的礼法、准则、规矩和规章制度是什么？它们是如何运作的，是谁规定的，为什么要尊重它们？这将是下一章的主题。

第五章

CHAPTER 5

循礼而行

　　卫灵公问陈于孔子。孔子对曰："俎豆之事，则尝闻之矣；军旅之事，未之学也。"明日遂行。(《论语·卫灵公》)

　　孔子周游列国，最常谈论的话题是礼乐教化而非武力征伐。战国时期百家争鸣，孔子及其弟子不相信一个靠战斧的威力维持的世界秩序。相反，他们认为，只有当人们的行为受到一系列礼教、仪式、礼仪和习惯约束时，人与人之间的关系才会更加和谐。按照他一贯的做法，孔子声称这并非自己原创的思想("述而不作")——这些礼仪在周朝那样的黄金时代就已盛行。他的使命只是恢复并发展这些礼仪，使之适应时代的要求。这将有助于在一个混乱无序的时代里，给社会带来秩序和凝聚力。毫不意外，我们可以看到，孔子自己的言行举止堪称典范，就像甜美的香水，在人们身上留下了怡人的芬芳。据说，他在鲁国为官三年后，"男子行乎途右，女子行乎途左，财物之遗者，民莫之举。"（《吕氏春秋·乐成》）。

中国古代的礼节甚是发达，不过也繁琐复杂，为何年轻人在答复长辈的垂询之前需要先承认自己无知或委婉拒绝（"非予所能答。然""承蒙问及，吾之幸也。然，虽然……"）；为何吊丧或问对方父母之疾时一定不能笑；为何说完话就转过身去是不得体的？为何不应拒绝长者的礼物，哪怕只是个小礼物？一言以蔽之，为何我们要循礼而行？

在孔子看来，"礼之用，和为贵"（《论语·学而》）。也就是说，循礼最大的益处是带来和谐。他的后继者，特别是荀子也认为，通过一套严格的礼仪规范引导人们的行为，从而达到有序状态乃是梦寐以求的目标（和自然结果）。无论是约束人们在家庭日常生活中的行为，还是巩固国家及统治者的权威，礼仪都必不可少。如果古代圣王曾极度虔诚地恪守礼仪规范，那么之后就没有哪位受人尊敬的统治者能在没有正式礼仪制度的情况下治理好臣民，或者获得鬼神世界乃至整个宇宙的认可。受民众拥戴的统治者需要通过符号、语言和习俗来维护一些人为创造出来的尊严（总统和总理需要国旗，而不是国旗需要他们）。礼仪可以柔化坚硬的政治纲领："礼之于政，如热之有濯也。"（《左传·襄公三十一年》）在秦始皇及其不理政事的继承人短暂的统治之后，农民起义者在公元前206年夺取政权，建立了汉朝。朝臣立即向新的皇帝汉高祖（公元前202年—前195年在位）提出建议：新政府要制订新的宫廷制度规范和行为准则。陆贾（约公元前228年—约公元前140年）提出了著名的言论："居马上得之，宁可以马上治之乎？"（《汉书·郦生陆贾列传》）要想有效地发挥角色的作用或完成任务，并以某种方式彰显其地位，就必须有一定的礼仪规范来确定该角色的地位。

但是，你怎样才能使人们按照一套礼俗行事，并确保这些纷繁复杂的规范在整个社会得到公众的认可（或默许）？如果文明社会的存在是基于社会成员的行为举止"得体"，那么谁来决定什么是"得体"的行为呢？如果多种行为都被认为是可以接受的，那么谁来监管这些规范呢？最重要的是，是否有可能在没有法律制裁的情况下，推行行为规范呢？

礼

人类学家、社会学家和宗教学者撰写了大量的文献，试图对礼进行界定并将其理论化。有人认为，礼是一种有别于日常社会行为的行为准则，例如弥撒、议会开幕式、盛大的加冕仪式和就职典礼、祈祷健康的仪式以及橄榄球比赛开始前在球场上表演的毛利人战舞。也有人认为，礼（和表演一样）是人类表达和交流中自然流露的一部分——比如为了吸引潜在的伴侣而打扮自己，或者因为失去亲人而当众哭泣。

塞利格曼（Adam Seligman）、普鸣（Michael Puett）以及其他作者提出，我们应该把礼看作创造一个虚拟世界：礼帮助我们生活在一个"如是"（as if）的世界里。这个"能是"（could be）的世界是有道德、有秩序并且融贯的，即使它与现实不符。礼仪活动让我们能够暂时脱离个人的感受和经验，进入一个与他人共享的社会空间。在那里，我们扮演自己的角色，想象世界应当如何。循礼而行，我们的世界具有某种程度的虚幻性，按照创造出来的习俗运作——因此，在宣誓效忠或别的宣誓仪式上，手扪胸口还是手按《圣经》，这并没有什么自然的依据。礼的世界完全受规则支配，可能和生活经验相冲突。例如，两个曾经为敌的人，面对镜头在即将签署的和平条约前握手，这样做有助于平复任何残存的怨恨情绪。然而，正是因为我们愿意在这个共同的空间里"表演自己"，适当的社会互动才成为可能。

　　所以，礼的本质就在于礼之所行。礼通过活动本身创造了自己的意义。礼包含了表演和重复的元素，往往有固定的一套脚本，而且从广义上说，礼的目的其实是赋予世界以秩序。礼的语言往往比自然语言更正式。作为人为的习俗，礼可以帮助我们阐明人与人之间的关系，以及人与超越性的非人世界（自然界、神灵、祖先）之间的关系。在一个共同体中，礼提供了一种行事流程或模板，使人们在共同生活时不至于相互伤害或相互冒犯。如同语法组织语言，礼使人们的行为井然有序。

礼也帮助我们表达内心的状态：握紧拳头表示反抗、拒绝或抗议；举起双手表示屈服或认罪；（在中国社会）白衣表示哀悼；升旗纪念有意义的人或事；降半旗悼念去世的公众人物。有些肢体动作表示赞同（大家熟知的"竖起大拇指"），有些则表示反对（奏国歌时下跪或转过身去，或在别人站起来鼓掌时坐着不动）。循礼而行，我们可以穿上特殊的服装（显示军衔和资历的制服、表示所获学位的毕业礼服），或者采用特定的标志（特定的发型或文身）。礼可在两个方向上发挥作用：除了向他人发出信号，接受礼的规范也可以是一种修身的方式——如通过诵经、唱诗或引导性的冥想。

礼仪活动要发挥作用，就必须有最低程度的真正意图，否则就有可能流于干巴巴的、毫无意义的形式。然而，这并不意味着仪式化的行为就一定是理性的。例如，一起用餐的伙伴或同窗可能完全听不懂用餐前的谢恩祈祷或毕业仪式所用的拉丁语，但通过这几秒钟坐在一起听他们压根不理解的行话，彼此之间却能建立一种联系。一种想象中的同伴关系出现了，它为接下来的事情做好了准备：检查菜单上的开胃菜或接受学位证书。

礼也可能失效。中国的典籍经常提醒使用者或读者，倘若礼没有达到预期效果就会适得其反：礼的时间安排不当或执行不当；使用了错误的文本，或存在多种对文本的争议性解释；如果共同体没有资源或懂礼的专家来举办仪式，或者相反，有太多以专家自居的人宣称知道该如何举行仪式。礼可能达不到主要目的（如祈雨舞之后仍是干旱不止），却仍有附带的成效（共同体成员聚在一起，每个人为仪式尽一份力）。总有一些人把活动当成走过场，并没有真诚地表达或吸收这些习俗试图灌输的价值和美德。

汉语中的"礼"常英译为"ritual"，但它只是许多可能的译名之一，每个译名都只是以各自的方式折射出"礼"的不同面向："decorum"（礼仪），"proper or polite behavior"（举止得体），"rules"（规矩），"customs"（习俗），"etiquette"（礼节），"rites"（仪式），"religious worship"（宗教崇拜），"good manners"（彬彬有礼），"doing what is proper"（行适当之事）。"礼"最初的涵义较窄，仅指周朝宫廷的礼仪活动，如祭礼、丧礼、受礼和赠礼的仪式、邦交礼节、飨宴之礼仪、婚庆之礼、觐见礼等。从字源上看，汉字"礼"代表一种祭祀的礼器，用来向神灵献祭（见图5.1）。很难重构周代的礼仪世界——刻有铭文的青铜器和编钟是唯一的直接见证。后世才将古礼系统地载之书册。最重要的礼典即所谓的"三礼"编纂于汉代。《仪礼》包括冠礼、婚礼、饮酒礼、宴礼、射礼和丧礼等章节，其中一些材料可追溯至公元前5至前4世纪。《礼记》约修订于公元前100年，或者可能还要更晚。《周礼》描绘了一幅在汉代人眼中古代周王室及其制度的理想图景。

图 5.1　汉字"礼"的各种变体

《周礼》详尽地重组或重新创造了周代礼仪，它们在孔子在世之时或孔子生前及死后那段时间的中国社会极为重要。

　　孔子心目中的古礼是周朝初期在宫廷生活中占主导地位的礼仪。他评论长袍和帽子的形制和颜色，痴迷于礼仪程序和行礼动作的细节，谴责僭越礼仪的人。然而，随着时间的推移，礼被视为维护社会和政治等级制度的工具；被看作社会规范。诚如公元前 6 世纪晋国的一位大臣所言："政以礼成，民是以息。"（《左传·成公十二年》）到了孔子的时代，"礼"不仅仅是正式的礼仪规则、训诫和禁忌，其内涵增加了更明显的伦理意义，表示指导人际关系的通行规则。守"礼"（ritual propriety）意味着一种精神状态，一种对于得体行为的内在感觉。孔子认为，仁意味着"克己复礼"（《论语·颜渊》）。有德之士能够约束自己（个人的好恶），并选择依礼行事，即按照一套与他的社会角色——作为父亲、儿子、兄弟、丈夫、老师、弟子、君主、臣子——相一致的惯例或规范行事。突破小己，融入到有着普遍认同的规范的外部世界，这也意味着做好向他人妥协的准备（"能以礼让为国乎？何有？不能以礼让为国，如礼何？"《论语·里仁》）。

所以说，守礼兼有心理和社会政治的向度。孔子告诫我们，做任何事都要守礼："非礼勿视，非礼勿听，非礼勿言，非礼勿动。"（《论语·颜渊》）《论语》中有不少篇章可以帮助我们想象孔子如何在日常生活中践行他对礼的理解。他知道不同的场合该如何穿衣、如何鞠躬，该何时启步。

"席不正，不坐。"（《论语·乡党》）他有良好的餐桌礼仪："肉虽多，不使胜食气。惟酒无量，不及乱。"（《论语·乡党》）"食不语，寝不言。"（《论语·乡党》）即便一个人独处也讲究礼仪。"寝不尸。"（《论语·乡党》）孔子没有严格区分宗教生活中的礼节（敬畏神圣或超越的力量）和人们日常生活中的礼节（即所谓世俗世界）。在神灵和祖先面前要守礼；然而，在日常生活中，良好的餐桌礼仪和使用得体的语言同样重要。

但是，为何要遵循习俗？如何战胜循规蹈矩带来的潜在的乏味呢？要如何体会礼仪的作用？儒家认为，生活的某些方面因有章可循而受益。这一观点很容易被看成是无意义的形式主义，但这么看就错失了要点。孔子感叹道："为礼不敬，临丧不哀，吾何以观之哉？"（《论语·八佾》）人的心理，包括我们的情感倾向，有了指南或路线图可以更好地发挥作用。这在人生中特别关键的时刻（孩子出生、青少年成年、家人团聚等），或者在遭受打击或重压时（亲友的去世或别离）尤其重要。礼能使人们在不确定的时刻获得确定性。在人们遭受关系破裂、震惊和情感危机时，有可供依靠的形式和仪式是很有帮助的，它们能指导我们如何走路、说话，如何穿衣，什么东西可以吃，什么不能吃，诵读什么祷词或唱什么歌，在什么时候该怎样向什么人表示慰问。这样的正式指点，让我们在身心上都能得到安慰，帮助我们站稳脚跟。

礼的作用就像一条铅垂线，"所以制中也"（《礼记·仲尼燕居》）。礼给原本不受约束的情感反应加上限制或形式，避免让处在同一空间或共同体中的其他人感到不安。"故人情者，圣王之田也。修礼以耕之。"（《礼记·礼运》）礼犹如堤坝，将水导向正确的方向而不至于泛滥（《礼记·经解》《礼记·坊记》）。它们通过澄清或重申我们各自在社会中的角色来抑制我们的个人冲动，并教会我们如何有节制地应对外部事件。默哀一分钟或降半旗之礼当即抓住我们的情绪，而不需要停止所有经济活动和其他活动一整天。礼可以帮助我们把事情分离开来，用清晰有序的思路来加以思考。

在儒家看来，礼结合了思想和行动；它不只是一套为了达到某种目的的习俗，而是人们行为不可分割的一部分。诚如荀子所言："文理繁，情用省，是礼之隆也。"（《荀子·礼论》）因此，儒家认为，合乎礼仪的行为会带来道德上的回报：它使人与人和谐相处，通过礼，人可成为更好的人。虽然礼可以是感召祖先的盛大庆典，也可以是在君主面前举行的阅兵仪式，但实际上在日常生活中礼是得体的举止和后天习得的优雅："礼者，人之所履也，失所履，必颠蹶陷溺。所失微而其为乱大者，礼也。"（《荀子·大略》）

在孟子看来，这种礼仪意识萌生于我们内心深处，可作为人格的组成部分来培养。然而，孟子却敏锐地指出，不应该不顾一切地坚守礼俗，这样做会使礼俗失去意义。例如，"男女授受不亲，礼也；嫂溺，援之以手者，权也。"（《孟子·离娄上》）孟子似乎承认，有些时候我们需要权衡并评估具体情境。这可能涉及不得不暂时悬置某些礼仪规则。虽然在通常情况下，礼节应该优先于饮食和性等原始本能，但在某些紧迫的情况下，并不总是能这样做——"以礼食，则饥而死；不以礼食，则得食，必以礼乎？亲迎，则不得妻；不亲迎，则得妻，必亲迎乎？"（《孟子·告子下》）但如果只是一板一眼地履行社会惯例而缺乏诚意，那同样是虚伪的："食而弗爱，豕交之也；爱而不敬，兽畜之也。恭敬者，币之未将者也。"（《孟子·尽心上》）

荀子则采取了更极端的立场，把礼变成了一本让社会得以运行的严格的规则手册：礼提供了必要的软件，将我们固有的冲动转化为和谐生活所必需的行为。荀子的《礼论》一章开篇就描述了古代君王和圣人如何发明礼乐来控制人的欲望：

> 礼起于何也？曰：人生而有欲，欲而不得，则不能
> 无求。求而无度量分界，则不能不争；争则乱，乱则穷。
> 先王恶其乱也，故制礼义以分之，以养人之欲，给人之
> 求。使欲必不穷于物，物必不屈于欲。两者相持而长，
> 是礼之所起也。（《荀子·礼论》）

按照荀子的理解，礼是我们的第二本性：礼是塑造我们个性的教化手段。人的本性需要裁剪才能发挥其社会功能："礼者、断长续短，损有余，益不足。"（《荀子·礼论》）他在这里重申了孔子的观点，即礼有两个方面的作用：在缺乏最低标准的时候建立起这样的标准，同时又防止过度。如果没有礼节意识的调节，那么我们行为中潜在的积极因素也会让人觉得不舒服："恭而无礼则劳；慎而无礼则葸；勇而无礼则乱；直而无礼则绞。"（《论语·泰伯》）

荀子是第一个明确将礼的必要性政治化的思想家。国家的根基以及一切权威的源泉离不开礼："礼者，治辨之极也，强固之本也，威行之道也，功名之总也。"（《荀子·议兵》）那么，忽视礼就是剥夺构建社会秩序的主要动力："国家无礼则不宁。"（《荀子·修身》）荀子进一步认为，礼作为一种统治原则甚至超越了人类社会的秩序：礼是一种宇宙力量，是统领天地、行星、四季和整个自然界的原则："礼有三本：天地者，生之本也；先祖者，类之本也；君师者，治之

本也。……三者偏亡，焉无安人。"(《荀子·礼论》)在荀子看来，维持人类社会的当下秩序离不开礼，侍奉天地先祖同样离不开礼。荀子把礼当作构建秩序的普世原则，把古代君王的礼推举为绝对的标准。如此，荀子的礼与法家的法在目的上极为相似。然而，二者依然有别：人们会因畏惧可能的刑罚和处罚，而被迫遵守法律；相比之下，得体的举止和礼仪意识则需要内在培养而不能强加于人。有人认为可以通过立法来强制人们尊重，儒家对此提出质疑，认为尊重只能通过榜样、习惯和不断的实践及重复来获得。

乐

中国思想家经常礼、乐并称。相传儒家有第六部经典——《乐经》。由于它在汉代就已经亡佚，学者们对于它可能的形式至今争讼不已。然而，人们普遍承认乐本身的重要性。乐构成了儒家道德教育的核心内容之一。孔子在后半生开始研究音乐，当时他已无望得君行道。《论语》中有几个场景都是围绕孔子对音乐的理解展开的。音乐深深地打动他："子在齐闻《韶》，三月不知肉味，曰：'不图为乐之至于斯也'。"(《论语·述而》)他喜欢与人合唱："子与人歌而善，必使反之，而后和之。"(《论语·述而》)在孔子看来，音乐引发快乐的感觉。因此，他规定，在危难之时（如服丧期间或遭遇天灾之时），君子"食旨不甘，闻乐不乐，居处不安"
（《论语·阳货》）。孔子说道，礼不单单是玉帛，乐也不单单
指钟鼓："礼云礼云，玉帛云乎哉？乐云乐云，钟鼓云乎哉？"
（《论语·阳货》）除非践行礼乐的人怀有仁心，否则，礼乐
既无用又不合适："人而不仁，如礼何？人而不仁，如乐何？"
（《论语·八佾》）

那么，是什么使乐在儒家的世界观中具有如此强大的力
量呢？正如本书第二章中所述，中国哲学家喜欢用成对的概
念来思考，也就是说，他们按照二元对立的关系将概念联系
起来。除了阴阳，"内"与"外"是另一组常见的概念对子。
在家庭中，女性代表着内，男性代表着外。在地理学上，中
央之国是世界文明的核心，而外围则是"天下"的化外之地。
礼乐也有类似的关系。因此有这样的类比：礼主分（如男性
区别于女性，厄运区别于好运，人区别于动物），而乐主合。
音乐将人们团结起来，因为它能唤起人们共同的情感（喜
怒）；礼则致力于将人区分开来，并划分等级（师生，主奴）。
礼组织我们对情境的外在反应——如当我们庆祝或纪念的时
候；乐是我们内心情感的通道——如一首歌可以勾起你的
回忆，让你沮丧或雀跃。用荀子的话说，"乐合同，礼别异"
（《荀子·乐论》）。

这里的关键是，对儒家来说，乐是一种道德力量。通过
乐来表达自己，是一种修养自身和转变自己的方式。乐既不

是完全随意的，也不是经过精密计算的声音集合。乐最大的特性在于默认和谐的秩序："乐其可知也。始作，翕如也；从之，纯如也，皦如也，绎如也，以成。"（《论语·八佾》）乐最好是和别人一起欣赏："独乐乐不如众乐乐。"（《孟子·梁惠王下》）节奏和旋律是进入人类情感的微妙通道。当语言不足以交流时，音乐能感染人，使人与人之间产生联系（你不需说法语也能与法国人跳舞）。音乐是一个人心境的写照；它反映了创作者、演奏者、聆听者以及交流者的意图。当我们发现自己和一个陌生人喜欢同一首曲子时，我们和这个陌生人之间就会产生一种联系（我喜欢巴赫，你也喜欢巴赫，所以我喜欢你；我讨厌爵士乐，你也讨厌爵士乐——让我们走到一起吧）。确实，音乐能让人们处在同一频道，彼此间产生共鸣。在汉代，一个迷人的语词悄然出现在汉语中：把亲密的伙伴和朋友称为"知音"。所谓"知音"（杜志豪 [Kenneth DeWoskin] 译为"tone-wise companion"）是指具有深厚感情的两个人。在中国古典诗词中，只有亲密的朋友或情人可被称为"知音"。

在儒家看来，作为美学特质的"和"具有政治性，因为正确的音乐使人们团结在一起。有能力的君主和政治家是能够理解音乐的人。他们知道如何根据场合选择合适的乐器、曲调、舞蹈和表演者。音乐在宫廷礼仪中具有核心作用。在中国战国时期的宫廷中，盲乐师经常向君主进谏；他只能用耳朵听而不能用眼睛看，所以他的耳朵对传言有很强的捕捉能力，可以捕捉周围的气氛，"听到"世间正在发生的事。《诗经·周颂》中就有一篇诗叙述盲乐师如何以其醉人的表演劝说先祖"倾听"（《诗经·有瞽》）。孔子对盲乐师极为尊重（《论语·卫灵公》），而《礼记》中指出，由盲乐师来引导乃是礼的标志（《礼记·礼器》）。

　　荀子用一整章的篇幅论述音乐。其《乐论》开篇即说："夫乐者，乐也。"这里利用了"乐"字两读之妙。人们天生就对声音和动作有反应。荀子认为，歌舞是人情感状态的表达，故而不可抑制。但是，要赋予我们的情感以恰当的形式，音乐需要被引导。需要有人来控制、"指挥"（conduct）我们与生俱来的情感（"指挥"一词来自拉丁语 conducere，意为"带到一起"）。和礼一样，乐也能调整我们的本能冲动，使我们能够协调一致：每一个音符都要按顺序排列才能协奏成一首旋律；每一个舞者都按照既定的节奏和韵律协调自己的动作，才能与音乐形成完美的配合："尽筋骨之力，以要钟鼓俯会之节，而靡有悖逆者，众积意謑謑乎！"（《荀子·乐论》）声音一开始可能就是一个人内心情感的个人表达，但只有融入合奏才能成为音乐。荀子还认为，音乐关乎秩序，关乎对自由流溢的本能情感的控制。"故乐者，天下之大齐也，中和之纪也，人情之所必不免也。"（《荀子·乐论》）因此，音乐只要演奏得当就能使人们步调一致。一支军乐队可以促使一个军团的士兵们齐步前进；一首大家熟知的歌曲或国歌可以使原本喧闹的人群顿时安静下来，并激发人们齐声合唱。短暂的瞬间，那动人心弦的大合唱，能够将流氓和牧师都团结在一起，支持自己的球队。

到了荀子的时代，中国的音乐理论无疑已经包含宇宙观：音乐并非传说中的乐师或圣人无中生有首创的技术发明。考古学家发现了周代宏大的青铜编钟，这表明中国人很早就已对声学有非常高明的理解，不过，那个时代的思想家认为音色、节奏和旋律等样式蕴含在自然界中。音乐和舞蹈源于自然界，即鸟兽的声音和动作。（青铜器铭文和《诗经》中的诗句用相同的表达来描述钟声和鸟鸣）。音准和吹奏乐器的声音据说源自传说中的凤鸣，而鼓和舞蹈则模仿了动物的动作。

中国古人常常论及自然界如何回应音乐教化的影响。掌握音乐的圣人能够改变自然界："羽翼奋，角觡生，蛰虫昭苏，羽者妪伏，毛者孕鬻，胎生者不殰，而卵生者不殈，则乐之道归焉耳。"（《礼记·乐记》）娴熟的音乐人能够观察发现自然界中的声音和运动的模式，进而清晰地呈现给世人。

中国早期音乐哲学的核心是预设音乐审美、自然过程和最高的宇宙和谐之间存在着根本的同源性：听起来舒服，运转良好，感觉对头，三者合而为一。既然宇宙的音律具有内在的和谐，那么，人们通过礼乐表演就能够使自己和宇宙的节律相契。因此，音乐成为一种宇宙力量：演奏得好，就能促进"天地之和，阴阳之调"（《吕氏春秋·仲夏纪·大乐》）。因此，与其他人相和共鸣还只是第一步。归根结底，我们应该志在演奏"天籁"（《庄子·齐物论》），体验与整个宇宙的和谐。世界会对音高和音色的微妙变化做出反应。每一个人说话或拨动琴弦的细小差别或细微变化都会影响到宇宙的平衡。敲击声引发进一步的回响，无论是积极的还是消极的。

当审美与道德相符时，音乐本身就不是价值中立的了。儒家既关注演奏音乐的人，也关注听音乐的人。如果说音乐表达了个人或群体的道德品格，那么这意味着，弹琴时心不在焉地弹错一个音符反映了粗心大意的性格。坏的声音氛围让人做出不良行为。好的音乐让人与人之间的关系更加平衡，群体更加和谐。社会衰落，其音不谐。空气中弥漫着不和谐的音律就会像污浊的空气或凌厉的风，会使人感官紊乱、心理失衡。因此，儒家的君子不应该接触堕落的歌曲，也不应该受到大胆的女性舞者的歌声和色相的诱惑。孔子和荀子警告人们远离郑国和卫国的靡靡之音，也痛心人们不重周代礼乐。暴露在不良的环境中会扰乱体内之气："凡奸声感人而逆气应之，逆气成象而乱生焉；正声感人而顺气应之，顺气成象而治生焉。"（《荀子·乐论》）（当代的歌唱艺人如果发现中国和新加坡等地禁止他们演出，那就应该考虑读读荀子，或怪罪荀子。）简而言之，音乐与道德风俗相应和。比如，民歌是衡量创作者心志及其所在地区风俗的晴雨表。中国文学中有一种民谣体裁叫作"乐府"，其名称来自汉武帝设立的一个官署，该部门负责搜集帝国各地口头民歌以供宫廷礼仪使用。

和孝道一样，《诗经》所代表的雅乐代表着文明和高等文化。《诗大序》指出，"诗言志"，即通过文字表达情感。中国古代的诗歌是用来唱的，兼有乐器伴奏。因此，诗和乐经常相提并论，以教化人们接受周文明的启蒙与馈赠。人们常说，音乐可以"移风易俗"：要把人们教化成文明的臣民，天子就要让他们欣赏天子之乐，接受天子之礼，遵从天子之风。

总之乐和礼一样，也是一种使心灵和世界秩序化的手段。音乐结构的内核乃是社会中理应存在的阶层和等级。音乐教化就是要激发我们内心去接受秩序的模式和规则。正如《礼记·乐记》所言，五音分别相应于社会中的君、臣、民、事和物。（与现代爵士乐中的情形类似，五声音阶这种音乐形式在中国古代占据主导地位。）歌曲和舞蹈"感动"我们的身心。音乐创造了其他媒介无法企及的不可言传的纽带。之所以能够如此，是因为音乐超越了单纯的审美情趣。乐是声中之礼："乐也者，圣人之所乐也，而可以善民心，其感人深，其移风易俗。故先王著其教焉。"（《礼记·乐记》）

不和谐的声音

荀子在论乐的时候显得有点恼怒。荀子是孔子和古人的坚定捍卫者，音乐的道德价值在他看来是毋庸置疑、不言而喻的。他在《乐论》中斥责墨子："而墨子非之奈何！"那么，墨家为何要非乐？墨子及其门徒批判孔子对家族模式的推崇；他们质疑孝道义务，认为对一切他人的忠与爱应该是没有差别的。墨家批评儒家的另一个重要方面就是礼乐。

墨子并不质疑遵守礼仪的价值，也不质疑行为应合乎地位和阶层这一事实。贤者理应得到与其职位相应的礼遇和奖赏。墨家也承认尊重社会等级的积极意义，也认为需要通过祭祀来表达对上天和神灵的感激之情。然而，与孔子不同的是，墨家并不认为循礼和自我道德修养之间有任何联系：祭祀是谢神或敬天的必要手段，但也仅此而已。墨子采取一种功利主义的观点：祭祀"上以交鬼之福，下以合欢聚众，取亲乎乡里"（《墨子·明鬼下》）。（即使没有基督或上帝，圣诞节或感恩节仅作为家族仪式而言，也可以是重要的聚会。）但另一方面，礼仪并不能直接使个人受益，因此在礼仪上的奢靡不具备道德上的合理性，因为它消耗了人们的资源。

同样的道理也适用于音乐。墨子认为音乐没有任何用处。墨子并不否认音乐可以悦人之耳，就像美丽的色彩、美味的食物和舒适的住房当然会使我们的其他感官得到满足。但他谴责它过度浪费资源和精力：国家为制作乐器和铜钟而征税，民众却看不到任何回报。与取水、挖土不同，弹琴并不能养活百姓；它只能娱乐富人，分散人们从事农耕和织布的注意力。统治者与其花时间听音乐，不如听大臣汇报国事（《墨子·非乐上》）。墨家的非乐并不复杂，他们的批评完全没有具体论及儒家所讲的音乐的道德重要性，而只是把重点放在音乐是否经济：音乐是一种非必要的奢侈品，并不能有效促进社会和谐。

墨家对葬礼的强烈谴责也采取了同样的论调。墨家斥责自诩礼教专家的儒者是投机取巧的乞丐：他们带着自己的一大家人从一个葬礼跑到另一个葬礼上，吃饱喝足，"鼷鼠藏，而羝羊视，贲彘起"（《墨子·非儒下》）。他们以举行繁复的葬礼为借口寄食于百姓。

为什么要格外重视葬礼？在典籍中记载的一长串礼仪中，葬礼最受关注。祖先崇拜（下一章将论及）是中国社会的根本。在佛教与道教于中古初期出现之前，祖先崇拜的地位基本上从未受到过挑战。作为此生孝道的一种延伸，丧葬仪式占据了核心地位。礼经规定了长达三年的服丧期，以回报三年不免于父母之怀的养育之恩（《论语·阳货》）。荀子直言要不惜一切花费办好葬礼："故事死如生，事亡如存，终始一也。"（《荀子·礼论》）这意味着要有昂贵的棺椁、丰厚的陪葬品、仿照活人生前居所的墓穴、精致的祭品和为了纪念逝者而设的酒席。如果连鸟兽都要为失去配偶而哀悼，那么人为逝去的亲人悼念多长时间都不为过："创巨者其日久，痛甚者其愈迟。"(《荀子·礼论》)

儒家认为有责任用恰当的方式来纪念逝去的人，这背后有一种预设，即悲痛和尊重的情感需要外在的表现和物质方面的体现。体面地厚待新逝者是很必要的：逝者的身体"不饰则恶，恶则不哀。"(《荀子·礼论》)服丧期过后，人们通过周期性的纪念仪式来缅怀死者。然而，这一切都是有代价的，丧礼支出成为一个有争议的问题，甚至在祭祖最虔诚的人那里也是如此。如何协调对死者"以礼相待"的物质要求与生者的有限资源：一个人能否以更少的代价来尽更多的孝道；如果一个人没有足够的物质能力来满足祭礼的要求，又该如何是好？中国古代关于礼的讨论，最有争议的便是形式与感情之间的问题。在何种意义上，为尽道德义务而付出的物质花费会变得不道德；在什么时候道德义务将沦为一种形式礼节的空洞演示？

孔子自己也陷入了这种道德上的困惑。他决定用自己的席子埋葬他的狗，因为他没有丧葬礼仪所规定的车盖(《礼记·檀弓下》)。也许有人会问，穿错丧服，是不是还不如根本不穿丧服？礼经提供了创造性的解决办法。孔子的门人不知道应该穿什么衣服来哀悼孔子本人的逝世（没有比这更史无前例的案例了！），他们决定用哀悼父亲的方式来哀悼夫子，但不穿丧服(《礼记·檀弓上》)。礼仪无疑是必要的,但典籍中的一系列注释告诉人们,礼仪可以因时因地而制宜。生活在山区的人,祭祀不必用鱼或乌龟,而可以用当地的鹿或猪(《礼记·礼器》)。在西方,基督教的弥撒有各种不同的形式;同样,中国的礼仪活动在规范中包含着灵活性(礼仪活动的形式大都如此)。孔子当然明白仪式变味的危险性:"礼,与其奢也,宁俭;丧,与其易也,宁戚。"(《论语·八佾》)然而,他的话大概也反映了当时的现实情况。在精英阶层中,葬礼和其他仪式的花费可能会蜕变成激烈的炫耀攀比。

在墨子看来,不把自己的祖先看得比他人的祖先更重的原则("兼爱")就决定了丧葬开支必须适度。为什么要停止长达三年的正常活动来悼念你的亲人呢?这三年你本来可以在田间耕作,在家里织布,或繁衍子嗣。墨家同样引用古代圣贤之言批判奢靡的墓葬之风,提倡节俭丧葬。墨家规定,"棺三寸,足以朽体,衣衾三领,足以覆恶。以及其葬也,下毋及泉,上毋通臭,垄若参耕之亩,则止矣"(《墨子·节葬下》)。

如果礼仪成了一种经济负担,而不再像孔子(及其古人)所希望的那样造福于人、增进社会凝聚力,那么礼仪就有可能变成空洞且毫无意义的东西。所剩下的只是追求在形式上超越他人(我父亲的墓碑比你父亲的墓碑高,所以我比你更孝顺)。墨家对礼仪开支的精辟批评(以及荀子围绕礼对墨子的尖锐批判)表明,孔子的一些追随者对形式和物质表达的关注超过了对仪式目的的关注。这个问题所引发的争论远不限于儒墨。从现实角度来看，精美的墓碑和豪华的墓穴只会招来盗墓者："以生人之心为死者虑也，莫如无动，莫如无发。"（《吕氏春秋·孟冬纪·节葬》）

※

令人并不感到意外的是，法家思想之父商君将礼乐视为让人不能专心于耕作和农事的罪恶之一（《商君书·垦令》）。作《庄子》的道家从其他角度出发嘲讽礼乐的作用。他们认为，礼乐的人为规定损害了与天道和宇宙的节律相契合的本真生活。对道家来说，让人们生活在一个被人为的规则和惯例支配的"如是"世界，就像让一条鱼在沙滩上散步一样荒唐。在一个故事中，庄子让两个人在朋友的遗体面前吟唱了一首小曲。孔子"游方之内"，而庄子的主角们"游方之外"。他们无分生死，故而不为丧礼习俗所困。他们即兴作歌，并以之为礼（《庄子·大宗师》）。庄子批评礼乐专家及其繁琐的技巧和禁忌。庄子眼中的圣人（他称之为"神人"）在自己体内培植真正的能量，让精神力量积聚在体内。神人自我修炼，而不是试图通过人为规定的礼仪和祭品接近神灵。他不依赖外物，更不依赖虚伪的规则和等级制度。上天赋予他什么，他就做什么。这样一来，"神人"在保持人性的同时具有"神性"。

儒家接受一定程度的"作伪"是人生得以继续的必要条件，而庄子则认为礼仪活动在某种程度上是虚伪低效的。就像语言是任意的一样（语言本身就是一种礼仪），礼仪没有任何目的性。一位衣衫褴褛的老渔夫对孔子说："礼者，世俗之所为也；真者，所以受于天也，自然不可易也。"（《庄子·渔父》）对于御天道之风过生活的人来说，人间的风俗习惯不过是一种纷扰。

《韩非子》中有一条对老子传统的评论几乎融合了儒道两家对礼的看法。这条评论的无名作者讲道，"礼为情貌者也"，而外在的修饰（包括鞠躬、行礼、敬语）传达了我们的内在性情。但文中接着又说，总体上，内在的品质比外表更重要，普通人有时会怠于循礼（他们尊重别人主要是为了自己得到回报）。相反，"君子之为礼，以为其身；以为其身，故神之为上礼"。只有圣人才能认识到，为了得到别人的认可而遵守礼法，其内心获得的满足感非常有限。真正的君子"取情而去貌，好质而恶饰"（《韩非子·解老》）。要注意，那些看起来粗野、衣冠不整、举止笨拙的人可能是圣人！

法

《乐记》指出，古代君王"礼以道其志，乐以和其声"，但同时又提到"政以一其行，刑以防其奸"。儒家典籍有时似乎表达出一种乐天的世界观，即礼仪规范足以指导人的行为。然而，无论礼仪和风俗的影响有多大，并不是每个人都愿意或都能够遵守礼仪规范、保持体面。如果礼节没有达到预期效果，或者古人的典籍似乎过于遥远而未能提供答案，那就需要另一种法律法规的权威来加以保障。和礼一样，法也是弥合实然和应然之鸿沟的规范（不妨回想一下，法家认为法是唯一的标准）。但是，中国思想家很清楚，法的运作方式不同于习俗惯例。他们也承认，在礼仪规范和法治之间存在着一种不可避免的张力。

两者之间的摩擦在于：作为朝廷或政府等最高权力机构颁布的法典，法可以挑战家族的权力结构和惯例；反之亦然。符合国家利益的东西，并不总是符合宗族或世系的利益。国家和家族之间的这种不稳定的结合或动态的紧张关系蕴含在现代汉语的"国家"这个词中。换句话说，虽然在规范某些日常活动时礼仪秩序和法律秩序可能重合（比如在公共场所乱扔垃圾可能会受到朋友责备，也可能会受到警察处罚，或者兼而有之），但在其他场合，二者可能相互对立。《论语》就提到过这种冲突：

> 叶公语孔子曰："吾党有直躬者，其父攘羊，而子证之。"孔子曰："吾党之直者异于是：父为子隐，子为父隐，直在其中矣。"（《论语·子路》）

　　这段对话还有不同的版本出现在其他文本中。在另一个版本中，儿子恳求当局允许他代替父亲被处决，但他最终因为诚实和孝顺而获赦免；孔子谴责说这是虚假的诚实，因为儿子获得道德声誉是以牺牲父亲的道德声誉为代价（《吕氏春秋·仲冬纪·当务》）。在《韩非子》中，令尹下令处决儿子："夫君之直臣，父之暴子也"。（《韩非子·五蠹》）由此警告人们"儒以文乱法"（《韩非子·五蠹》）。然而，另一位著者评论说，做个诚实的人，大义灭亲，不一定是高尚的（《淮南子·氾论训》）。即使儿子觉得检举父亲的罪行符合公众的利益，也不代表他有权告发父亲（就礼而言，这就是不孝）。这个故事的重点是要强调，对亲属的私人忠诚甚至可以超越对公义的忠诚。不难看出，这样的论点将会如何用于纵容腐败和裙带关系。但是，儒家坚信，一个有道德的人自然知道或已经学会如何避免这样的陷阱。

　　礼与法的不同之处在于其适用范围和可推行性：法律是被规定下来要普遍遵守的，不允许个人的诠释和修改；礼节等习俗是人们自己制定的规范。法律允许官员强制执行法典中规定的处罚；礼仪风俗则需要先学习才能被遵守——礼仪通过榜样来传授，由共同遵守的群体来裁定。法律直接解决分歧和对立（或至少希望这样做）；习俗则有助于绕开分歧，找到妥协或共同点。法律的运行是基于一种认识到罪责重要性的文化；礼仪规范的基础则是羞耻感。孔子认为，在激励

人们行为举止得体方面，培养羞耻感胜过了界定罪责："道之
以政，齐之以刑，民免而无耻。道之以德，齐之以礼，有耻
且格。"（《论语·为政》）孟子也认为，羞耻感作为得体社会
行为的催化剂是必不可少的："人不可以无耻。无耻之耻，无
耻矣。"（《孟子·尽心上》）

孔子坚信，礼仪规范比一成不变的法律法规和条例的高
压更有效。如果告诉有可能犯罪的人，伤害他人会被砍掉手，
脸上会被打上烙印，只会让人消极地不敢打人偷东西。更好
的办法是在人们的内心中培养尊重他人的意识。在这种情况
下，人们可能会提醒有可能犯罪的人身体发肤受之父母，侵
犯自己身体（因受肉体惩罚而留下伤痕）和他人的身体是对
自己祖先的不尊重，也是缺乏孝心的表现，因此就可以说服
他们不犯法。儒家观念上的仲裁非常理想化地避开了法庭。
让外部的第三方（法官）对你的行为做出判断，就是承认你
不是一位合格的父亲、老师或长辈。法律和法庭最有效的时
候，就是人们感知不到其作用的时候："听讼，吾犹人也。必
也使无讼乎！"（《论语·颜渊》）谈到行为规范的实施，中国
早期的法律思想争论的焦点并不在于什么是适当的法规，而
在于如何以最好的方式实施法规：通过地方法官或官员的权
威，家族的力量，还是二者兼而有之。

尽管远古的黄帝神话传说就提到过刑法的起源，但中国
（与古希腊或犹太人不同）没有神灵或超自然的力量来担当立

法者的角色。在大臣的辅助下，天子就是最高的权威和立法者。法律是人为制定的，因此，将古代的法律作为普遍的法律而不加以改变是愚蠢的。（较之礼仪）法律的运行更需要适应环境："世易时移，变法宜矣。譬之若良医，病万变，药亦万变。"（《吕氏春秋·慎大览·察今》）

中国最早的法律文本形式是周代青铜器上的契约和铭文。不过，这些文本传世极少。这些早期的法律典籍具有宗教色彩，因为它们是展示给神灵世界看的。因此，尽管当时中国的法律已经发展出了自己的规范体系，但仍可以看出，中国的法律起源于礼仪习俗。青铜器被用于祭祀活动。通过在器皿上铸造法典（或法律案件），人们邀请祖先和神灵对诉讼程序进行监督。缔结契约的人用祭品的鲜血涂抹嘴唇，在神灵的注视下起誓，将文字或公文与动物祭品一起埋入坑中。《墨子》就讲过这样一个故事：一只已被宰杀、用来祭祀的羊站起来，在国家的祭坛前猛地撞折了罪人的腿（《墨子·明鬼下》）。

从考古发现来看，到公元前 4 世纪晚期时，写在简牍上的法律文献（连同如历书、医书、占卜书等）会成为达官贵族的殉葬品。迄今为止发现的中国古代最丰富的两份法律文献，都来自地方官吏和法律文书抄写者的墓葬。它们分别是公元前 217 年的云梦睡虎地秦简（湖北省云梦县）和公元前 186 年的张家山汉简（湖北省江陵县）。这些墓主是想要在来世继续执掌法律吗？这些随葬的简本是为了象征墓穴主人的身份？它们是否带来力量以控制死者的灵魂或其他潜伏在死者周围的鬼魂和幽灵？这些问题都悬而未决。但有证据表明，神灵世界从未与法律文化完全隔绝，而法律也适用于鬼神。当时的礼仪和宗教典籍中都含有行政和法律的语言（鬼魂也被称为"主君"，也受到敦促要遵守法律法条的规定"急急如律令"，停止作恶）。这在中国民间宗教礼仪中仍然是普遍的做法。

魏国政治家李悝（公元前 5 世纪）编订了一部法典，它最终启发了秦汉时期的帝国法典。在法律和司法程序上，汉承秦制，只在用语上小修小补。唐代法典于 725 年颁布，一直沿用到 14 世纪，在很大程度上借鉴了汉代刑法及其关于刑罚的自然哲学。（唐代法典中的部分内容又保留在了明清法典中，并影响了整个东亚前现代的法律文化。）新的朝代往往会颁布新法（及新礼），但实际上，改变的往往是人事而不是基本治理原则。因此，唐代法典的序言在阐述其刑罚理念时，仍然提及《商君书》："以杀去杀，虽杀可也；以刑去刑，虽重刑可也。"（《商君书·画策》）这些法律典籍前后相续，应用于相隔千年的族群，这是非常了不起的。当然，许多罪行也是古今如一。

如果说礼的目的是为了稳固家庭结构，那么法则是将国家的权力投射到家庭中，并以约束国家决策者为目的。法律的首要任务是协助统治者管理官员，并通过官员管理民众。在中国，从最初的皇权时代一直到今天，国家的首要任务乃是监督联接地方政府和中央政府的官员。因此，中国早期的法典不太关注正义，也不太关注保护个人或不同社会群体的权利、自由和权益（所谓的民法）。法律首先服务于统治者而非被统治者的利益。法律制约着其管辖范围内的信息交流与人员流动。与其他传统社会一样，中国古代的行政权和司法权并没有明确的分界：地方官身兼二职，就像家长那样实施惩戒。每位行政长官在其管辖范围内负责法律的执行。法律针对的是罪行而非权利；中国的法律文本大多涉及行政法规和刑法。法律由"律"（法规）和"令"（法令）组成。（现代汉语的"法律"一词可理解为"标准和规定"）。

发放给全国各地官员的法律条文影响着生活的方方面面。对于统治者和被统治者来说，生活就像在法规的迷宫中艰难行进，每个转角处都有沉重的处罚和罚款条例等着。在统一的帝国形成之前和帝国初期，朝廷委任官员对统辖领域内人们的活动进行微观管理。这些官员像从事侦查工作的蚂蚁一样被派往各地。法律涉及人们生活的方方面面：恋爱和婚姻、老人的赡养、酬劳和薪俸、财产、遗产、税收、贸易、农业、牲畜和苑囿、交通、制造业、私藏书籍、商品的质量控制、用于播种而借来的种子数量等等。列出的罪行似乎同样数不胜数：收受不义之财、抢劫、绑架、潜逃、杀人、共谋杀人、严重伤人、伤害公家牲畜、敲诈勒索、作伪证、通奸和不正当男女关系（自愿或强迫）、损坏政府工具、移动田地分界标志、非法采矿或采盐、融化铜币或非法铸币、乱伦、强奸、伪造印章或文件、殴打或咒骂官员、纵火、贩卖变质的肉食、殴打致人流产、埋葬自杀者不上报、收受赃物、使用不正确的度量衡，甚至下棋作弊。在这些罪行中，不孝是最可憎的罪行之一。汉代法律还规定了如何培训书吏、测试占卜师和祈福者（他们的工作是主持各种仪式活动；他们必须要背诵七千字以上的祷文才算合格）。

作为中央机关（最终是天子）的臂膀和耳目，地方官吏和他所管辖的民众一样，也要受到法律的约束。政府对官员有严格的期望。从为了规范官员行为而制定的大量规定来看，腐败肯定是普遍存在的（现代中国仍然有贪污罪）：受贿、侵吞国有资产、掩盖罪行、做假账等等。有的法条读起来像是会计人员做账的指导原则：记帐时，不同规格的产品不得列于同一项内（《睡虎地秦墓竹简·工律》）。有的读起来像细木工修理手册：修缮大车时，润滑一次需要用一两胶和十克油脂（《睡虎地秦墓竹简·司空》）。如果不执行章程、不向上级机关报告或不按规定交付所需物品，就将受到制裁。官库遭到偷窃或物品丢失不上报，罪同行窃。秦律甚至详细规定，粮仓最多可以出现多少个老鼠洞（"鼷穴三当一鼠穴"），或者官府所有的皮革、兽皮上有多少个虫洞就需要责罚相关管理人员（《睡虎地秦墓竹简·法律答问》）。依秦律，罚款的计算单位是打造一副盔甲或盾牌的钱（或捆绑鳞甲的皮索的钱）；到了汉代，罚款则是用黄金和钱币计算的。

家族内部的集体责任就像一条红线贯穿了秦汉时期的法律。罪犯的亲戚和邻居也会受牵连。如果家族中有一人犯罪，那么整个家族都可能要承担责任。他们将受到集体惩罚——包括处决整个家庭或家族成员，所谓"夷三族"。知情不报与犯罪一样严重。法律规定了相互监视：原则上，每个人都应充当法律及国家的眼睛（即监视者）。尽管故意诬告他人是一种犯罪行为，而诬告者也会受到处罚，但口头或书面谴责自己及他人的这种义务是法律程序的核心。告发成为中国法律思想中延续到近代的另一个要素。

对于不守法的人，制裁形式从轻微的经济处罚一直到粗暴的肉体折磨和死刑。对于最严重的犯罪行为，惩罚的目的是让违法者臭名昭著，终身无法摆脱耻辱。强制劳役（最长可达五年）是对国家最有利的刑罚。犯人提供了大量可自由使用的劳动力，这种资源是源源不断的。早期中华帝国将罪犯（实际上是移民）看作国家的经济利益而非负担。他们被派去建造大工程，例如修筑堤坝、开凿运河、修建道路和防御的城墙，建造陵墓、寺庙和宫殿。犯人可能被派去筑墙，或担任看守工作；女犯则被派去分拣大米（白粲）。另一种可能则是被迫在边防军营服役。他们戴着沉重的脚镣和枷锁，忍饥挨饿，疲惫不堪，很多人死于鞭打和营养不良。一座城池被攻陷后，居民可能会被驱逐，但这算不上是严厉的处罚了。有能力的人可以拿钱赎回居住权。作为一般原则，惯犯和被指控犯有数重罪的人，将被判处与其最重的罪行相对应的刑罚。此外，还区分了故意犯罪与过失或意外犯罪。

许多罪犯要接受肉刑。商鞅等法家思想家对酷刑的使用给予了积极的评价："夫先王之禁，刺杀，断人之足，黥人之面，非求伤民也，以禁奸止过也。"（《商君书·赏刑》）商鞅认为，为了起到有效的威慑作用，惩罚必须严厉、让人们看到，最好公之于众。禁止减刑：一旦你步入歧途，偏离正道，一意孤行，以前的善行就不再算数。

死刑通常是斩首，在某些情况下，也会将罪犯腰斩。处决可当众执行。如果罪行足够严重，砍下的头颅和不全的尸体还会在街市上展示给所有人看。针对身体的刑罚包括：五马分尸（用战车将犯人身体撕碎）；髡刑（剃掉男人的头发、胡须、眉毛和鬓角，象征着剔除男子气概）；黥刑（在脸颊或额头上刺字或图案）；劓刑（割掉鼻子）和刖刑（砍掉脚）。刑法规定了鞭刑中鞭打的次数；即使是官员，逃离职守或从登记的住所潜逃也会被处以杖刑五十。去势（对强奸、非法性行为和其他罪行的处罚）是最严厉的酷刑之一；受刑的人被割去阴茎和睾丸。有一个法律术语名之曰"腐刑"，暗指犯人会像枯树一样腐烂，不能再产生新的生命（即子孙后代）。

身体的完整性很重要。曾子言曰："身者，父母之遗体也。行父母之遗体，敢不敬乎？"（《吕氏春秋·孝行览·孝行》）。这体现在法典上，就是对人身伤害极其关注。法典非常细致地界定身体伤害的性质：揪耳朵或打断关节该如何处罚；打架时拔掉对方眉毛、头发或整根胡须该如何处置；咬掉鼻子、耳朵、手指或嘴唇，或在别人脸颊上留下咬痕该如何处罚。如果对造成伤害的器具是否应该称为"梃"（棍子）有疑问，秦律明文规定：可以用来打人的木头便是棍子（木可以伐者为梃）（《睡虎地秦墓竹简·法律答问》）。这样的解释似乎毫无意义，但就法律术语而言，其实不然。和礼一样，法有自己的一套术语。法律创造了一个"如是"的世界，只有那些掌握行话的人才能理解（这些行话就是律师的口粮）。在中国早期的法典中，术语的明确性似乎很重要。报告、调查和处罚程序的技术术语都有明确的规定；一些在法律框架之外可能看起来一目了然或任意的词都有法律的解释——因此，"梃"不能是"铁头木棍"或随便一块旧木头或旧竹棒。"严重"的受伤和意外事故必须和"轻微"的情况区分开来："'大痍'者，支或未断，及将长令二人扶出之，为'大痍'。"（《睡虎地秦墓竹简·法律答问》）

和礼一样，法也具有宇宙的面向，它使人们和宇宙及周遭世界保持和谐。这意味着，犯罪乃侵犯和谐的自然状态。因此，犯了罪的人就必须为他们所造成的伤害和裂痕做出补偿。惩罚修复这种不平衡。正如"阴"需要"阳"来平衡，任何罪行都不能免于惩罚。然而，为了确保宇宙的平衡，程序必须正确且合乎时宜。董仲舒警告说："刑罚不中，则生邪气；邪气积于下，怨恶畜于上，上下不和，则阴阳缪戾而妖孽生矣。"（《汉书·董仲舒传》）（汉字"中"是一个象形字，表示箭矢射中目标。）行刑应在阴冷的秋冬季节，而非万物生长的季节。刽子手必须在象征死亡和腐烂的月份结束前完成斩首工作。监察人员也应在一年中属"阴"的时期巡视监狱。随着秋季的到来，刑罚必须有条不紊地果断执行："决狱讼，必正平。戮有罪，严断刑。天地始肃，不可以赢。"（《吕氏春秋·孟秋纪·七月纪》）。对于负责执行最严厉的刑罚的人来说，霜降标志着行刑的开始。对于等待处决的犯人来说，霜降预示着末日的到来。

在法律面前并非人人平等。中国传统的法律固然不能说是儒家家庭伦理的注脚，但它肯定拥抱等级观念，很自然地区分不同的责任和义务。在某种程度上，习俗取代了私法，国家主要为公共利益立法。

法律会根据人的社会地位来区别对待。人们可以用和自己的阶级、头衔和地位相对应的手段来赎罪。对于那些有能力用贵重物品或金钱来赎罪的人来说，这种交易是非常重要的（与之相对的是，政府有时也会通过卖官鬻爵来充实国库）。花钱赎罪可能相当于今天所说的重金保释。惩罚高级官员需要得到朝廷的许可，有时甚至还需要得到皇帝的许可。君主可以在重大庆典时大赦天下。赦免可以使潜逃者和黑户的生活重新步入正轨；他们可以重新成为按时纳税的良民。知道自己在社会中的角色和地位，在法律上对应的就是身份登记的义务。如同在今天的中国一样，不进行身份登记会有严重的后果。是否定居，何时搬迁，这样的事只能由国家说了算。

正如礼法要求服从父亲，秦汉时期的法典也肯定了父亲在家庭中的权威。如《大学》所言，家有序则国有序。如果儿子不孝，父亲可以训斥儿子，甚至要求处死他。在秦国的一个案例中，父亲要求将儿子终身放逐到遥远的南方。丈夫殴打妻子不犯法，父亲打子女也不犯法，只要被打的妻子或子女在二十天内不会因伤势过重而死去。子女杀害父母是死罪，但子女不能因遭受父母虐待而告发父母。对偷窃行为的处罚取决于是谁偷了谁的什么东西。如果一家之主因犯罪被判处服苦役，政府可以同时奴役他的妻子和孩子。许多惩罚取决于犯罪者与受害人之间的血缘关系是否亲近。例如，与远房亲属的乱伦比同胞兄弟姐妹之间的乱伦惩罚要轻一些，后者一定会被处以极刑。

许多法律条文几乎没有告诉我们法律是如何实施的，而它们中有很多几乎没有与时更改。但幸运的是，我们可以找到对法律案件和司法解释的回溯性叙述。睡虎地秦墓竹简记载了对上吊自杀的法医调查，牛的归属权之争，对麻风病案的立案调查，以及村民告发男女通奸等案件（《睡虎地秦墓竹简·封诊式》）。张家山出土的《奏谳书》是秦末汉初判例法的又一样本。书中记载的二十二个案例究竟是为了向官员讲授法律程序，还是要作为法庭罪例文献汇编来阅读，学者们至今聚讼不已。无论如何，它们都说明，司法调查很复杂，而在调查有疑点或判刑有误的情况下，案件可以由地方官提出上诉，由上级机关重新调查或审判。中央政府对地方官进行定期管理。《奏谳书》中呈现的阴谋和主题，犯罪小说家完全可以拿来做素材：私奔的情侣、潜逃或逃跑的士兵和奴隶、谋杀、抢劫粮食、贿赂和欺骗、弄虚作假的官员，甚至还有为马伪造通行证（为了通过检查站）的案件。这其中还包括了一起扎眼的非法性行为案件：一个刚刚丧偶的寡妇在亡夫灵柩后面的房间里与人通奸，而她的婆婆正在屋里悼念她的儿子。这名妇女最初被指控对婆婆不孝，但这个罪名最终被推翻了，理由是她没有被当场抓到，而蔑视死去的丈夫的罪行应该比蔑视活着的丈夫的罪行要轻一些。

　　耻感与罪感之间的道德冲突，是以下二者共存的自然结果：一边是根深蒂固的儒家价值观念，一边是对一个庞大帝国的行政管理至关重要的法律制度。刑罚文化的有效性也触动了中国一些君主的良知，其中最著名的莫过于汉文帝。他节俭谦虚，而且还改革刑法（公元前167年），废除了一些极其残酷的刑罚。据司马迁在《史记》中的记载，有一次汉文帝发现一些官员受贿，他非但没有将他们交给刑部，而且还打开自己的私库，给他们更多的黄金和钱币，让他们为自己的行为感到羞愧。汉文帝"专务以德化民，是以海内殷富，兴于礼义"（《史记·孝文本纪》）。这个故事听起来像是虚构的。毫无疑问，当时的许多人都这样认为。冷酷无情往往与执法人员联系在一起。一位著名的汉代官员的传记中记载，他年幼时是如何通过严刑拷打从一只偷肉的老鼠口中取得供词，并在处决这只可怜的啮齿动物之前写出了证词！好官既要道德高尚，又要遵纪守法。在汉代，被推荐进入高层的公职工作人员的必备条件就是"孝"和"廉"。

那么，总的来说，无论法律条文多么精细，执行得多么严格，鲜有中国思想家认为法律能够取代好的风俗习惯所可能带来的效果。依法行事，只是触及了良好的社会应该有的样子的表面。要想超越它，还必须按照社会灌输的道德标准使行为符合礼仪规范。法律的目的是防止不法行为，因而其作用是消极的。相比之下，教育、礼仪和习俗则是积极地鼓励良好的行为。不伤害你的邻居不等于善待他。法律可以用来处死不孝顺、不诚实的人，但却不能把人变成孔子或他的弟子曾子那样的孝道典范。没有法律就不可能有好的政府，但没有具备正义感的执政者也不能令人信服地执行法律。《淮南子》总结道，国家之所以能够存在，不是因为有法律，而是因为有圣人、礼仪专家和其他贤人：

> 所以贵圣人者，非贵随罪而鉴刑也，贵其知乱之所
> 由起也。若不修其风俗，而纵之淫辟，乃随之以刑，绳
> 之以法，虽残贼天下，弗能禁也。(《淮南子·泰族训》)

但是，法律、圣贤和礼仪专家只能做这么多了。他们可以很强大，也可以很有说服力，但他们比不上另外两种监察人类行为和人类社会的权威力量——祖先和神灵。

第六章

CHAPTER 6

神灵与祖先

想一下你的曾祖父。你对他的了解可能模糊而间接。你的父母和祖父母对他充满敬畏，他们忙着照顾他，让他安度晚年，全家人都顺着他的心愿。在家庭团聚的时候，年长的亲眷们谈论着家人们是怎样讨曾祖父开心的。他们忙里忙外，确保曾祖父穿得暖和吃得好。父亲告诉你，这样的尊重和关怀是他应得的，因为曾祖父辛苦了大半辈子，他不辞辛劳地养家、支付子女的教育费用、帮助亲戚。你还能看到那张摆在厨房角落里的小祭桌。桌上散发着紫檀的香味。这就是父母和来访的叔叔阿姨在牌位前烧香的地方。牌位上写着曾祖父的名字、出生日期（用中国传统的记日法，你可能看不懂）以及他的祖籍。牌位上还有一个红色的墨点仿佛在盯着你看（或许是你在盯着它看）。

再想想小时候，清明节扫墓的时候，你常常用眼角的余光偷看父母和叔叔阿姨。你模仿着他们的一举一动，好让自己在墓碑前的祷祝恰到好处：上半身稍微前倾，颔首，双手捧香，然后上下来回轻轻摇动，再稍微向前。有时在睡梦中，你还能闻到熏香的气息，山上的坟地宛如缥缈而神秘的仙境。你看见人们烧着一摞纸钱和纸衣服，再烧一辆纸糊的微型小轿车和一个纸制打火机（曾祖父一辈子嗜烟）。你用"初生牛犊不怕虎"的炯炯目光盯着放在墓碑前和墓碑上的红色托盘。那里面摆满了水果、蛋糕和饮料（有的甚至还有罐装啤酒和猪蹄）。有一年，你咬了一口盘里的蛋糕，却发现没有味道。你会想这样的问题：如果我偷拿一个橙子，会发生什么呢？会不会把逝者吵醒？他们会不会因为我偷了他们的供品而生气，于是让我生病？你又想起了家里挂在门边的那本黄历，上面写着：如果你在丙日或丁日生病，那是你已故爷爷的魂灵在缠着你。

在你成长、学习、工作，以及处理日常事务时，曾祖父都一直守护在你的身旁：当你对父母无礼的时候，他会让你早上起来头痛；当你在网上浏览那些不该浏览的网页时，他会神奇地中断你的 Wi-Fi 连接；当你不愿意帮上了年纪的母亲买东西时，他就会派蜗牛和粉虱把你种在园子里的蓝绿色卷心菜一点一点啃掉；当你要结婚时，要向家里祭坛上的祖宗牌位祈祷，求他保佑；当你学习懈怠、考试失利或未能得到升迁时，他会悄悄地拍拍你的肩膀对你说："祖先们都在看着你——给我们带来荣誉吧！"那张毕业证不只属于你，它属于整个家族，也是先祖的荣耀。于是，你更加努力地学习，焚膏继晷、夜以继日，以至于你的导师忧心忡忡地说："这只是一个学位而已，别太拼了！"

有时，你仿佛听得到、感觉得到曾祖父就在你身边，你试着想象他就在你的房间里。为了让他高兴，你在他的牌位前放上供品。吃饭的时候，你在祭桌上摆上一勺饭或一碗粥；炖菜的时候，他能得到最精华的部分。逝者的魂灵可千万不能饿着肚子。正如孔子所说："祭如在，祭神如神在。"（《论语·八佾》）所以，哪怕这意味着要用白酒、白兰地或米酒让曾祖父的灵魂时不时地喝上一两杯，你也总是要让他高兴。这样他就会保持距离，你就不会惹怒他，否则没人可以救你。你要好好锻炼身体，保持健康，照顾好父母给你的身体。等到你也变成了祭坛上的牌位时，你也会期待你的孩子们、孙子孙女们、曾孙子曾孙女们，像你照顾曾祖父的灵魂一样尊重你记住你。如果需要的话，你也会用自己的方式提醒他们这样做——就像魂灵们通常所做的那样。

祖先

孔子从未讨论过魂灵是否存在，而这是其他传统中的神学家和哲学家最关心的一个问题。对孔子来说，美好的生活是在今生的有序社会中找到的，而不在来世："子不语怪力乱神。"（《论语·述而》）孔子认为，比起对鬼神做理论思考，

更重要的是与之相处，不要为那些没有实际答案的问题分心
（在这里，孔子是神学家的反面：他从来没有发表关于神的理
论）。当他的学生子路向他追问这个问题时，他回答说："未
能事人，焉能事鬼?"（《论语·先进》）子路又问他关于死亡
的问题，孔子答道："未知生，焉知死?"（《论语·先进》）。
孔子认为没有必要对存在更高的神灵力量进行理论证明。但
是他承认，人类必须安抚任何可能存在的鬼神，不让他们靠
近，（"敬鬼神而远之"）避免他们造成任何伤害（《论语·雍
也》）。这种所谓的人文主义受到伏尔泰和莱布尼茨等欧洲启
蒙哲学家的青睐。他们在中国看到了一个公民社会的典范，
即一个只靠道德理性而不受上帝干预的公民社会。德国社会
学家韦伯（1864 年—1920 年）认为："儒家……没有想从罪
中或人的堕落中获得解救，儒家并没有罪或堕落的概念。儒
家或许只想从粗鲁无礼的野蛮社会行为中获得解救。对儒家
来说，只有违背孝道这一基本的社会责任才算'罪'。"

他们不明白的是，尽管孔子在《论语》里所说的回避神
灵的言论广为人知，但古代中国处处都是神灵。并不是每个
人都像孔子那样对鬼神世界的运作方式缄口不言。例如，墨
子对鬼神的立场，就没有那么多的回避。他认为鬼神是有智
慧的，能给人带来好的或坏的运气，给行善的人带来福气，
给行为不端的人带来霉运。墨家对神灵世界的态度是纯粹的
实用主义：供奉祭品并不能改变天道，但由于神灵的行为完

全是可以预测的，你投入什么就能得到什么。这意味着需要以"投桃报李"的交换方式来献祭。天和神灵都不是反复无常的，他们会按照一个明确的道义算法来行事。《墨子·明鬼下》整篇都在讨论神灵是否存在，以及神灵是否能够赏贤罚暴。墨子提出了三个证据：鬼神存在是因为古往今来在不同的地方都有见证鬼神的记载；因为古代的圣人相信鬼神存在；因为鬼神是社会道德运行的必要条件——当人们知道有神灵在监视着他们时，他们的行为自然会更好。然而，墨子也为质疑鬼神的存在留下了空间，认为即使鬼神不存在，让人们聚集在一起祭祀对社会也是有益的（《墨子·明鬼下》）。墨家将鬼神视为天国无所不知的线人和媒介。"否则，何必在意礼教呢？"他们向儒家的礼法专家提出了挑战："执无鬼而学祭礼，是犹无客而学客礼也，是犹无鱼而为鱼罟也。"（《墨子·公孟》）

然而，孔子和他的追随者不能被归为不可知论者或无神论者，他们当然也有宗教意识。20世纪70年代，哲学家芬格莱特（Herbert Fingarette）写了一本书《孔子：即凡而圣》，他提出，对孔子来说，祭祀活动本身就代表着"神圣"的时刻。儒家思想的核心是祖先的灵魂。与祖先保持联系，被视为一种超越死亡的虔诚孝道。与亚伯拉罕宗教不同的是，在中国古代，亡灵不是与生者的世界隔绝而对后人的行为毫无反应的遥远的或超脱凡俗的实体。中国的亡灵很少有自己的生活，他们通过一条超越死亡的脐带与生者保持着联系。作家兼哲学家林语堂（1895年—1976年）就曾颇具洞察力地写道："最引我注意的就是希腊人使他们的神看起来像人，而基督徒却要使人看起来像神。奥林匹斯山众神的确快活、好色、会恋爱、会说谎、会吵架、也会背弃誓言，还性急易怒。"中国人祖先的灵魂并不住在遥远的山峰上，一边享受着美酒佳肴一边嬉戏玩闹。他们来世的福利是没有保障的。在中国的大部分宗教中，家族形成了历史学家贺凯（Charles O. Hucker）所说的那种"无限期延续的合作团体"。祖先需要通过生者的祈祷、祭祀和纪念来得以滋养与维持。荀子指出："礼者养也。"（《荀子·礼论》）另一篇文献也将祭祀定义为"致馈养之道"（《大戴礼记·盛德》）。

祭奠亡灵是中国大部分宗教活动的核心，至今仍是中国社会宗教结构的一部分。哀悼、缅怀祖先是一套精心编排的程序。丧期的长短和丧服都是由当事人与死者的亲属关系决定的（礼教典籍中规定了五种不同程度的哀悼）。即使是哀号的形式也是根据亲属关系网中的位置来决定的：近亲要哭"若往而不反"，较远的亲属可以"哭三而止"（三曲而偯）。

《礼记》规定哀悼者必须分阶段斋戒。有一种说法，哀悼者的斋戒为期三天，水米不进，之后才能逐渐进食稀饭，再往后才能恢复吃固体食物。主丧者在一段时间内只能吃粗米喝水，服丧满一年之后能吃水果和蔬菜，而肉类的摄入则要再推迟一年（《礼记·丧大记》）。因此，死者的后人经历了一个周期性的过程，允许他们先经历一个吃素的阶段，此后逐步恢复到全面饮食。随着他们逐渐与死者拉开距离，他们又重新进入了生者的世界，享受一切色彩、味道和感觉。

沮丧和痛苦必须在身体上表现出来，尤其是当你是死者的近亲时。"夫悲哀在中，故形变于外也，痛疾在心，故口不甘味，身不安美也。"（《礼记·问丧》）。不过，在这个严格的制度中，也有一些例外。丧事期间，病弱者可以吃肉、饮酒，高龄也可成为免去仪式的理由。祭典中甚至还包括了一些关于斋戒时得身体卫生的规定，以治疗疲惫或预防疾病：身体上的溃疡和头部的伤口应清洗干净，须防止让自己虚弱以至于生病。这些准则不太可能完全被采纳，它们可能更像种植指南或食谱说明一样，部分被遵循，其余部分而根据个人情况调整。

逝者的来世又是怎样的呢？亡灵的世界——在众多的称呼中，"黄泉"最广为人知——以及坟墓，都与阴暗模糊有关。根据五行的方位象征（寒冷阴暗属于水——参见第二章），死者要向北而葬。既与北方有关又有长寿之意的龟，在中国的墓地中是常见的符号，通常以石柱基座或龟背形状的墓穴形式出现。死往往被形容为漂流或沉沦于神秘而永久的黑暗之中。一些文人和方士认为人有双重灵魂：一是死后归天的"魂"（属阳），二是留在坟墓里的"魄"（属阴）。这些灵魂必须要有它们所寄托的事物来召唤他们回来，免得他们挨饿生气，所谓"鬼有所归，乃不为厉"（《左传·赵公七年》）。《仪礼》中记载了一种仪式，即由灵媒穿上死者的衣服，爬上死者的房顶招魂，就好像想要在魂魄再次游离之前让它回归尸身，使其复活。在《楚辞》中，有两首与诗人屈原（公元前4世纪）及其弟子相关联的诗都描述了这一招魂的过程。在一首诗中，灵魂被警告，一旦离开身体，游荡到了世上遥远的角落就会遇到可怕的危险，于是招魂者用咒语呼唤道："魂兮归来！何远为些。"接下来，人们就用美味的祭祀食物来吸引灵魂归来（要征服亡魂，首先要征服它的胃）。

室家遂宗，食多方些。

稻粢穱麦，挐黄粱些。

大苦咸酸，辛甘行些。

肥牛之腱，臑若芳些。

和酸若苦，陈吴羹些。

腼鳖炮羔，有柘浆些。

鹄酸臇凫，煎鸿鸧些。（《楚辞·招魂》）

看到这样的美味佳肴，亡魂怎么可能不希望再回来呢？然而，在现实中只有贵族和礼学家对灵魂的命运进行了理论研究。人类拥有一个会飞向天堂的智性灵魂和一个负责身体运行的动物性灵魂（如果受到鼓励的话就会留在身体里）——这样的想法不过是一种理论。有证据表明，在现实生活中人们对灵魂及其死后的旅程有不同的看法。在民间信仰中，两个灵魂都可能被召唤到阴间，拘于坟墓中。同样，如蒿里山、梁甫山、西北的不周山等传说中的山，也为灵魂提供了安息之所。部分古老的停尸仪式在今天的道教和其他宗教的仪式中保留了下来：在巫师或萨满护法的引导下，逝去的灵魂从坟墓中去往更广阔的亡灵世界；守护坟墓的祈求文书被送到阴间登记死者姓名的冥官手中。中国人把死亡看作一段旅程，而先祖亡灵旅程的每个阶段都需要后人的仪式、祈祷和献祭。最著名的汉代艺术品之一（出土于湖南马王堆，可追溯至公元前168年）是一面棺材旌幡，上面描绘了灵魂被护送进入阴间的场景。

正如孟子所言，在长辈在世时对他们孝顺是一回事，但要保持这种亲密关系并在几代人之间维系它，无论在感情上还是在物质上都要难得多。"养生者不足以当大事，惟送死可以当大事。"（《孟子·离娄下》）要确保祖先不断地给我们护佑和祝福就需要不断地祭祀。汉代皇帝的谥号之所以都带有"孝"字，就是因为他们不断地祭祀其刘氏祖宗。

丧期结束后，后人恢复到按季节和年岁定期纪念死者。荀子指出，哀悼要按次序进行，让死者和哀者都经历一个逐渐分离的过程。"丧礼之凡，变而饰，动而远，久而平。"（《荀子·礼论》）祭祀亡灵的仪式就像一个滑轮，把活人暂时从平凡的生活节奏中拉拽出来，然后再慢慢地放回原处。死者们也是按时间的先后顺序排列的。祭坛上的祭品和墓穴内的墓葬物品（也被称为"明器"）在死者的阴间之旅刚开始时，暂时地照亮他们，拉开了他们与活着的子孙的距离。就像墙壁上的影子，随着聚光灯离他们越来越远，他们的影子也越来越小，越来越暗淡，逝者也越来越远。汉学家白瑞旭（K. E. Brashier）提出了"结构性失忆"这一术语来描述在追忆过程中发生的事情。隔了几代之后或亲属关系较远，祖先就会被允许淡忘，祭祀活动可以悬置或减少次数。在家族的神龛或宗庙中按固定顺序排列的牌位是亡灵的象征，亡灵有一定的祭祀期。特别是对于那些有权势的祖先（如帝王）来说，对祖先的祭拜其实更是选择性遗忘，而不是唤起对祖先的记忆。以汉代为例，只有最近四代的帝王和王朝的创建者在宗祠里接受供奉。

　　重要的是，祖先崇拜不仅仅是关于死者的，它还支撑着生者的社会图景、生者之间的关系以及他们对彼此的要求。妻子、儿子、孙子和曾孙都在为已故父亲举行的仪式中承担着各自的责任，在外界眼中，他们之间的关系在此过程中被（再次）确认了。祖先崇拜的范围跨越了几代人扩展到整个家族或宗族。后人的尊严是以他们对先人的关怀程度来衡量的。

生前的亲属关系在死后得到了延续，和今天的情况一样，纪念也是一种政治活动，尤其当它涉及谁能得到被永久纪念的特权时。能够声称有着共同的祖先就强化了家庭之间的亲属关系。可以追溯到的共同祖先越远，家族就越庞大。

到了东汉，社会上的知识分子开始通过在石碑上篆刻文雅的碑文来将其祖先的财产和功绩公之于众。石碑被立在地面上，上面还刻着立碑者的名字，以便让众人看到。这是另一种宣扬社会性不朽的方式。有很多石碑已经矗立了几个世纪，至今仍屹立不倒。有些石碑即使已经被丢弃在杂草丛生的坟场废墟中，也很可能会由远方来的亲戚或当地的古文物学家拓印一份碑文的副本，供后人瞻仰。

搜索神灵

在人们用来与神灵世界建立联系的方法中，上至国家、下至地方，上至天子、下至庶民，献祭是中国古代社会各阶层宗教活动的基石。关于为什么要把食物和物品献给无形的力量这个问题，学者已经写了很多文章来探讨。祭物被解释为礼物文化的一个组成部分：我的献祭物赋予我对其接受者的控制能力。学者们强调了圣餐对于在人类与神灵世界之间建立联系的重要性：通过与神灵分享食物（并参加供奉后的宴席），人们可以安抚或邀请神灵。两位法国学者休伯特

（Henri Hubert，1872 年—1927 年）和毛斯（Marcel Mauss，1872 年—1950 年）在 1899 年写了一篇很有影响力的文章。他们提出，食用或销毁祭品的目的和效果是为了在神圣和世俗这两个原本没有连接点的不同世界之间建立起联系。这些理论都没有论及中国（主要援引的是古希腊罗马、《圣经》和吠陀传统中的例子），但它们都围绕着一个在世界上大多数宗教中都出现的基本问题：人类世界和神灵世界之间是否存在连续性——这两个世界是完全分开的吗，还是在分开的同时保持接触？关于祭祀的一个操作性定义或许可以是这样：祭祀通过一个祭牲或祭物做媒介，与神灵世界的力量进行沟通，因此同时改变了献祭者和接受祭物的神灵。但是，理论我们就先说到这里，问题是，我们该如何想象一种祭祀文化呢？

如同所有的节日和仪式一样，提供祭牲的义务也要求人们依礼定期打断经济生活和农业生活的节奏。就国家而言，一年的祭祀活动从春季的正月开始。这是天子举行仪式，祈求五谷丰登的时节。在大臣的陪同下，皇帝在被划为"藉田"的一块土地上亲自扶犁耕作，就像今天的政治家在建筑工地上铲开第一块草皮，为体育比赛剪彩或打响发令枪一样。对于应该供奉什么东西，什么时候供奉都有一些标准。例如，雌性动物不能用作祭品，因为它们对种群的繁衍至关重要；可以不用活的牲口，而使用玉石、兽皮或丝绸等珍贵物品来替代。

暮春时节，妇女们会生产用于制作祭祀长袍的丝绸。官员们挑选出用于祭祀的小牛，并将其编号记下来。初夏，会征收谷物税和丝绸税用于祭祀。据历史学家班固（公元 1 世纪）估计，在公元前 4 世纪，一个普通的五口之家，全年用于祭祀的费用相当于一个家庭成员一年食物花费的一半以上。据《礼记》记载，古人为了制作精美的纺织品而在河边建起桑园和蚕房，妇女们在河边洗蚕卵、采摘桑叶、晒干桑叶喂蚕（《礼记·祭义》）。仲夏时节热闹非凡：人们对祭祀用的乐器进行调音、修理；人们向山峦、溪流、泉水祈求祷告；统治者每年都要举行祭祀活动，祈求风调雨顺、五谷丰登。到了夏末，朝廷会在各地征收干草和饲料，用来喂养国家祭祀和祭祖所需的牲畜。同时，他们还要检查用来制作祭祀时穿的长袍和悬挂的旗帜的染好了色的精美绸缎。

秋季要进行一年一度的祭牲检查。官府的屠夫和祭司来回巡视，检查祭牲是否完好无损。他们测量祭品的大小和体型，掂量它们是肥是瘦，并检查饲料。他们还检查祭牲皮毛的颜色（比如，有斑点的皮毛可能会让神灵不悦），并注意观察牛角：短小洁净的牛角，被称为"蠒栗"的初生小牛角是最宝贵的。患病或受伤的动物不得用于祭祀。然后是修缮粮仓。从"藉田"中收获的用于祭祀神灵的谷物储存在国家的"神仓"中。一位明君得像一个井井有条的农夫一样，尽可能地囤积祭祀用的粮物，以防消耗殆尽。

到了冬季，人们搜罗木材作为祭祀用的燃料和编制祭祀用具（篮子和托盘）的原料。某些木材（桑树、柏树、桃树）被认为在祭祀中有特别的效力。木材也用于制作棺椁，供负担得起体面葬礼的人使用。在国家层面，祭祀系统运行良好。在很多时候，很多地方，宗教都与物质世界联系紧密。田园用围栏封起来以保证补给，未经批准的祭祀活动、偷盗和非法买卖祭祀品的行为将会受到法律严惩。秦律中有一条规定是："公祠未缺，盗其具，当赀以下耐为隶臣。"（《睡虎地秦墓竹简·法律答问》）

官员们东奔西走，每个人都是维持祭祀系统这一巨大机器上的一个小齿轮。他们为指定的祭祀活动和诸如招待宾客、宴请亲友和葬礼等仪式提供物品。《周礼》提到了负责提供芳香芦苇和香草的官吏，香木和香草用于包装祭品并过滤祭祀用的酒；此外，《周礼》还列举了负责保管肉品、监酒和酿酒的官员——腊人、酒正和酒人。同时还有负责采冰保存食物的凌人，以及饲养牲畜以供不同祭祀仪式使用的官员，包括负责培育牲畜的牧人、放养牲畜的牛人、养肥它们的充人以及看管牲畜的囿人。此外还有负责搜集祭祀用柴的委人、安排祈雨用物资的稻人、掌管山神河神祭祀的山虞。甚至还有专门提供用于涂白祭器的蛤灰的官员，叫作掌蜃……这样的例子还有很多。

死亡在中国古代是一种产业。精英阶层对墓葬用品（如陶制俑人）的需求，引发了城市、主要墓区、公共坟场、其他祭祀场所等附近的市场和作坊的生产活动。秦国的都城附近出现了一些作坊和工厂，生产大量的奢侈品和殡葬用品供皇陵使用。在汉代都城长安西北角的集市遗址发掘出了一个墓葬工艺品作坊及其窑炉的遗迹，一次可烧制八千多件小陶俑（所谓"明器"）。制作礼器和礼具的精确度要求很高，工匠们会对成品实施严格的测量和质量控制；有的器皿上刻有制造者的名字作为商标。在理想情况下，祭祀用具的寿命是有限的并且不会回收使用；破旧或损坏的祭祀用具会破坏仪式感；磨损或撕破了的袍服必须烧掉；破旧的圣器必须掩埋；用过的龟壳、蓍草等占卜之物也必须掩埋。祭祀结束后不应留下任何物质痕迹，这样就没有人会对祭祀物品不敬了（《礼记·曲礼》）。

为了满足宗教仪轨而产生的花销可能给家庭造成沉重的经济负担。这还不仅仅是花费的问题。有些人抱怨说，引诱人们成为所谓的礼仪或宗教专家让他们偏离了正常的经济活动。东汉思想家王符（90年—165年）特别指出这些职业对妇女的不利影响。他在《潜夫论》中谴责，出售宗教服务能迅速获利的特性吸引了很多妇女，使她们偏离了主业：妇人"起学巫祝，鼓舞事神，以欺诬细民，荧惑百姓妻女。羸弱疾病之家，怀忧愤愤，皆易恐惧，至使奔走便时，去离正宅"（《潜夫论·浮侈》）。当祭祀的义务削减了劳动力（如墨子所说），人们开始质疑有组织的祭祀能够带来的所谓的好处。一位汉代评论家言曰："丧祭无度，伤生之蠹也。"（《盐铁论·散不足》）。

在祭祀神灵和祖先时，一方面要看起来体面，另一方面又要避免过度浪费，二者之间的紧张关系困扰着中国许多早期思想家：到底要用多少钱才能买到祖先的庇佑？靠着后人的祭祀来延续香火的祖先们为了报答这供奉的恩情，一般都会赐福。然而，这种关系并不总是对等的。有时，需要说服祖先来帮助或保佑活着的人（例如发生天灾，或需要对付仇人时），他们可能很难被取悦。心怀不满的祖先们有多种方式向祈求者表达他们的不满：他们可能会让人得病、托梦，或导致婴儿天生畸形。尽管礼仪法典规定了大量的细节和规则，但是祭品和预期的回报之间的关系还是笼罩在不确定的阴影中。所以，到底要怎样才算是让亡灵不致饥渴？我们是否应该期待用一只猪耳朵和一小杯酒就能换取大丰收？就像活人一样，亡灵也是反复无常的，如果人们只是把祭祀当成一种经济交换的话，亡灵们可不太容易受骗。

事实上，比实际供奉的物品更重要的是祭祀者的道德操守。心意才是最重要的——不仅仅是举行一次祭祀活动，更重要的是在这一过程中付出的心意。古语有言："黍稷非馨，明德惟馨。"（《尚书·君臣》）所以，一个繁荣昌盛的国家中，统治者的德行就如同祭献给亡灵世界的一缕馨香。反之，一个政治腐败、行将灭亡的国家的供奉将无法抵达亡灵世界；即使抵达了，亡灵们也可能会把祭品吐出来。同样，在新年祭祀时把偷来的粮食祭献给祖先，祈求他们保佑来年兴旺，却在一年余下的时间里铺张浪费，也是白费力气。想要与亡灵交流，一个人要有端正的心态或合规的仪式。

祭仪采用多种媒介，旨在通过音乐、礼仪、舞蹈和献祭等活动的组合使消失已久的亡灵暂时重现。祭祀的场地、大厅或祭坛成了一个象征的和精神的领域。在这里，人们试图吸引神灵，希望他们能够来吃喝供奉的祭品，无论是生的还是熟的肉、血，和蔬菜。一旦开始寻找神灵，就会多次向他们发出宣告，而且每次都是在不同的地方或朝着不同的方向。仪式很可能会在寺庙外重复多次，献祭的人一直在猜度："于彼乎？于此乎？"（《礼记·礼器》）死者在世的后人成为祖先神灵的代理人，被称为"尸""祖先的模仿者"或"死者的代表"。他模仿着被祭祀的灵魂的行为举止（你可以代曾祖父抽根烟！），他吃祭肉喝祭酒，代表灵魂行走说话，并在祭祀后的宴会上和在世的宗族成员干杯。当祖先的代理人象征性地品尝过酒后，参加祭祀的人就按照地位的高低依次食用剩下的酒菜。

祭祀的种类有很多，选择祭品的原则也有很多。例如在亡灵上路前先用狗来祭祀，因为狗与进出家户领域的门槛有着密切联系。一般来说，亡灵都喜欢像心肝肺这样气血旺盛的器官。有时，阴阳和五行相生的逻辑也会被纳入考量，因此，狗肉要在与金对应的时间享用，而祭牲的肺要在宇宙之气最旺盛的夏季供奉。在古汉语中有大量的词汇用于描述屠杀祭牲（烧、沉、劈、砍、磔等）。人们用特定的词汇来描述祭牲的颜色、数量和大小，以及宰杀所用的器具。仪式的音乐、礼仪和现场的协调管理共同创造了一种语言，将司仪和他的助手与无形的亡灵世界联系起来。

中国人的魂灵以气为食。我们人类居住在有形色气味的世界里，而魂灵却和圣贤一样，存在于更高的层次。他们提炼出隐藏在祭品中的能量或气——即从食物和酒水中蒸发出来的东西。刚去世的人可能还能品尝到某种特定食物的味道（如果烤鸡是曾祖父最爱吃的菜，那我们就可以通过供奉这道菜来接近他）。然而，比起有形的食物，远古的祖先和遥远的灵魂其实更喜欢具体食物之上虚无飘渺的成分，因为他们存在于一个超越了味觉、听觉和色彩的世界，他们对一切生活世界的事物不再有感官上的记忆。因此，献给遥远的神灵最有效的祭品就是寡淡无味的食物，例如生的或未加工过的肉或生水。酒通常被视为能够渗透进神灵世界的有效工具。然而，《诗经》中所说的"神具醉止"（《诗经·楚茨》）对于参与者来说，可能是一件很冒险的事。《酒诰》（《尚书》中保存的十二篇周王演说之一）提醒我们，商朝末期那些醉酒放荡的帝王没有分清适度饮酒和酗酒的区别，而上天总会惩罚那些终日沉溺于酒精的人。美德在于节制，一个人应该只在举行祭祀的时候才喝酒。在这里，我们可能听到了中国历史上第一个将世俗饮酒与祭祀饮酒区分开的叙事，而世俗饮酒是遭到谴责的。喝基督的血最好只喝圣杯里那一小口，同样，中国古人也明白，仪式中为了敬虔而饮酒和纯粹为了取乐而饮酒之间存在张力。

如果宗教被定义为一种掌控不确定性的艺术，那么中国人的祖先崇拜和祭祀仪式可以说是在不削减宗教经验的价值的前提下，个体让自己免于因"神灵是否存在"这个问题无法得到妥善回答而失望的最佳方式。它们表明了人们如何通过仪式在这个未知的世界中找到慰藉和安全感。中国人避免争论神灵是否存在、灵魂在死后是否继续存活、来世是可期还是可怕等本体论问题，以便将不确定性转化为一种心理安慰。"如果死者泉下有知，他们会或者不会怎样做"，这是一个在祭祀典籍中反复出现的说法。假使生者需要安抚或回应这些来自无形世界的信号，那么，这也是他们应该准备好面对的情景。然而，中国的宗教实践并不像教条那样充满确定性，毋宁说它是关于如何处理一切的"如果"。人们假定，只有当意外发生时，神灵才会出现在生者的世界里。正如和谐社会中的每一个成员都各司其职，亡魂们也理应坚守自己的地界，与活人严格地保持着距离。一旦坟墓被封死，他们就应该保持隐蔽。然而，当社会的道德轴承出现裂痕时，祖先的鬼魂就会介入人世事务，并且发出信号。这就是为什么对前人的敬畏之心让生者不由自主地去反思：我们做得对不对？做得够不够好？我们对那些离开的人够不够孝顺？得知自己父母的坟墓在一场大雨中倒塌，孔子泪流满面（《礼记·檀弓》）。知道祖先仍是这个家的一部分，这给我们宽慰，而关于我们有没有恰当地敬奉他们的不确定性又带来焦虑，两相结合，就使得先祖们冥冥之中的注视如此强而有力。

能够求助于祖先（也就是自己世系中的亡灵），并视无形力量运作的不确定性为常态，这样做的一个副作用就是承认没有一种信仰或仪式崇拜的形式能解决一切。在古老的中国宗教中，即使是通过机构组织或由国家赞助的宗教，实用主义的意识也往往会盖过教义。通向开悟和个人救赎的路有很多条。可以说，祖先崇拜使人们从对唯一的、至高无上的神的需求中解脱出来。曾祖父的在天之灵很可能注视着你，但他并不指望非同宗同源的人也一样对他有着不容置疑的忠诚："神不歆非类，民不祀非族。"（《左传·僖公十年》）用孔子的话说："非其鬼而祭之，谄也。"（《论语·为政》）

这种对世系的强调，可能也使得中国的不同的宗教传统普遍有更多的回旋余地，从而彼此之间能够和睦共存，或者至少不需要非得牺牲或排斥对方才能巩固自己。诚然，中国也曾有过因宗教信仰或实践的不同而引发的叛乱和危机。但是，在中国的历史上由宗教引发的长期战争确实相对较少，而且也没有与其他国家发生过重大的宗教冲突。中国基本上没有产生过类似于中世纪欧洲十字军东征或宗教改革所产生的暴力宗派主义。或许，为了一个万能的造物主翻脸，比不认自己的祖宗来得容易。

为君的神灵，为民的神灵

统治者需要祭祀和崇拜来使自己的主权正当化。天子作为人与神灵世界之间象征性的纽带，需要神灵定期的认证和支持来维持他唯一的、至高无上的君主地位。除了崇拜自己的祖先，一个自称统领着"普天之下"的君主还必须以官方崇拜的形式主持对众神的崇拜，这些神是超越祖先神灵的自然和宇宙之力。周王把天作为最高的力量来崇拜，天把统治权交给有贤德的人。在中国统一为帝国之前的几百年间，各地区也崇拜与土地有关的神灵。这些先秦时期的地域性神灵（又称"帝"）——各自管辖一个方向（东、西、北、南、中）。在汉代，这些神灵直到公元前1世纪末都是国家崇拜的主要对象。这五位神被称为"五方神"，同时也是颜色之神，因为每个方位都与一种颜色相关联（青色代表东方，白色代表西方，黑色代表北方，红色代表南方，黄色代表中央）。汉武帝时引入了太一和后土，它们分别是天神和地神。到了公元前1世纪末，（起初是地方性的）五方神崇拜被代表普遍力量的天神崇拜所取代：每年在京郊的环形台上都会举行祭祀活动。直到清朝末年，中国的皇帝都把祭天作为首要任务。今天北京的天坛建筑群就是这一传统最突出的建筑遗迹。

山东泰山是中国古代最神圣的山峰之一，也是帝王举行登临和祭天仪式的地方。几个世纪以来，历代帝王，尤其是当他们对自己的权威充满自信时，都会不惜耗费巨大的财力物力，在一大群官员的陪同下前往泰山祭祀。天子先是在山脚下献祭，然后或攀登或被抬到山顶。在山顶上，他单独与上天面对面交流。他将在那里向天庭的至高掌权者致敬并留下一篇书面汇报。公元前219年，秦始皇在泰山举行了祭天仪式。一个世纪后，汉武帝也举行了两次。山峰被大量的象征笼罩，这是物理意义上最接近天庭的地点，也是有形世界与无形世界相接的边缘。山是神仙的居住地，被当作神灵来崇拜，它们体现了一种永恒的理念；刻在岩石上并着色的文字是不可磨灭的信息，既给神灵看，也给后人看。

在国家的官方宗教之外，下层社会的宗教生活并没有那么隆重（注意，早期帝国中，90%以上的人都生活在世俗的核心家庭中，远离受教育的贵族家庭那个被精心呵护的世界）。然而，在宗教实践方面，下层阶级和贵族阶级有许多共同的元素（例如，各种类型的祈祷和占卜）。反过来，贵族们也并不总是拘泥于礼法典籍规定的高级文化，他们对当地民众中的占卜、驱魔、治病等其他日常的宗教活动也有涉猎。

受过教育的地方官吏、行政官员和地主贵族往往会请巫师（道士和灵媒）来为他们的社群祈求或安抚鬼神。虽然文人和朝廷官员偶尔会对这些非宗教或地方性的宗教活动进行贬低，但中国古代"民间"宗教和"官方"宗教之间的斗争并不在于教义，而更多的是围绕人口控制、资源利用或防控宗派活动而展开——简而言之，就是宗教背后的政治。

中国早期宗教实践中的许多元素是永恒的，它们作为宇宙观和对神灵世界拟人化认知的混合体一直延续到今天。道士或巫师等形态的代理人或中间人是很常见的，而确保神灵护佑或驱邪的主要方法包括祈祷仪式、献祭和请求回报等。除祖先的神灵外，人们还向自然界的神灵和家庭以外的守护神祈求。黄历（称为"日书"）、祈祷记录和丧葬文献都显示，人们相信通过与亡灵世界直接或间接的接触就可以获得个人救赎。就像今天的占星历一样，这类标准的公式化文本的吸引力在于，它们如参考手册，读者可以通过简单查阅来确定吉日或凶日，而不必等待宗教专家的指示。

黄历运作的原则是：神灵世界大体上是可以预测的（"如果你在甲日翻土，你将会有一个好的收成；但如果你在乙日翻土，就不会有任何收获"）。它们所包含的理论推理很少，只是告诉使用者该做什么。例如，在上一章中提及的法律文书的出土地还发现了两本黄历，其中一本包含了关于如何防止恶魔入侵的说明。它教使用者如何辨认恶灵并且应对它们。

在这里，我们发现了一个与儒家典籍中的优雅礼仪相去甚远的世界，就像这个例子所说明的那样："大神，其所不可过也，善害人，以犬矢为完（丸），操以过之，见其神以投之，不害人矣。"（《睡虎地秦墓竹简·日书》）显然，在儒家经典和大师圣哲的世界之外，中国古代还有一个充满活力的玄学思想和巫神信仰的传统，对于那些乐于探究自然运作并操纵它所隐藏的精神力量的巫师们来说，这是属于他们的天地。

人们为了各种目的向神灵请教和祈求：治疗病痛，促成婚配，确保五谷丰登、风调雨顺、牲畜丰产或余生平安，缓解难产，帮助兴建工程，确定出行、犁地或洗头的最佳时机等等。神灵无处不在：炉子、井、粮仓、墙壁、江河湖海、山川树木、星辰或其他天体都是神灵的居所。有时，神灵世界具有官僚的属性，它们的行为就像官员一样，这或许是中国民间宗教的一个持久的特点。中国的官僚主义渗透进了宗教想象。例如，人们认为命运掌控者监督着亡灵的登记册，通过祈求他，人们可以增加自己被分配的寿数。现实世界的行政文件被应用到宗教设定中，祈祷的咒语模仿官方语言中使用的敬语格式。与神灵世界的交涉模仿了行政和司法程序，人们与亡灵的关系也反映了现实生活中个体与其上级之间的关系。在墓葬中发现了几类行政式文书，大多是东汉时期的。这些文书包括保证安葬用地的契约、保障死者来世地位和财富能够延续而向土地宣布的正式文书，以及丧葬物品的详细目录等。保护坟墓的令状放在坟墓里是为了保护生者不受阴间的管理，并赦免死者生前的任何过错。有些人似乎把他们与神灵世界的关系看作一种契约义务。在这种契约中，人们欠了神灵对他们施恩的债。考古学家们复原了一份与亡灵世界签订的书面契约，生者和亡灵双方各执一份（即香港中文大学所藏的东汉"序宁简"）。虽然没有足够的证据表明古人把与亡灵世界的交涉看作一种商业交易，但很明显，官僚程序式的实用主义与虔诚的感情是并存的。

　　每一次新出土文献、文物的发现都在刷新我们对日常宗教如何供奉诸神的整体认识。最高的神祇有很多个名字：大帝、高帝、天帝、天君、黄帝、天神。到了汉代，出现了一位住在北斗七星上的天神，在那里他管理着夭折者和自杀者的鬼魂。一般说来，至高的神是人间事务的审判者，在一群听命于他的神灵随从的簇拥下扮演着最高君主的角色。这些随从包括天帝使和司命。有些神灵与天庭有关，因此人们不断地研究历法和天文知识来帮助预测这些天神的行动，其中就有北极星神"太一"。其他自然界的神灵还有河伯、风伯、雨师、雷公等。神农和后稷掌管着农业，在《诗经》中掌管农田的社神则有烧荒和降雨的能力；先蚕是丝织业的守护神。仿照人类世界里的官阶制度，人们给一些山峰封以官职；山神控制着成云致雨这一类的自然现象。

　　神灵也住在人们的家中。门、径、井、过道、灶、扫帚、尘筐、杵、臼都需要供奉祭品。其中五位家神被指定供人膜拜，称为"五祀"。对动物神灵的崇拜留下的记载不多。不过，动物死后会化作复仇的妖怪或邪灵来惩罚人类的过错。《周礼》甚至提到一名官员受命摧毁不祥之鸟的巢穴。有一位重要的神灵是社神即土地之神（所谓社稷）。在周代，社坛（还有祭祀谷神的稷坛）是需要献上血祭的场所，其功能主要是通过获得土地的权利来使政治权力正当化。到了汉代，社坛开始出现在各个阶层，从大户人家到小村落都有社坛。它们成为家庭或地方祭祀的集中场所。社神可以与其他神灵共享祭坛。随着时间的推移，他像其他许多神灵那样，成了一位神灵官僚（土地爷）。乡村的饮酒聚会和为社神举行的祭祀宴会成为地方崇拜活动的一部分。

崇拜者使用各种技术来寻求、利用或安抚神力。用龟甲和蓍草占卜与占星术并行不悖。其他方式包括吟唱咒语、运用身体姿势，以及符咒、诅咒和护身符（往往是被认为具有神力的物品）。

有一种仪式舞蹈被称为禹步（禹即传说中治理洪水的神灵）。人们认为灵媒或巫师所讲的咒语具有神奇的力量，而这种力量来自他们所呼出的气息。在气候炎热而有利于萨满活动的南方地区，人们会用吐痰、吐口水和气息法术来驱鬼。驱除恶鬼或邪灵常用的方法是打或刺。驱魔时，伴有击鼓、诅咒、披头散发、挖开泥土去抓鬼或使用灰烬等做法；还有另外的招数是模仿恶魔的动作（交感巫术的一种），或在鬼灵影响所及的方向发射用诸如桑木、枣木、桃木等具有保护力量的木头所做的箭。据记载，也会使用粪便、尿液，以及自然界的白色物质，如白石或白沙。

上面提到的幽灵、鬼怪、星宿和自然神灵组成了一个迷人的虚构世界，它在诸子百家的著作中鲜有提及。正如孔子所言，不要试图解释这一切——只需应对它就可以了。然而，不管令人愉快与否，在中国古代的日常生活中，鬼怪、恶魔和其心意捉摸不透的祖先都占有很大的比重。鬼故事成为中国文学的一个重要题材，至今仍在小说中和银幕上流行。除了某些墨家哲人，哲学大师普遍对那些相信自己能预测、计算或操纵天道和自然运作的人持怀疑态度。其中最著名的是荀子。《荀子·天论》对以下观点提出质疑：自然界中的怪胎应该被视为上天的警告。荀子的天没有伦理冲动，不受人的意志支配。上天产生的资源和产品供人类支配，但如何来处理它们，则完全由人类自己探索。在荀子看来，自然（天和地）和人是分工明确的，没有圣人或暴君能够让天背离它固定的轨道："天不为人之恶寒也辍冬，地不为人之恶辽远也辍广。"（《荀子·天论》）当某些看似奇怪或不祥的事情发生时，它之所以奇怪或不祥其实是因为我们不理解它们只是自然界的一个正常部分："怪之，可也。而畏之，非也。"（《荀子·天论》）不论你表演或是不表演一场祈雨舞，天总是会下雨（或依旧干旱）。

否认人事与天道之间的因果关系，这大体上是一个哲学的立场。然而，它充其量不过只相当于沙漠中的一声呐喊。我们在下一章将看到，人类和自然彼此之间有着深深的羁绊，这在中国古代是无可争议的共识。自然反映人类的行为，人类的行为也会影响自然——即使对某些人来说，上天的反应似乎是不可预知、不可理解的。那么，回归到宗教生活，接受这种相互关联性就成了常态而不是例外，其目的不在于为超出人类正常感知的无形的神灵力量找寻证据，而在于决定要在什么时候将来自神灵世界的信号解释为有意义的征兆并且遵行它们的指令。过度的、非正统的或神秘的狂热崇拜很少受到意识形态或神学领域的谴责。这在东汉时期的王充（约27年—约100年）、王符和应劭（约140—204年）等批评家的著作中都有明显的体现。他们既是当时宗教信仰和风俗的敏锐观察者，同时也回过头来反思那些关于自孔子（及孔子之前）以来人们处理超尘世事务的记载和故事。一方面，他们斥责许多习俗是迷信的甚至是庸俗的。另一方面，他们又认为确实存在神灵世界，或至少对其未加置疑。对有组织的宗教的批评更多地是针对崇拜神灵所带来的社会后果而不是神灵本身。王充的《论衡》多雄辩之语，其中说道："作偶人以侍尸柩，多藏食物以歆精魂。积浸流至，或破家尽业，以充死棺。"（《论衡·薄葬》）

死亡与不朽

有很多办法可以"死而不亡"(《道德经·三十三章》)。汉代哲学家徐干(171 年—218 年)认为,一个人只要在有生之年行仁义,他就可以获得不朽(《中论·夭寿》)。虽然在生理层面上死了,但在社会层面上却作为祖先(名义上或声誉上)活着——不过,只有活着的后人还纪念并尊崇你,你才算是得到了不朽。对于中国古代的一些统治者和贵族来说,只有社会意义上的永生是不够的。在战国时期的资料中,出现了一位拥有长生不死力量的女性神仙,被称为"西王母"(见图 6.1)。《庄子》中写道:"莫知其始,莫知其终。"(《庄子·大宗师》)相传,西王母居住在西天昆仑山上,掌管着宇宙的运行。那些有幸遇见她的人便可以得到永生。在当时的文学作品中常常能看到对这种一厢情愿的旅程和邂逅的描述。在汉代墓葬的壁画中,她时而骑着龙或虎,时而坐在宇宙之树或巨柱上,头戴王冠("胜"),被一群充满象征的动物簇拥着:一只兔子在研钵中捣着长生不老的草药,一只蟾蜍在月亮里,一只三足乌在太阳里,还有一只九尾狐(九是吉祥的数字)。公元前 3 世纪,人们因干旱而自发兴起了对王母的崇拜和祭祀活动。但王母最主要的出现场景还是作为殡葬艺术中的圣像。在那里,她的身边有时会有半人半蛇的伏羲和女娲。在神话中,他们是上古时代为宇宙赋予秩序,让世界脱

图 6.1 西王母。线条画；山东沂南东汉墓。

离混沌的一对神仙眷侣。

中国人想象世界的东方也与长生不死的天堂有着密切的联系。在山东半岛近海的某处海域，出现了东方之岛蓬莱。在难得的晴天里登上泰山之巅，想象着往东三百多公里远的海岸线上，有翼的生灵在云层中嬉戏；或者，跟随秦始皇来到烟台附近的芝罘岛向神仙发出邀约。神仙长着翅膀，分食蜜枣和玉屑；餐风饮露而不吃五谷杂粮；种植灵芝和仙桃，坐着龙凤拉的车辇徜徉在宇宙之间。秦始皇建造了高楼，又在宫殿之间建造悬空的步道，以便接近仙人的世界。有一次，他命令一支远征船队，带着几千名童男童女出发去寻找长生不老药。结果是：孩子们都被淹死了，而他自己还没到五十岁就死了。

秦始皇供养着一群术士教他炼丹和长生之术。讽刺的是，很可能正是他吃的有毒性的朱砂药丸（一种水银）最终毒死了他。除了炼金术（内丹与外丹），还有其他据称可以令人长生的办法，比如佩戴或吞咽玉石。一些汉代皇室成员的尸体被包裹在用金线连缀着成百上千块方形玉石制成的衣服里（见图 6.2）。尸体上的孔洞（即所谓的"九窍"：耳、眼、口、鼻孔、生殖器和肛门）都用玉塞住，因为人们认为这样就可以防止生命力或元气外泄。只有那些生前不会遭受食物短缺之苦的人才得享死后在口中放玉的待遇。在中亚地区有一些尸体防腐活动的迹象，然而在中国并没发现有明显的防腐传统，只发掘出少量的木乃伊。

一些人可能曾使用设计得像云雾缭绕的山峰一样的香炉来使人产生幻觉，从而暂时进入仙界（或者说，只是吸毒吸高了）。还有一些人尝试了长寿食谱和各种饮食疗法，配合以瑜伽和某些性爱实践以保证长寿。汉代医学典籍中有"养生之道""绝食而食气之法"等，它提供了一些强身健体的药方和锻炼方法来避免疾病。据司马迁记载，汉初有一位退休的丞相："老，口中无齿，食乳，女子为乳母。妻妾以百

图 6.2 南越王赵眜（卒于公元前 122 年）的丝缕玉衣。

数，尝孕者不复幸。苍年百有馀岁而卒。"（《史记·张丞相列传》）还有一些人对这种生理上进行长寿实验的文化持悲观态度（毕竟它有时反而导致早亡）。在任何时候、任何地方，药物都可能使人丧命，下面这个故事便以暗讽的方式指出了这一点：

> 有献不死之药于荆王者，谒者操之以入。中射之士问曰："可食乎？"曰："可。"因夺而食之。王大怒，使人杀中射之士。中射之士使人说王曰："臣问谒者，曰'可食'，臣故食之，是臣无罪，而罪在谒者也。且客献

不死之药，臣食之而王杀臣，是死药也，是客欺王也。
夫杀无罪之臣，而明人之欺王也，不如释臣。"王乃不
杀。(《韩非子·说林上》)

对于那些寄希望于化学、医学或神奇的长生不死之法的
人来说，这些寻求总是以失望而告终，通常是疾病甚至死
亡。然而，中国人对长生不死和超越肉身的追求还有一个更
超脱的层面。这里，他们的最高理想并不像有些人所说的那
样，是为了延长肉体的存在、长出翅膀或"羽化成仙"，而是
为了增强自己能够无灾无妄得享天年的能力。因此，他们不
惧死亡。要是我们一开始都没能活到自然的寿命，又谈何永
生呢？各家都强调，用养生之术来保存个人的自然天赋（我
们从上天那里得到的东西）完好无损（无论是在医学上还是
在其他方面），以及优化感官的官能。道家的典籍将圣人和基
于冥想练习的养生联系起来。《内业》（成书年代或在公元前
4世纪）是最古老的典籍之一，它提倡一种控制呼吸和身体
姿势并平衡饮食的养生方法："充摄之间，此谓和成，精之所
舍，而知之所生。"(《管子·内业》)有些学者从中看到了中
国最早的对神秘经验的描述之一：修行者通过引导和储存宇
宙的元气，即体内的精气与宇宙合而为一：

　　精存自生，其外安荣，内藏以为泉原，浩然和平，

以为气渊。渊之不涸，四体乃固；泉之不竭，九窍遂通。
乃能穷天地，被四海。(《管子·内业》)

道家十分关注生死之别。这个问题在《庄子》中得到了
哲学上最具魅力的论述。我们对相传为其作者的庄子（庄周，
公元前 4 世纪）的个人生活几乎一无所知。他是一位思想家
和修辞天才。《庄子》一书对儒家和其他同时代人的生死观
提出了极具挑衅性质的质疑。《庄子》（包括 33 篇）和大多数
早期的中国典籍一样是一部集成之作，即使不是出自多人之
手，也是几个人合作的产物。《庄子》的传世版本大约在公元
前 300 年左右出现。《庄子》通常分为内篇（第 1—7 篇）、外
篇（第 8—22 篇）和十杂篇（第 23—33 篇）。内七篇被认为
最能体现庄子本人的思想。《庄子》的众多英译者之一，梅维
恒（Victor Mair）将其描述为一部令人放松的"闲聊式"作
品。这个概括很好地抓住了文本在故事、寓言、轶事、散文
和诗性文本之间进行转换衔接的方式。

《庄子》的作者似乎对这件事迷惑不解：当时为什么有那
么多无助的人，就像现代的"新世纪人类"（New Agers）一
样，大费周章地实施复杂但无效的养生方法以徒劳地追求
永生：

吹呴呼吸，吐故纳新，熊经鸟申 [如体育]，为寿而

已矣；此道引之士，养形之人，彭祖 [一位传说中的不朽者] 寿考者之所好也。(《庄子·刻意》)

庄子告诉那些迷恋社会意义或生理意义上的长寿的人，如果他们接受一个简单的真相就会感到释然：生与死只是同一个转化过程的不同部分。换句话说，如果我们满足于按照"道"的规则活完我们的自然寿命，我们就已经达到了自身意义上的永生。如果我们接受自己每一天都在死去一点，那么我们就没有必要害怕死亡。死亡不过是推动宇宙永恒变化之循环中的另一个阶段，我们不必因为想到自己每一天离死亡更近一步而感到苦恼：

列子行食于道，从见百岁髑髅，攓蓬而指之曰："唯予与汝知而未尝死，未尝生也。予果养乎？予果欢乎？"(《庄子·至乐》)。

列子是一位道家，还有一部书以他的名字命名。意识到生死之间界限的相对性，我们就不再觉得有必要把全部精力投入到生之中去，仿佛生是旅程的唯一一个阶段。它能使我们不再无谓地执着于那些企图延长自然寿命的技术或可疑的教诲。死亡可能意味着我们作为个体存在的结束，但我们的能量永远不会消失。它只是回到了自然界，在自然界中继续存在，就像一滴雨水回到海洋中。一个人不能增加"道"，也不能减损"道"：

> 道无终始，物有死生，不恃其成。一虚一满，不位乎其形。年不可举，时不可止。消息盈虚，终则有始。（《庄子·秋水》）

注意这里的细微差别。最后一句不是说"始则有终"。如果我们不把这幅更广阔的图景记在心间，我们就只是像井底之蛙一样生活在一个幻象中，认为天地不过就是我们从安居之处的孔洞里所看到的那硬币大小的一方（《庄子·秋水》）。

庄子临终前反对弟子给他办一场奢华的葬礼，庄子说："吾以天地为棺椁，以日月为连璧，星辰为珠玑，万物为赍送。吾葬具岂不备邪？何以加此！"尸体躺在地上，野鸟会啄食，对此，他不以为意。庄子委婉地说道，对于死亡，所有的论断与偏见都应抛弃："在上为乌鸢食，在下为蝼蚁食。夺彼于此，何其偏也。"（《庄子·列御寇》）这一看法明显背离了人们想在死后延续自己的社会记忆的普遍渴望，也使得庄子给礼教打上了浪费时间和资源的标签。我们何必纠结于此呢？不同于希望能够在死后以祖先或某种能够掌管道德力量并施行审判的灵魂的形式保存身份同一性，庄子把死亡看作一种彻底的蜕变。庄子笔下的人物似乎丝毫不为肢体畸形或死后身体的变化而困扰："浸假而化予之左臂以为鸡，予因以求时夜；……浸假而化予之尻以为轮，以神为马，予因以乘之，岂更驾哉！"不要高估生命，也不必惧怕死亡，哪怕死亡有可能"以汝为鼠肝乎，以汝为虫臂乎"（《庄子·大宗师》）。

对庄子来说，死亡一定意味着不再是人。但生死之间的转变和白昼与黑夜、清醒与沉睡、光明与黑暗之间的转变并无区别。生与死不过是形态变化的过程，就像蚕羽化成飞蛾。真人，即庄子理想中的个体或圣人，接受了生与死两者本质上的关联，也接受了人类与自然之间的延续性。因此，他并没有因为未来将要面临的丧失而沮丧，而是以一种好奇的心态去面对死亡。庄子的妻子死后，惠子看到他蹲在地上一边敲盆一边歌唱。惠子问："与人居，长子，老身，死不哭亦足矣，又鼓盆而歌，不亦甚乎！"庄子回答说："不然。是其始死也，我独何能无概然！察其始而本无生，非徒无生也而本无形，非徒无形也而本无气。杂乎芒芴之间，变而有气，气变而有形，形变而有生，今又变而之死。是相与为春秋冬夏四时行也。"（《庄子·至乐》）

庄子的妻子的生命仍在延续，不是因为她被亲友们当作一位故人而通过各种仪式来纪念她，而是因为她正在经历那些影响着每个人、每件事物的变化阶段。如果我认为我的生命是好的，那么我一定会认为我的死亡也是好的。在一个著名的故事中，庄子与躺在路边的一具枯骨有一段对话，这段对话与上面提到的列子与骷髅的对话相似。庄子询问骷髅经历了什么，还枕着它睡着了。骷髅在庄子的梦中对他说，没有比死更大的快乐了，自己并不希望重生："死，无君于上，无臣于下；亦无四时之事，从然以天地为春秋，虽南面王乐，不能过也。"（《庄子·至乐》）所以，在真人看来，对死亡的恐惧其实是很自私的，因为它暴露了你对自己个体性的依恋，而庄子认为这种依恋是误入歧途的。当你失去一个朋友或近亲时，如果你把他视为你的朋友，并且只是你的朋友，那么你的痛失之感就会更深。因此，在庄子看来，儒家的宗族模式及其祖先崇拜会使人更难接受死亡，因为它培养了一种对少数人的特殊的情感纽带。但是，如果习俗要求在亲人离世的时候应该悲痛哀悼，那么，在这种世界里，我们很难真的做到带着喜悦的心情鼓盆而歌。

从这些故事可以看出，《庄子》通过充满机智、含蓄、震撼且惊喜的诸多趣闻轶事，涵括了作者对生死的看法。《道德经》则更加平静地刻画了生与死之间奇异的转换过程。然而，从本质上说它们的哲学取向是相似的：

> 天长，地久。天地之所以能长且久者，以其不自生也，故能长生。是以圣人后其身而身先，外其身而身存，非以其无私邪？故能成其私。（《道德经》第七章）

道家让我们平静地直面死亡的残酷现实，以及人类期盼长生不老（或者，至少活长一点）是徒劳的：满足于度过我们的自然寿命，并接受死亡只是我们持续变化中的一个阶段，这样就能驱散对死亡的焦虑。

在研究道家思想时，需要注意的是，道家是一个总括性的术语，涵盖了多个思想分支（儒家亦是如此）。《老》《庄》的道家哲学颇不同于作为宗教运动的道教。后者诞生于中世纪早期，经过几个世纪的发展，它演变成了一个制度化的宗教，有自己的神职人员、神殿、经书和仪式。今天，道教作为一种持续活跃的宗教继续被人们所信奉（现代的道教隐士居住在深山老林里）。吊诡的是，道教把肉身不死的承诺作为所有信徒得救的前景。汉学家葛瑞汉（Angus Graham）曾经尖锐地指出："这是思想史上的一个有趣的反讽：'Daoism'这个标签既适用于一种要求你在任何事情之前先与生死的自然循环、肉体的腐朽和人格的丧失达成和解的哲学，又适用于那些逆转生命自然进程以实现极不现实的永生愿望的、神奇的、宗教的、原始的举措。"

司马迁《史记》中的老子传记是一个信息大杂烩。它既纳入了《老子》的哲学，又为后来把老子当作道教神仙的神化传统提供了基础。司马迁坦然承认，他对老子生平的某些细节感到疑惑。老子有可能指的是一个叫老聃的人，他曾担任过周朝宫廷守藏室之史官。"老"就是年老的意思，不太可能是他的真姓。到了汉代,传言老子几乎活到了近两百岁的高龄。他的另外两个名字"耳"和"聃"(长耳)也暗示了他与长寿和智慧之间的关系。有些圣人就被描绘成长耳朵的形象。他把著述留给了把守函谷关的长官关尹之后就翻山向西而去。这是他最后一次出现在世人面前,从此杳无音信。

关于老子的一个著名的轶事(在道家和儒家著作中都有出现)涉及他与孔子的传奇会面。虽然有学者怀疑老子生活的年代比孔子早,但其实并没有任何确切的历史事实依据。到了汉代,这个故事广为流传并出现了新的版本,山东省的

图6.3 孔子见老子。山东省武梁祠拓片;公元2世纪。

墓葬壁画上也出现了这一幕（见图 6.3）。"当孔子遇见老子"也成为后世绘画中的一个主题。与人们对他们各自的哲学思想的预期相反，《礼记》中老子对孔子的指导竟然是关于……丧礼的（《礼记·曾子问》）。在司马迁版本的关于这次会面的叙述中，老子当面批评孔子的学说。老子的智慧让孔子无言以对，末了他评价说："至于龙吾不能知，其乘风云而上天。吾今日见老子，其犹龙邪！"（《史记·老子韩非列传》）

关于人物和文化英雄的叙事会随着时代的变化而变化，而通过一个在思想上被视为你的对手的人之口来传递信息是一种强而有力的修辞工具。我们可能永远不会知道，孔子是否曾考虑过只是安静地坐着，或者放弃礼仪和祭祖的僵化程序；我们也无法确定，最早的道家思想家是否只是些在哲学层面上与孔子持不同意见的创造性思想家。毕竟，尽管道教拒绝血祭，但复杂的仪式和教条的行为也已经成为其最核心的特征。然而，可以肯定的是，在如何触及神灵或成神的问题上，以及如何长寿，甚至可能超越死亡的问题上，中国古代有两个主要的传统：一个是尽力去尝试，一个是尽力不去尝试。

孔子之后

到目前为止，本书中所阐释的儒家思想都源于古典时期，当时的儒家思想主要是以人本主义和世俗伦理教诲为中心的一套伦理学说。在当时的饱学之士和传统的眼光看来，儒家的"五经"是通向生活方方面面的钥匙：宇宙观、礼教风俗、人际关系、政务、历史、和谐。学习方式包括拜师学习和查阅经典。孔子似乎对没有外在引导而独自沉浸在思考之中持怀疑态度："吾尝终日不食，终夜不寝，以思，无益，不如学也。"（《论语·卫灵公》）对于有志出仕的官员和文人来说，五经之所以被尊为"经"，是因为它们提供了你需要知道的所有东西。司马迁总结道：

> 《易》著天地、阴阳、四时、五行，故长于变；《礼》经纪人伦，故长于行；《书》记先王之事，故长于政；《诗》记山川、溪谷、禽兽、草木、牝牡、雌雄，故长于风；《乐》乐所以立，故长于和；《春秋》辨是非，故长于治人。（《史记·太史公自序》）

如前所述，儒家（或"经典主义者"）的礼教和祖先崇拜显然具有宗教或精神的维度。然而，早期的儒家先贤很少有人对物质世界之外的领域和可能支配它的原则进行形而上学的思考。在下一章中，我们将了解哲学家——特别是到了汉代——如何试图解释自然运作及其与人类世界的关系，并将其作为更大的关联性图式的一部分。但在考虑儒家思想对中国人的自然观所产生的影响之前，我们应该先简单勾勒一下孔子之后的一千多年里影响了儒家学说的思想进展。虽然在古典时期形成的核心价值和观点仍然是儒家哲学的主体，但从孔子至今的这两千五百年中，这些思想以及相关文献的命运经历了种种转变。

　　儒家思想最有影响力的复兴发生在宋代（960年—1279年），它被称为理学或"新儒学"。理学新在何处？宽泛意义上的理学涵盖了从11世纪以来发展起来的儒家思想的几个分支。汉末之后，佛家和道家的玄思开始繁荣，历数百年。理学便是在此之后发展出来的。它的创始人及其思想继承人将其学说统称为"道学"。

　　自汉朝灭亡以来，佛教和道教的宇宙观已经深入到贵族和知识分子的思想中，也深入到广大民众的宗教生活中。佛教是在汉朝灭亡后的数百年政治分裂期内从印度传入中国的舶来品。道教的思辨哲学及其宗教的发展，既是对佛教思想和体系的反应，又离不开与它的对话。佛教关于有与无、虚空与无常、因果报应与轮回的理论，以及相信个人消灭自我、超越生命后就能觉悟（涅槃）的信念，为古典的中国想象力注入了强大的形而上维度。天堂和地狱有很多层。当地的鬼魂和神灵不得不被重新置于一个由新的神灵和鬼怪组成的万神殿中。时间的概念被拉长到难以想象的长度（称为劫或永世）。随着僧侣和僧团的出现，儒家面临着一个挑战，那就是修身并觉悟可以在家庭之外获得——"出家"是任何有志于佛教的信徒必须迈出的第一步。唐朝时期，诗人、散文家韩愈（768年—824年）已经提出了恢复儒家思想作为主导性观念的主张。最著名的是，他在一篇文章中尖锐批评了对佛陀指骨舍利的崇拜。文章开篇写道："臣某言，伏以佛者，夷狄之一法耳。"（韩愈：《论佛骨表》）

理学家延续了这种对佛教的拒斥，他们认为佛教削弱了儒家之正道。但是，与此同时，他们也吸收了一些佛教和道教的宇宙观和伦理学理论；此外，在试图援引儒家经典来解决佛教和道教提出的问题时，理学家用来阐述他们理论的语言比这些古代著作本身更抽象、更严密。这样做不仅是为了在学术辩论中取胜而重振儒家思想，同时也是为了从古典文献中找寻能够使儒家思想更有说服力的观点，作为佛教提供的自助理论和精神指导的替代性选择。这意味着将形而上学的维度引入儒家的道德美德中，并丰富其内涵，以作为宇宙中固有的抽象原则。（在他们看来）这也意味着反驳一些佛教和道教学派的错误主张：自我实现可以通过脱离群体和社会来达成的谬论。

周敦颐（1017年—1073年）、邵雍（1011年—1077年）等11世纪的思想家试图通过《易经》中的象数将世界的起源和宇宙的运行方式形象化。其他人如程颢（1032年—1085年）和程颐（1033年—1107年）兄弟则认为世界是由气构成的，但这种原初的、有形的"气"只有在作为本质或原则的"理"

的引导下，才能形成物。他们认为，"理"既描述了一个事物是什么，也描述了它应该是什么。它是不变的，并存在于一切真理和价值的背后（把它想象成事物的形式，没有了形式，任何事物都不可能显现出来）。马的理是人可以或应该骑它，人的理是人可以（也应该）施行仁义。有王道及王者之理。但是，即使暂时没有合适的人能够胜任王这个角色，王道仍然作为一个持久不变的理存在着，随时都可以被激活或落到实处。归根结底，理是一：将一切事物粘合在一起的力量可以多种方式表现出来，但它始终是同一个恒常不变的、善好的事物。

由不变的理引导诸多物质力量的组合，这样一种理解世界的尝试将儒家伦理引入了形而上学的领域。它使"人伦""礼乐"等观念可以作为普遍绝对的形态而存在，与个人或实际情况无关。因此，"人道"作为一种美德成了宇宙的立足点，即使没有具体的个人来实践，它依旧作为一种理而存在。张载（1020年—1077年）的《西铭》是最著名的理学文章之一，其中的一句话最能说明这种将孔子的人道主义美德与形而上学理论融合起来的做法："乾称父，坤称母；予兹藐焉，乃混然中处。故天地之塞，吾其体；天地之帅，吾其性。民，吾同胞；物，吾与也。"因此，对理学家而言，日常的家庭已经成为宇宙的家庭。人心和天地之心是一体的。

然而，这并不是说理学家把世界看成是一个仅由抽象的理或观念所构成的存在，仿佛柏拉图所说的洞穴中的影子。没有作为质料的气为之赋形，什么都不可能存在；狗的概念本身并不能成为狗。仁义礼智作为抽象的理本身是无用的，只有当它们体现于人的行动之中，才能获得具体的形态。而且，构成事物的气有不同的品质。作为理的"山"（mountainness）既可以表现为乱糟糟的土堆，也可以表现为雄伟山峰的险坡。你的气可能是不纯的，这时，除了勤勤恳恳工作、循序修身，没有别的办法可以保证你成为一个好人。

理学思想的集大成者是第四章提到过的宋代理学家朱熹（12世纪）。朱熹是中国思想史上仅次于孔子的最具影响力的儒家学者。他将之前理学家的哲学思想编纂为《近思录》（成书于1175年）。朱熹及其前辈学者都没有把"五经"放在首位。相反，他们认为孔子最纯正的思想始终贯穿于《论语》《大学》（第四章曾论及）《中庸》和《孟子》之中，是为"四书"。之后它们便被认为是儒家的奠基性典籍。由于这些典籍的重点是道德和人性的培养，因此它们在这个新经典主义的教育体系中被排在第一位，这种教育的最终目的旨在培养学生内在的道德感。朱熹对《四书》的注释由此成为科举考试的权威科目。从1313年起到1905年，中国每一个有志于仕途的人都要学习和背诵朱熹的《四书集注》。

理学家为自己制定的任务是找到古代文献中恒久的"真"义。他们将儒家的修身理想提升到了一个新的、准宗教的层面。追求道德完善的学子们孜孜不倦地研究万物背后的理。然而，这种"格物"和"致知"的关键，并不是对自然界进行经验观察（尽管作为获取第一手资料的方法，观察不应该被拒绝），而是钻研古书中圣人和先贤的话。理学家认为只有终生研读经典才能达到目的。因此，他们中的许多人受到那些著名的，已发展成学术中心的佛教寺院的启发，也组织了自己的学校和书院。在这些学校和书院中，他们进行学术辩论，并各自就经典的真义撰写论述。年轻人必须以士大夫为样板来接受教育，士大夫除了履行正直管理者的职责外，往往还参与诗歌、书法、艺术和文学研究等沉思类型的活动。理学家统治精英蔑视体力劳动和技术，因为他们认为这些是属于下层阶级的领域并且总是让人想起野蛮和好战的文化。这一倾向似乎是对人类身体的背离。

在朱熹看来，每个人的内心深处都潜伏着一个圣人或道德完美的人。因此，朱熹哲学的核心是那些博学、道德修养和内在品质超群的圣人。目的是要学会察觉万物的根本之理，从而对世界有更深层次的认识并能据此行事。然而，这种强调个人道德修养而不顾实用性知识技能的取向，在朱熹的时代就已经有了批评者。这一切对国家和百姓有什么好处呢？如果真理和知识都可以从先贤的书本中找到，那又何必打开书房的窗户向外看呢？当你需要修桥、筑坝治水、治理蝗灾的时候，背诵孔子的经文又有什么用呢？将不会数数的莎士比亚专家安排在国税局工作毫无意义。在后来的历史中，尤其是在 19 世纪末和 20 世纪初，要求中国实行现代化、摒弃旧的封建专制主义秩序的呼声越来越强烈的时候，朱熹这种排斥实践学习的态度便成为人们批判儒家思想的焦点。

随着 1911 年封建帝制的崩溃，在各种民族主义模式和现代化雄心的刺激之下，中国开始了长达一个世纪的社会和政治革新。中国对西方列强在此前一个世纪里的欺凌始终反应迟缓，而国民党和共产党的精英都将此归咎于传统文化。在 19 世纪中期的鸦片战争之后，儒家思想被视为一种学究式的消遣，一种使得国家僵化、无法适应现代化和（被强行拖进的）全球化挑战的意识形态。一些改革家，如晚清官员张之洞（1837 年—1909 年），对该如何现代化仍持保守的观点（"中学为体，西学为用"）。作家鲁迅（1881 年—1936 年）是当时中国最有成就的文学家，他在著名的短篇小说《狂人日记》（1918 年）中谴责了"吃人"的封建传统礼教。1919 年，面对西方和日本的侵略，学生、工人、作家和知识分子发起的"五四"运动宣称儒家思想是导致中国落后的罪魁祸首。他们认为，中国需要一种"新文化"，这种文化需要打倒孔子（用他们的话说，就是"孔家店"），为"德先生"和"赛先生"让路。对旧传统的盲目崇拜曾经让中国陷入瘫痪，现在它要让位于对未来雄心勃勃的关注。对中国往圣先贤的研究在很大程度上被局限在了大学校园里。20 世纪 30 年代，蒋介石（1887年—1975年）和国民党推动了一场短暂的"新生活运动"，其目的是为了重振儒家道德所倡导的美德，以反腐倡廉、净化人民的生活方式，从而达到强国强民的效果。但这一运动未能影响到大众。1966年，毛泽东发动"文化大革命"。孔子和他所代表的传统被谴责为反无产阶级的"四旧"（旧风俗、旧文化、旧习惯、旧思想）。1976年之后，这种被包装成阶级斗争的破坏性运动的势头才在邓小平（1904年—1997年）发起的经济和政治改革之后，让位于更加功利和实用的精神。20世纪80、90年代，在中国香港、韩国、新加坡和中国台湾（所谓的"亚洲四小龙"）出现了有关亚洲价值观的政治讨论，旨在推广儒家价值观对经济现代化和政治稳定的好处。当时它对中国大陆的影响仍然很小，中国大陆的经济增长尚未赶上邻近的国家和地区。然而，在整个20世纪中，几位著名的哲学家，如熊十力（1885年—1968年）、梁漱溟（1893年—1988年）、牟宗三（1909年—1995年）、唐君毅（1909—1978年）等人，在与佛教和西方哲学的对话中，为儒家伦理学的重要贡献进行了强有力的辩护。这些知识分子被称为当代"新儒学"的倡导者。

　　进入21世纪，中国领导层的语言发生了变化。"和谐社会"（第三章曾论及）成为公开认可的口号；官方发言、评论和社论也不时会有选择地引用《论语》和其他先贤的言论。这些都表明，孔子在今日中国舆论中的形象比较正面。在学术界，一些哲学家和政治学家拥护儒家思想并主张将其作为解决社会问题或加强加快社会结构现代化进程的良方。中国政府及其批评者似乎都将孔子当作了一个普遍价值的象征，一个可以输出到国外的品牌。自 2004 年以来，中国文化外交战略的很大一部分就是通过孔子学院完成的——以孔子的名字命名的、遍布世界各地的学院网络。

现在看来，社会上似乎出现了一股复兴儒家的浪潮，其参与者来自各行各业和各个社会阶层。虽然其中一些不过是政治辞令，但孔子似乎也已深入草根阶层的人们心中。国立学校、私立书院、寺庙和企业中，以儒家经典为主题的读书班如雨后春笋般涌现。新兴中产阶层的孩子在这些学校里学习如何阅读、记忆并背诵大段经典文本。出现了为成功人士开办的"国学班"，公司领导组织员工参加古文经典讲座（收费不菲）。孔子在其他方面也能为企业创造效益。出版商发行经典和古代大师作品的普及版本，包括卡通版和漫画版。一些作家、精通媒体发言的学者和记者通过公开讲座、电视、录音等方式，凭借"至圣先师"赚取丰厚的利润。其中一些解释者表现出来的庸俗和过于简单化的文化爱国主义引发了中国学术界和知识分子的批评。

复兴孔子并使之适应新环境的尝试在中国历史上源远流长。因此，很难评估今天这种现象究竟只是相对边缘的复兴运动，它表明人们真心期待以儒家思想为主的中国传统价值观回归，因而预示着未来更大规模的复兴，还是它的意义已经被中国社会中足够广泛的人群所认同。毕竟，孔子自己引以为豪的是传播发扬旧有的思想，而不是创造新的思想。然而，这一次的新鲜之处在于，儒家的复兴不再局限于知识分子、大学校园和哲学家专属的领域；它延伸到了普通人、工人、农民和活动家，他们中的许多人现在把乡村看作中华文明的实验场，因而也是儒家价值的摇篮。这在孔子的家乡曲阜以及孔庙等地举办的祭祀和宗教仪式的复兴上也有体现，包括由当地政界人士赞助，在大型体育场馆内举行的大规模庆典。但这些活动并不限于大规模的国家仪式，它们同样也在地区性社团中默默地存在着。人类学家毕游塞（Sébastien Billioud）和杜瑞乐（Joël Thoraval）通过十年来的大量实地考察和田野调查，将其描述为圣人与民众之间的相遇。

理学运动、当代新儒家以及如今出现的"孔子复兴"，其共同点是，在这样或那样的情况下，它们都自觉或不自觉地、理智上或情感上，称自己是一种"回归"——回到先人著述源头处的"核心"或纯正的价值观（即使人们有时无法确定或清晰地指出其源头，或者没有意识到他们的"新"思维究竟在多大程度上受到了当时潮流的影响）。无论是作为对外来的伦理或哲学（如佛教或西方的思想）的回应，或是作为一种弥补某个特定时空中道德标准下滑所造成的弊病和过度现象的补救品，很大一部分中国思想已经并将继续演变为与孔子的（虚拟）对话。

有多少种希望给宗教下定义的声音，就有多少种对宗教的定义。关于儒家的宗教性，中国的学者提出了针锋相对的看法，一种认为儒家完全是世俗的，一种认为儒家极为敬神。如果我们对宗教做最低限度的描述，将它视为一种将不可见的世界与可见的世界联系起来的尝试，那么很显然，探究灵魂范畴对古代中国人来说是非常重要的。就像今天一样，很多人也是"奉行"宗教而从未仔细思考过它。在祖先崇拜中，灵魂是在家族世系的框架中被构想出来的，或是真实的，或是捏造的；国家所渴望的来自精神力量的庇佑已经超过了祖先崇拜的范围；为了获得保佑，人们不断亲近自然界的鬼怪和神灵。有些宗教信仰受到儒家文人士大夫礼教传统的启发，也有一些信仰和实践并不需要经典作依据。尽管存在着学术上的争论和学理上的分歧，但是人们对精神世界所采取的态度却总是趋于兼收并蓄。采取以下策略对你很有好处：正统的东西，就是在特定时刻对你有用的东西。它允许你在上班时像儒家那样奋发进取，在下班后像道家那样悠然自得，在感觉到自己老了的时候则在佛祖面前思索轮回重生之事。

第七章
CHAPTER 7

自然的世界

自然界遵循物理和生物规律运行。这个道理不言而喻。不过，自然也是一种文化建构，人类对自然形成了自己的社会感知，而这种感知反映了人类对自身的认识。这一点在任何时间、任何地点，对任何文化都适用。许多动机可以塑造我们对自然的态度：我们可能希望了解它、命名它乃至命令、征服它，开发它的资源，汇集它的信息，保护它，维护它，或者与它和谐共处。我们可能希望重塑并操纵它，选择与它为友或惧怕它，把它看成一种仁慈的或敌对的力量，把它看成是坚韧的或脆弱的，美化它或贬低它。人们对人与自然的关系的理解以及把对自然界的观察转化为自己词汇的方式都各不相同，这一点也适用于不同的文化、社会和时代。

中国思想的一个共同特点是：对于多数中国哲学家来说，自然在很大程度上被忽视了，因为他们对解释人类社会的运作，特别是为政之道和社会关系更感兴趣。初看之下，中国思想家们除了在哲学或政治争论中会把自然当作一种比喻或隐喻，很少表现出对自然的兴趣。汉代经学家董仲舒（公元前2世纪）称，圣人谈论的是人类的美德，而对解释鸟兽的种类不屑一顾（《春秋繁露·重政》）。据说，董仲舒全然沉迷在书本的世界里，以至于不知道自己骑的是母马还是种马。中国的思想家很少把自然看成一个与人类事务相分离的领域，并由此通过客观的观察、描述和实验来认识自然。正如汉学家卜德（Derk Bodde）所说："人们把竹子看成'有德性的人'，把水的向下流动视为儒家之礼的榜样。这样看世界的人其兴趣不在于将竹子的生长或水的流动视为科学现象。或者说，即使他们有兴趣，也不可能懂得满足这种兴趣所需的方法论。"林语堂（1895年—1976年）打趣说，中国人没有发展出生物科学的传统，因为他们把可知之物的范围缩小到可吃之物，"中国人之所以不能发展植物学和动物学，是因为中国的学者不能冷静超然地观察一条鱼，一看到鱼便想到鱼在口中的滋味，因而想吃掉它。"要想让哲学家把竹子就看成竹子本身，需要的是什么呢？

有人说，在中国古代，对自然运行的理论兴趣被关注人类伦理和政治哲学的兴趣压倒了，这种说法当然是有道理的。毕竟，促使中国哲学家发展出各自理论的社会混乱和动荡是人类行为的结果。激发他们的，是人类在这个充满暴力的世界中的各种极端经历，而不是中国山水画中宁静的山峰和蜿蜒的溪流。马厩被焚，孔子询问是否有人受伤，但"不问马"

(《论语·乡党》)。我们究竟应该把这段话理解为孔子对动物的生命毫不关心，还是应该理解为他在危急时刻不关心自己的私人财产？不管怎么说，他那个时代以及之后的人并没有编写大量有关动物学和植物学的文献，好使他们能够研究植物的生长过程或动物的行为活动等课题。在这一点上，中国与希腊不同。从公元前6世纪的毕达哥拉斯，直到亚里士多德，对自然界的好奇启发着古希腊的思想家们写出了许多理论性和分析性的相关著作。

然而，只是因为中国人的观察很少采用专题的或基于实验的论述等形式，并且没有用类似于希腊和罗马人那样的语言（或按照西方自然史的惯例）进行讨论，就宣称古代中国人没有发展出一门"自然科学"，那就不免会低估了中国人在医学、药理学和天文学等诸多领域取得的成就。这就好比说，只有使用了放在茶碟上的茶杯才算喝茶，用碗的就不算喝茶；或者仅仅因为一个人没有用主流的语言说话、写作就判定他表达能力低下。现代观察者把他们对生物学的理解强加于中国古人的认识论，这也是不严谨的。

中国人对自然界的理解主要基于两个一般原则。第一，世间万物都是相互联系、相互关联、相互依存的，人类活动（以社会、政府、政治的形式）和自然界及宇宙相互影响。第二，故而解释自然界需要梳理和澄清这些关系与关联，而不是把它们的构成部分独立出来进行分析，仿佛这些构成部分是独立、纯粹的生物物理学世界中彼此分离的积木。相反，中国人没有将自然当作现实中独立于人类行为而运转的事物，而是将其整合到了人的范畴中。人与非人，或者政治与物理之间的界限往往是不严格的，并且受制于无处不在的、影响着宇宙中一切事物的变化法则和演变规律（第二章讨论过这种变化观）。当然，有些人持怀疑态度，并且试图切断沟通天道（自然）与地道（人类社会）的薄弱纽带。然而，汉代哲学家有选择地将战国时期哲学家的思想加以吸收并综合进自己的理论模型。到这时，那些想将人类世界与自然世界拆分开来的人不过就像是湍急的溪流表面打转的漩涡罢了。

身体和身体政治

我们与物理世界的第一个接触点是通过自己的身体。当身体出了问题时，我们往往最倾向于谈论并询问问题之所在。虽然记载不多，但在商代社会中人们显然已经开始尝试去了解疾病，并找到了一些处置身体压力或伤害的方法。在商代，人们认为，大多数疾病的症状都来自同一个源头，即名声狼藉的"祖先的诅咒"。祖先的亡灵会引起各种不适。例如甲骨文中就记载了一个王室成员牙痛以及腹部肿胀的案例。影响人类健康和福祉的，除了祖先的活动，自然界中其他潜在的危险力量如恶劣的风雪也需要抚慰。

关于生理和疾病成因的基础理论的发展则要等到周代。最早的医师是萨满或祭司。中医史家文树德（Paul Unschuld）解释说，在周代，盛行的疾病观是关于恶魔之作为的——相信人有可能被恶魔附体。为了避免这些引发疾病的鬼怪侵袭身体，祭司混合使用驱魔术、符咒、诅咒、药物和其他药物疗法。对疾病的理解与同时代的政治有着错综复杂的联系，"我们这个时代的病症"只能用我们这个时代的语言来解释。一个社会处于困局中，意味着人的身体也可能困顿不堪。在一个被军事暴力带来的恐惧和焦虑所支配的政治世界里，人们将疾病解释为幽灵般的病原体"攻击""打击"或"侵犯"身体的过程，而医生不得不对疾病进行"反攻"。汉字"医"最早的字形之一为"毉"，下半部为"巫"，上半部的左边为箭在容器中，右边则为兵器。在古代汉语中，动词"治"兼有"治愈"和"推行秩序"二义。所以，治病就好比治理一个国家并控制它的河流。那些可见的和不可见的病原体不再仅仅是祖先的灵魂，而且包括各种邪恶力量，它们存在于自然界、人类居所的黑暗角落、厨房的炉灶、厕所，或其他可见或不可见的地方。

从公元前4世纪起，尽管疯魔病的观念和巫术—宗教治疗的实践从未真正消失，但中医开始发展成为一门建立在更雄厚的理论基础上的学科。治疗的方法以所谓的"药方"形式传播开来，1973年在马王堆发现的《五十二病方》就是一个例子。这部手抄本中记载了大量病症的治疗方法，如皮肉之伤、烧伤、痉挛抽搐、咬伤、内肿胀、小便不畅、男女痔疮等。夏德安（Donald Harper）对药方做过大量研究，以下是夏德安翻译的几个治疗结痂瘙痒的方子："将黑公羊的粪便浸泡在婴儿的尿液中。放置一天。将这药涂抹在结痂之上……另外的方法：割开红蜥蜴的喉咙，把血涂抹在上面。"这部手稿描述了各种杂糅的治疗方法。除了诸如摄取混合物的成分这样的传统疗法，我们还发现了针对致病幽灵的咒语和符咒，或是射出附了魔法的箭。

在公元前4世纪至公元前1世纪的这段时期也出现了一些理论，认为身体机能由一系列（阴阳）经络所控制。血气运行于经络之中，而疾病则与某些经络中气的状态有关。在针对经络的针灸疗法发明之前，主要的治疗方法是烧灼（为了纠正气的流动，在经络上施以热力；使无损的皮肤隆起，引气上行；这可以通过在皮肤上烧干艾草末，即艾灸来实现）。随着时间的推移，用金属针头穿刺成为治疗经络的常用疗法，这种方法延续了以前用石针的老办法。

中国古人还探索了其他保持健康的方法。个人保健并改善身体活力的一种传统方法是通过饮食、运动和按摩以及调息——上一章中提到的希望长生不老的人也采用了这些疗法。马王堆出土的《导引图》保存完好，描绘了日常锻炼中采用的身体姿势的类型以及拉伸的体操动作（见图7.1）。在张家

图 7.1　复原的《导引图》。长沙马王堆三号墓（约公元前 168 年）。

山出土的《引书》（约公元前186年）也描绘了类似的锻炼。何不通过模仿兔子跑步、猴子下蹲或长臂猿走路的动作来开始新的一天呢？这会让你感觉舒畅。人的身体里充满了气这一观念一直延续到今天。比如，我们可以在气功的呼吸练习中找到它的踪影。

在中国古代，性生活被认为是保持身体健康的一种手段。尽管肯定有一些关于性爱体位和动作的描述，但是，中国最早的性学文本（"房中术"）并没有太多快感和情欲方面的内容。相反，重点是性爱的治疗作用，催生和刺激体内基本能量的流通，使其为身体所吸收、储存并保持（健康即快感）。关于用春药激发性欲的做法也有许多记录，它们通常旨在让男性贵族从性生活中受益。夏德安曾翻译过一篇题为《合阴阳》的手稿："昏者，男之精壮；早者，女之精积。吾精以养女精，前脉皆动，皮肤气血皆作，故能发闭通塞，中府受输而盈。"（《马王堆简帛·合阴阳》）不适时的性交会损害身体的气。总之，在中国古代，多种疾病观和治病观并存。许多不适与疾病被归咎于外在因素，但同时也形成了一种强烈的保健和预防疾病的意识（"治未病"）。

学识渊博的医生在书本知识的基础上进行实践。他们和哲学家一样，在宫廷中为众多统治者和权贵服务。《黄帝内经》是中国现存最古老的医学典籍，由四部分文本组成。它成书于公元前1世纪，由各种资料汇集而成，并且采用了黄帝与一些传说中的大臣对话的文体。《黄帝内经》提供了一种以"系统对应"为基础的医学理论，将人体和宇宙自然联系起来。如果你的系统与宇宙协调，你的身体就处于良好状态。一个健康的人能够保持身体及其器官自然和谐。人体的生理节律与月亮的盈亏相一致：月满会使身体饱满或充盈；月亏会使身体虚弱，容易受伤。后来人们把"风"理解为更加抽象的有害影响，并把它作为疾病的主要原因。内外部环境影响着器官的健康状况。病的诱因包括热、风、湿、寒、饮食过度或劳累过度带来的损伤。寒会凝结气在身体里的流动，热则反之；所以人体自身的影响和它从外部接收的影响需要保持平衡。阴阳五行学说是解释身体和五脏六腑工作机制的基本理论。五个主要的脏器心、脾、肺、肾、肝分别对应着火、土、金、水、木。针灸是调理身体经络内的气和治疗疾病的主要方法，其目的是确保和维持体内气血畅通无阻，避免堵塞凝滞。

想象一个在体内上下流动的通道网，从胸部到手部、从手部到头部、从足部到胸部、从头部到足部。中国人很早就把身体与大地、经络与河流联系在一起。血气通过这些经络通道流动着，这个经络网与五脏六腑（称为"藏""宅"）相互紧密地联系在一起。医生通过搭脉来诊断血气的流动。最早关于诊脉的详细记载见于汉代医生淳于意（公元前215—约公元前150年）的传记中，其中还包括二十五例医案（《史记·扁鹊仓公列传》）。人体的穴位都处于经络的特定位置上。这些穴位是外部接触点，医生可以通过按压（用手触摸，以不同程度的压力朝骨头的方向朝下压）来纠正气在经络内的流动，医生也可以在气盛的情况下采用针灸的方式将气从经络中排出，或者在气衰的情况下让更多的气进入体内。关于针灸的起源至今仍不清楚。在《黄帝内经》之前就有关于使用尖石和竹针或骨针的记载，而诸如切开放脓和放血这样的早期实践也可能激发了针灸疗法。但更详细的理论，我们就只能等到公元前 1 世纪以及《内经》的出现了。《内经》中提到了三百多个穴位。

在中医中，治疗首先意味着试图保持身体机能的平衡和身体不受损伤。开膛破肚地检查或改变某个器官形态的手术在早期的中医中从未出现。在战争的屠杀和刑法能够自由使用死刑的背景下，几乎不存在尸体短缺的现象，这本可以激发人们对解剖调查的兴趣。但是，中国古代几乎没有真正关于解剖尸体的记录。唯一的例外发生在公元 16 年，当时皇帝命令他的御医在屠夫的帮助下解剖一个叛军的尸体，让他们测量器官的长度并称量器官的重量，且"以竹筳导其脉，知所终始，云可以治病。"（《汉书·王莽传中》）。

医生的关注重点不在于利用解剖学的证据，而在于理解身体器官的各种功能、它们如何相互联系，以及通过类比，理解它们如何与整个宇宙联成整体。要了解身体，就需要在身体看得见的外部迹象（颜色和面容）以及看不见的内在运作（包括感觉和情绪）之间建立联系。下面这段与董仲舒相关的文字，就是身体与宇宙相互对应的一个经典例子。在这里，身体被描绘成一个微观世界：

> 人有三百六十节，偶天之数也；形体骨肉，偶地之厚也。上有耳目聪明，日月之象也；体有空窍进脉，川谷之象也；心有哀乐喜怒，神气之类也……此见人之绝于物而参天地。是故人之身，首颁而员，象天容也；发，象星辰也；耳目戾戾，象日月也；鼻口呼吸，象风气也；胸中达知，象神明也，腹胞实虚，象百物也。（《春秋繁露·人副天数》）

身体不仅是依造宇宙的形象塑造的，而且它的所有功能都和宇宙的运作相协调。没有宇宙，就没有身体。

中国人常以政治术语来描述这种看待人体的整体观，用国家及其系统的意象类比身体。身体像一个平稳运行的国家，而国家也像身体一样运作。气顺着经络流动，就像货物沿着河网运输。一些描述经络和脏器网络的医学术语，与描述灌溉和治水的语言相映成趣：经络理论论及水沟、沟渠和地下通道，以及疏通堵塞的问题；医学上和生理学上无穷无尽的、富有创造性的类比语言也被用来描述管理和治国之道。在一个将良好的治理阐释为一个遏制混乱、恢复平衡与和谐的过程的世界里，统治者就是其中的医生："夫治身与治国，一理之术也。"（《吕氏春秋·审分览》）

所以，人的躯体与政治体通常被拿来类比。臣子为上级服务，就像牙齿为舌头服务却从来不曾咬过它；君主是头，臣子是手和脚；如果一个人不能扩展自己的力量，就好比体内生命能量的循环过程受阻；人才和能力就好比国家的注射器和药剂；好的医生知道病人的病严重与否，而好的统治者知道什么举动会成功或失败；统治者消除国家中存在的不良因素，而医生切疗放脓；疾病是身体出状况，而混乱则是国家出状况；旱涝等灾害摧毁国家，而邪气击垮身体；如此等等。这种在政治修辞中使用医学意象的做法当然不是中国独有的（古罗马哲学家塞涅卡说："疾病不仅是身体的，而且是一个地方的"），但中国普遍存在的"关联思维"的倾向使政治与身体之间的类比特别突出。因此，中国古人不仅将自然地理投射到身体上，而且想象身体像社会世界和官僚世界一样运转，五脏六腑好比仓库，在体内游走的气好比巡视的官员。

中国最著名的传奇医生是扁鹊（中国的希波克拉底），在汉墓画像中，扁鹊人首鸟身，手持石针（见图7.2）。人们，尤其是中医史家对他的历史真实性的看法存在很大分歧。然而，纵使扁鹊的生平蒙着一层神秘的面纱，中国古代哲学大

图 7.2 扁鹊，传说中针灸的发明者。山东东汉墓画像残片拓片。

师和宫廷雄辩家们却热衷于在政治性对话中拉他出来说话。人体及研究人体的专家确实为道德评论和政治批评提供了完美的载体。下面就是一则这样的故事，它是以扁鹊这位医生兼政客为主角的众多故事中的一个：

> 医扁鹊见秦武王，武王示之病，扁鹊请除。左右曰："君之病，在耳之前，目之下，除之未必已也，将使耳不聪，目不明。"君以告扁鹊。扁鹊怒而投其石："君与知之者谋之，而与不知者败之，使此知秦国之政也，则君一举而亡国矣。"（《战国策·秦策二》）

动植物

马尔罗（André Malraux）在广受好评的小说《西方的诱惑》中虚构了两位年轻友人之间的往来书信，其中一位是法国青年，在 20 世纪 20 年代游历中国，而另一位则是同期在欧洲访问的中国青年。在一封信中，中国的那位通信者"凌"给他的欧洲友人写了这样一段话，来解释中国的艺术与美学原则：

> 对你们（欧洲人）而言，种类这一概念是相当抽象的，所以你们要分类，它是获得知识的手段。对我们（中国人）而言，种类与感知相连……当我说"猫"的时候，我的脑子里出现的并不是猫的形象，而是猫走路时特有的轻灵、柔和的动态。你们以外形来区别不同的种类，但这类区别的依据只适用于死物……。种类的概念……和风格一样，是不可以被准确定义的。但风格是可以获得的，而种类的概念则只能暗示。

观察自然时，马尔罗想象的"西方"思维是通过描述、分类及借助形式特征所做出的种类区分来理解自然。西方思维想要了解的是概述、轮廓、区别性特征（四足动物有四条腿，海豚是哺乳动物而不是鱼，西红柿是水果而不是蔬菜）。

图 7.3 一部早期汉语字典中的鸟类插图。郭璞（276 年—324 年）《尔雅音图》宋刻本。

与之相反，中国人观察动植物在意的往往是它们的运动和变化。艺术家的心灵总是与他们所要表现的自然形象相一致，而不会把它变成脱离自己的主观性而存在的对象。画中的形象成为手和笔的延伸。主体与客体融合；画家与猫融为一体。

在描述非人类动物时，生物学从来不是中国哲学大师的主要依据。当然，这并不意味着他们不去区分犬和龙，他们只是没有从生理学的角度对物种之间的差异进行长篇论理罢了。如第二章所示，当有关思想家将动物划分为五类（有鳞、有羽、赤裸、有毛和有甲）以对应五行的时候，他们的重点不是分析具体的动物，而是确保它们和物理世界中的所有事物一样，可以被分为五类。另外，当他们试图用阴阳学说来解释生物学时，他们的主要目的是将成对的功能属性进行比较和对比。例如，鸟类会飞翔，而哺乳动物会奔跑，所以它们属于主动的阳，冬眠的动物则属于被动的阴。自然，直接观察发挥了显著的作用（"蚕食而不饮，蝉饮而不食"）。但更重要的是阐明物种如何在整体世界里、在空间和时间上相互关联并发挥作用的能力（《淮南子·墬形训》："昼生者类父，夜生者似母"）。

是什么让动物成为动物？中国的思想家没有详细考察不同动物的生理学或胚胎学原理，而是抓住了一个问题，即如何将人类与其他有"血气"的生物区分开来。他们用各种论据，声称人与动物之间仅是程度上的区别而非种类上的区别，这种区别既基于生物学又基于道德（有些人比其他人更近于狗）。让我们先从孔子说起。有人批评他拒绝放弃社会，他感到沮丧，沉思道："鸟兽不可与同群，吾非斯人之徒与而谁与?"（《论语·微子》）孔子将自己与鸟兽区分开来，但这是在说他只与道德高尚的人交往。这意味着，人类行为和鸟兽行为之间的区别并不一定对应着人类和非人类动物之间的生物学区别。孟子对此有如下的说法："人之所以异于禽兽者几希，庶民去之，君子存之。"（《孟子·离娄下》）所以，人与动物是有区别的，但这种区别是脆弱的。只有道德高尚的人才不会做出动物般的行为。荀子进而论曰："然则人之所以为人者，非特以其二足而无毛也，以其有辨也。"（《荀子·非相》）人与动物的区别在于人的道德知觉和"明分"的能力。人类拥有（或应该拥有）是非观念："水火有气而无生，草木有生而无知，禽兽有知而无义，人有气、有生、有知，亦且有义，故最为天下贵也。"（《荀子·王制》）如第五章所言，后来，礼变成了一种工具，用来抑制人类本性中所谓的动物的一面。

　　古代中国人往往以道德语汇来框定和解释他们对自然的观察。乌鸦吐出食物以赡养父母是"尽孝"，不像"不孝"的杜鹃鸟，它把自己的蛋交给其他鸟类孵化；跪在地上吮吸母乳的羔羊也懂得这种礼仪。因为自然界是同一个道德宇宙的一部分，所以中国人认为人的行为与天道和自然之间有直接的关系。例如，他们在解释瘟疫和被野生动物攻击的现象时，遵循的是一种道德逻辑：动物之所以对人类进行掠夺性攻击，并不是因为它们生性邪恶，而是因为人类社会内部或人与自然之间的平衡被打破了。所以，老虎袭击人要归因于政府的疏忽，“咎在残吏，而劳勤张捕”（《后汉书·钟离宋寒列传》）。相比之下，当圣人统治人类社会的时候，他们的仁政会自发地把荒野变成一个没有危险的文明之地，“虎豹可尾，虺蛇可蹍”（《淮南子·本经训》）。在有德之人面前，黄蜂和蝎子是不会刺伤你家婴儿的。人的德行可以从道德上改造动物：它们会从森林里走出来，按着人类的音乐跳舞，服从人类的命令。有几个故事中描写的动物都有着与生俱来的仁爱恻隐之心。其中一个故事讲道，一个仆人放走了一只幼鹿，因为他无法忍受一直跟在他后面的母鹿那悲戚的哀鸣（《韩非子·说林上》）。如果人类社会和谐，那么自然界也会以和谐相回应。当统治者的美德“化及鸟兽”时，凤、龙、麒麟等吉祥的动物就会出现。

然而，干预自然界需要格外小心，切记“覆巢毁卵，则凤凰不至；刳兽食胎，则麒麟不来；干泽涸渔，则龟龙不往”（《吕氏春秋·应同》）。追逐动物的人必须是有道德的猎手，他们会在不透支自然资源的前提下经过深思熟虑再进行捕猎。商朝的开国君王因为发明了所谓“网开一面”的围猎方式而赢得了赞誉，这种包围的策略能使相当数量的猎物得到机会通过无人防守的一面逃走。好仁德的统治者从来不会围猎一整群羊或者猎杀一整群野兽。《礼记》规定，不合时令宰杀的牲畜不可在市场上出售，还规定天子不吃怀孕的动物也不用它们祭祀。

孔子——舍他其谁——有时被誉为原始的生态保护论者。据称，孔夫子钓鱼只用一根线而不使用渔网；他使用一支有弦的箭（用来收回并拉回他的捕获物，以免丢掉它），而从未瞄准过栖息的鸟类（《论语·述而》）。他赞美他的一个弟子将鱼苗放生的行为（《吕氏春秋·具备》），并说毫无缘由地杀掉一只动物，或不遵守时令砍一棵树，是一种"非孝"的行为（《礼记·祭义》）。孟子指出鱼塘不用细网，才能有更多的鱼与鳖供人们食用（《孟子·梁惠王上》）。如果人们都听从儒家的道德家的话，那么人类将生活在一个生态的黄金世界里。但是无论在中国的历史中还是在别国的历史中都没有人做到这一点。

中国的神兽是能够经历变化和变形的生物，或者说是不同物种的行为特征和生理特征结合起来的糅合体。它们与普通物种截然不同，就像道德高尚的人在人群中脱颖而出一样：它们从陆地进入海洋，从山川进入平原，从大地进入天堂，或者从遥远的地方进入中国文化圈。龙兼有许多物种的身体部位："欲上则凌于云气，欲下则入千深泉；变化无日，上下无时。"（《管子·水地》）麒麟有鹿的身体，牛的尾巴，头颅上有角。就连凤凰的身体结构也与儒家美德有关，毫不夸张地说，可以从它羽毛的纹路读出它的德行。神龟生于深渊，长于黄土，知天之道，明于上古；它是宇宙的缩影，圆顶形的龟壳像天，而方形的腹面像地。龟象征着永恒和长寿。相传，在长江里可以找到具有神力的乌龟。当地人认为啖龟可以滋补元气、延年益寿（《史记·龟策列传》）。

蚕能化为茧，这使它获得了一种特殊生物的地位。荀子甚至为此写了一首诗，用蚕的生命活动说明圣人如何应对不断变化的环境。蚕的幼虫在二十二天后化成蚕茧，圣人也是"屡化如神，功被天下，为万世文"；蚕食桑而吐丝，圣人也会化混沌为有序（《荀子·赋》）。

孔子有一条狗。考古学表明，早在商代或者更早的时候，狗就已经在日常生活中占有重要地位。据《礼记》记载，狗是用来狩猎、看守及……食用的（《礼记·少仪》）。狗属于所谓的"六畜"（马、牛、狗、猪、羊、鸡）。由于狗与人类的距离很近，所以它们的不良行为（或者是奇怪的行为）在当时的民间传说中是一个流行的主题：如果狗狗闯入不该进入的地方，或者开始直立行走，表现得像人类一样，抓住男人，与女人嬉戏，或走向火堆，这种时候要小心。在一个奇怪的故事中（公元前28年），两个"同居一室"的男人突然发现一个人形的幽灵，他们开始殴打这个幽灵，然后这个幽灵变成一只狗跑了出去（《汉书·五行志》）。人们斥责那些在动物身上花钱比在人身上花的还多的人，因为他们的宠物活得仿佛一个国王。晏子（晏婴，公元前547年—公元前489年）劝说他的主公不要为最喜欢的猎狗举行祭祀。于是他主公的想法来了个一百八十度大转弯，他让人把狗煮熟了请大臣们食用（《晏子春秋·内篇谏下》）。孟子斥责梁惠王说："狗彘食人食而不知检。"（《孟子·梁惠王上》）这怎么可能呢？

翻译中国古代文献中有关植物和动物的技术性文献仍然是一项困难的工作。19世纪早期的几位汉学家曾以研究博物学作为消遣。他们对破译语言感兴趣，同时也对发掘中国自然珍宝的信息感兴趣。许多动植物的名字都有地区性的起源，而且往往同一物种有几个不同的名字。例如，在东方的齐国，有一种说法称蝙蝠为"仙鼠"（神仙都有翅膀而且能飞，就像蝙蝠侠一样）。此外，中国学者对自然界的解释往往不是基于个人的直接观察，而是基于他们可以从古代文献中找到的信息。因此，我们会期望生物学家用第一人称来直接解释他观察到的现象，但实际上看到的却是一个谨遵文本的学者试图将一种植物或动物的外观与经典著作中的某个记录联系起来。

在所有的经典中，孔子认为《诗经》包含了最丰富的动植物名称（《论语·阳货》）。但是，孔子推荐一本诗歌集子作为参考文献，实质上也表明了：他对动植物的兴趣主要在于它们所充任的意象或文学隐喻。椒类植物代表激情的热度；鸳鸯代表恋人；鱼代表生育、富足和婚姻幸福；鸠占鹊巢、相互缠绕的攀援植物代表复杂的关系。熟悉经典中动植物的目的是为了解读动植物背后蕴含的道德意义：这是关于道德的自我修养，而不是研究自然本身。当然，这并不意味着没有人观察或者尝试对周围的动物、岩石和植物进行分类。另外，一个形象要想有力量，就必须能够被人分享和理解。如果你没有见过春天的桃树，你如何能懂得爱慕者赞美你像桃花一样灿烂是什么意思？

《禹贡》（《尚书》中的一章）描述传奇的大禹将已知的土地划分成九州，它对每个地区的土壤、山川和河流进行了评价，列出了一些药草、农作物和树木。另一个关于植物及其生长的土壤类型更详细的记载保存在《管子·地员》，其中最早的部分可以追溯到公元前3世纪。该篇描述了五种类型的冲积土地或灌溉土地及其植被，列举了丘陵和山地的不同类型、水位的深浅，以及每种土层中生长的树木和植物："凡草土之道，各有穀造。或高或下，各有草土。"至于文中所指的具体是哪一地理区域，目前尚无一致看法。尽管如此，它显然也有实际意义，因为它鉴定了土壤的肥力和生产力的不同程度，并指出了某个地方最适合发展的究竟是畜牧业、农作物、园艺还是林业。

简而言之，中国古代的动植物资料大多以应用科学的形式出现。这就是为什么关于医学和饮食学的作品中往往有丰富的动植物资料。《神农本草经》据说是中国最古老的药学经典，可追溯到公元前 2、1 世纪，但它为人所知还是通过中世纪学者陶弘景（456 年—536 年）的注释。它将药物按自然对象分类：玉与石，草药，树木，水果，蔬菜，谷物和动物。但分类的着重点，不是动植物自身的机理，而是它们对于使用者的功效。对诗人来说，桂花的芳香是用在诗歌中使读者陶醉的；对医生来说，桂皮可研成粉末治疗腹股沟肿痛；对厨师来说，桂皮则可以作为美味的调味品。

古代中国的田野、河流、湖泊和森林是巨大的自然资源宝库，可以生产农作物，养活牲畜，提供其他自然资产。中国北方有落叶硬木林和阔叶林（榆树、橡树、枫树），长江地区有亚热带森林，南方有热带雨林。现在，环境史学家认为，在公元前 1000 年左右农业的扩张第一次对森林造成明显的压力。也正是在这时，许多物种，如大象和老虎，开始从华北平原的动物考古史的记载中逐渐消失；而到了汉代，华北平原已经几乎没有森林了。在政府管理的林地中，有产材林、竹林、漆树林。秦始皇修建的著名的官路秦直道的两侧都种了松树，而渭河河谷则是适宜生长竹林的地方。在这一地区，竹子被用作建筑材料；中国建筑业至今仍用竹子做脚手架。帝国早期种植的不会结果的树种有榆树、槐树、白杨和柳树；果树则有枣树、橘树、桃树、栗树、李树。葡萄、石榴和紫花苜蓿是沿着塔克拉玛干沙漠的贸易路线（丝绸之路的一部分）进入中原的。

在中国古代，所有的非农业自然资源（山地、沼泽、森林、水路、苑囿）都被视为封建地主、国王或皇帝的私产。朝廷对这些资源进行管理。统治者表现仁慈或慷慨的一个常规方式，就是允许百姓定期进入他们的园林（通常被称为"禁苑"）和山沼森林等地。孟子指出，重要的不是园林的规模，而是百姓是否可以自由地出入其间（《孟子·梁惠王下》）。但园林也是统治者权威甚远而弗及的有力象征。汉代上林苑就是最著名的例子，它圈占了长安南部和西南部的土地约一百多平方公里。上林苑始建于秦始皇统治时期。公元前2世纪末，汉武帝加以改建，将各种植物、岩石和动物都汇集到那里，以代表天子对万物的统治权。它们是帝国乃至整个宇宙的缩影。通过在园林里漫游，在人造景观中观察或猎杀奇珍异兽，统治者象征性地遍历了他的疆土。他可以一次又一次地征服这方天地里的一切动植物。园林展现了一种宇宙秩序和地理秩序：动植物都被安排按照它们各自原产地的地域来分布。

森林系统由专职官员监管："为人君而不能谨守其山林、菹泽、草莱，不可以立为天下王。"（《管子·轻重甲》）按照黄历，砍伐树木要挑选一个吉日，因为如果在错误的日子砍错了树，将会造成令人不快的后果。但实际上，当时的趋势就是逐渐越来越多地砍伐森林。除了砍伐木材，在木炭炉中大量燃烧原木及不受控制的铜矿开采也导致了地表逐渐裸露（还记得第四章中孟子的牛山之喻吧）。有一位官员（公元前44年）这样描述采矿对环境的危害，其预见之准确实在令人震惊："凿地数百丈，销阴气之精，地藏空虚，不能含气出云，斩伐林木亡有时禁，水旱之灾未必不由此也。"（《汉书·王贡两龚鲍传》）一个与木炭生产有关的悲惨故事（约公元前190年）：一个贫穷人家的男孩在四五岁的时候被人绑架后卖为奴隶。为其主人山作炭，晚上睡在植被已被完全破坏的山坡下，结果山体滑坡，将百余人活埋，只有这名男孩活了下来（《史记·外戚世家》）。这与今天的矿难事故有着惊人的相似之处。

水和玉

中国的主要河流都是自西向东流。它们从青藏高原的泉水中涌出，像一股赐予生命的力量般在大地上开凿通道，如同气在人体的经络中流动。河流汇集雨水并灌溉平原，它们既收集又分配。河道沿岸，河水孕育了生命，也带来了毁灭；它们滋润万物，也会泛滥成灾。河流可能曲折蜿蜒，可能干涸或决堤，但最终都注入四海，那是天下的边界。"四海之内皆兄弟。"（《论语·颜渊》）《论语》中的这句话被外交家和政治家频繁引用。

河水高涨，淹没了中原；这时，传说中的大禹在地面上挖出沟渠，将河水重新疏通到河道，东流入海。他制服了河流，从水患中拯救了人们，使人们得到了干燥的土地（《孟子·滕文公下》）。黄河是中国第二大河，长度将近五千五百公里。它是中华文明的摇篮和诅咒。黄河在中国西北高原黄褐色的土地上穿过，河水侵蚀了大量的泥土和岩石，在平原低地沉积下来形成厚厚的淤泥。这些淤积物就像发酵的面团一样将河床不断推高，直到河堤崩塌，决堤的洪水冲毁了周围地区，以至于流经华北平原上的河道在历史上发生了无数次的改道。

那些能够统治中国的人都是能制服河流、控制灌溉渠道的人。1957 年，德裔美国历史学家、社会学家魏复古（Karl A. Wittfogel）写了一部开创性的著作《东方专制主义——极权力量比较研究》（*Oriental Despotism: A Comparative Study of Total Power*）。他在书中提出，依赖大规模灌溉的农业社会需要一个强大的政府来管理和控制劳动力。这样的社会（他称之为"水利社会"）必然需要高度集权，因此产生的往往是压迫性的政治体制。尽管有人批评魏复古的观点，但我们在中国历史上的确可以多次看到他所提出的水利控制与政治权力之间的关联存在。明君"导水潦，利陂沟，决潘渚，溃泥滞，通郁闭"（《管子·五辅》）。中国最早的水利工程师都是业内翘楚。公元前 3 世纪，蜀郡太守李冰在都江堰（四川省）修建岷江引水工程，开始对成都平原实施灌溉。这项工程今天人们依然还可以看到，并且还在使用。但泛滥的洪水也使统治者绝望。公元前109年黄河水再次决堤，汉武帝向河神绝望地哀求道："为我谓河伯兮何不仁，泛滥不止兮愁吾人?"（《史记·河渠书》）再没别的记载能够比这一哀歌更加触动人心。

孟子提醒我们，要想控制水就必须遵循水之道。你要把它引向大海，而不是引向邻家的后院，那样只会造成更大的破坏和不满（《孟子·告子下》）。在这片河流肆虐、变化无常的土地上，水在哲学家的观念武器库中占有突出的地位，也是意料之中的。几乎每一位思想家或诗人都不同程度地借用过水这个强有力的意象。汉学家艾兰（Sarah Allan）提出，水和植物是中国人的"本喻"（root metaphor）。它们提供了一个具体的模型，从中可衍生出抽象的观念（如时间或生长）。是哲学家先发展出抽象的观念，然后寻找一个合适的意象来给它们赋形（"时间流逝如水"），还是具体的形象本身就是抽象思想的固有部分？观念和语词，何者居先？先有概念还是先有形象？先有对流动的感知还是先有对水的定义？这些问题类似于先有鸡还是先有蛋。然而，当孔子站在河边时，他显然认为时间犹如逝水："逝者如斯夫，不舍昼夜。"（《论语·子罕》）

水让人思考。它的象征力量如此强大，甚至连《孙子兵法》也用水流的意象来描述军事战术："夫兵形象水，水之形，避高而趋下，兵之形，避实而击虚。"(《孙子兵法·虚实》)中国的思想家发现水可以成为用来阐释被动无形力量这一概念的完美意象。《道德经》大量运用了这一比喻："江海之所以能为百谷王者，以其善下之，故能为百谷王。"(《道德经·六十六章》)河流收纳汇集了来自山中的雨水；吸引人目光的是山峦，但其生命力却潜藏于山谷中隐秘的沟壑和溪流之中。水，柔软、屈服、顺从、无色无味，但却无处不在。给它一点时间，它就会征服一切："天下莫柔弱于水，而攻坚强者莫之能胜，以其无以易之。"(《道德经·七十八章》)真正的道家顺其自然，由此采取了一种灵活而适应性强的生活策略，就像水一样，能自然而然地解决沿途遭逢的任何障碍。把"道"想象成一条水道："上善若水。水善利万物而不争，处众人之所恶，故几于道。"(《道德经·八章》)

庄子还把水倒入孔子之口——没有什么比通过对手的声音来表达自己的观点更好的修辞策略了。庄子让孔子多处提到水，其中一处说道，水之于鱼正如道之于人：

> 孔子曰："鱼相造乎水，人相造乎道。相造乎水者，穿池而养给；相造乎道者，无事而生定。故曰：鱼相忘乎江湖，人相忘乎道术。"(《庄子·大宗师》)

作为一种常存而又永远流动的物质，水为中国思想家阐释道的精妙以及柔性力量的影响范围提供了无限的可能性。本书前几章曾大量引用过约公元前139年左右被汇编成书的《淮南子》，淮南王刘安（公元前179？—公元前122年）将此书献给他的侄子汉武帝（上文提到武帝曾祈求河神怜悯他的百姓），以帮助这位年轻的皇帝了解世界。《淮南子》对水的功德有一段极为精彩的概括：

> 天下之物，莫柔弱于水。然而大不可极，深不可测；修极于无穷，远沦于无涯；息耗减益，通于不訾；上天则为雨露，下地则为润泽……行而不可得穷极也，微而不可得把握也；击之无创，刺之不伤，斩之不断，焚之不然；淖溺流遁，错缪相纷而不可靡散；利贯金石，强济天下……是谓至德。（《淮南子·原道训》）

人们不知道这位皇帝对他擅长哲学思辨的朝臣们有何看法。就像一个庄稼被洪水冲走了的农夫，或者一个用挖开堤坝泄洪来冲毁敌人军营的将军，他们都不可能有闲情逸致沉思水的诗意力量吧。

有些思想家认为，水和河流就像土壤一样影响着在附近生活的生物的特性。《管子》指出，圣人必须懂得水，因为水是塑造人行为的源头：齐国（今山东省）的人贪婪、粗鲁、好勇，就是因为那个地方的水有力、迅猛、曲折；晋国（以商人著称的国家）的人谄谀葆诈，巧佞而好利，是因为那里的水"枯旱而运，淤滞而杂"（《管子·水地》）。也有其他文献用生理学或医学术语来解释水与人的关系。碱性水让人头秃脖子肿，沉淀物多的水导致跛行和脚肿胀，甘甜的水质让人俊美，白垩水引发溃疡和疖子，带有苦涩味道的水引起驼背（《吕氏春秋·季春纪》）。总而言之，只有清澈的水才能培养出拥有美好道德品质的健康人，无论男女老少——这也是为什么古代试图统治世界的人都应该学会控制水域。治国如治水：引导民众，但不要妨碍民意的自然流转；控制百姓的野心但不要抑制他们的才华；水源耗尽之前就要做好储备工作。

　　孔子及其弟子们也在水的身上发现了有助于阐述儒家美德的词汇。弟子问孔子，为什么君子每看到一条大河，总会觉得有必要向它投去沉思的目光？我们几乎可以猜到孔子的回答："夫水，遍与诸生而无为也，似德；其流也埤下，裾拘必循其理，似义；其洸洸乎不漏尽，似道"（《荀子·宥坐》）。《论语》中有一段文字颇为罕见地论及自然，孔子特别用水和山比喻人的心理："智者乐水，仁者乐山；智者动，仁者静；智者乐，仁者寿。"（《论语·雍也》）在这里，水象征着运动和无尽的活动，山代表着稳定和坚韧恒久。艺术史家有时会把这段话与风景美学联系起来，即汉语中的"山水"。不过，说出"智者乐水"这番话的时候，孔子不太可能是在看风景。

至于他脑海中是什么画面，我们无从得知。

　　水给中国人的想象力提供了关于改变、流动和顺从的终极形象，相形之下，玉所唤起的则是原初的美、内在力量和长寿。玉（软玉或硬玉）是一种像岩石一样坚硬、半透明的矿物，颜色各异，色泽有深有浅，其中白玉和青玉最受珠宝商青睐。玉不能用刀子或其他金属工具切割或加工，只能通过圆砂纸（粗砂和细砂）和水进行抛光琢磨。简而言之，玉需要精打细磨。

　　中国古代的贵族以玉为饰（如吊坠、腰带钩或雕刻的玉佩）。玉在宗教仪式中尤其起着重要的作用。外交使团出访或觐见时，玉器往往作为礼物在政要之间互送。佩玉要符合礼仪规范中规定的等级和场合（据说玉石发出的声响可以用来区分佩戴者的地位）。祭祀河流、日月、天地、四方和星辰的时候，吉祥的玉器被献给神灵。玉杯是用来奠酒的，当权者认可玉的价值。例如，秦律就包含处罚走私或非法出售玉器的条文。

　　玉的外表很平凡，却又有着非凡的象征意义。在一切有纹路和颜色的石头和岩石中，没有哪一种比玉更能激发文人和思想家的灵感。人们赞扬它坚硬不屈，同时也赞扬它经由漫长而艰苦的抛光工程（使用砂子和水）之后呈现出的无瑕的纯净。玉是相对小巧的物品，其中却凝结着人类巨大的（生命）精力，它体现了感官及美学上的完美的所有要素。所以，它的价值不在其大小而在其美：

> 夫玉润泽而有光，其声舒扬，涣乎其有似也。无内
> 无外，不匿瑕秽，近之而濡，望之而隧。夫照镜见眸子，
> 微察秋豪，明照晦冥。(《淮南子·说山训》)

玉和珍珠是石之圣者，对其所处的自然环境具有强烈的影响："玉在山而草木润，渊生珠而崖不枯。"(《荀子·劝学》)山中有玉，其草木就会茂盛；一个人和颜悦色如"玉"，一个人面有"玉相"，是福慧双修之人的特征：一个人有内在的光辉就有能力影响周围的人。智者也许外表看起来很普通，但内心却像玉一样珍贵(《道德经·七十章》)。玉象征内涵多于外貌。在日常用语中，它可以修饰一切珍贵或有灵性的东西。养生文献提到"玉泉"(身体元气所聚之地)、"玉鞭"(阴茎)、"玉穴"(阴道)。神仙饮于玉泉。在后来的道教中，得道之人是由玉女护送去见西王母的(这一问题在第六章也讨论过)。

对于哲学家来说，玉为伦理理论提供了一个有价值的喻体。孔子告诉弟子子贡，之所以贵玉贱珉，不是因为它稀有(反正有道德的人也不应该贪恋任何奇珍异宝)，而是因为"君子比德焉"："温润而泽，仁也；栗而理，知也；坚刚而不屈，义也；廉而不刿，行也；折而不挠，勇也；瑕适并

见，情也；扣之，其声清扬而远闻，其止辄然，辞也。"（《荀子·法行》）总之，做一个像玉一样的人就是做一个高尚的人：内在美好，外在有魅力。我们都应该努力成为这样的人。

琢玉之喻常用于教育，即对天赋和性格的打磨和修饰。一个没有受过教育的人，就像一块未经雕琢、未经打磨的玉石。只有智慧和见识才能揭示玉的内在美。因此，这就需要一个好的工匠或老师，将美玉的天资与普通石头的天性区分开来。当权者要能力发现社会上有美玉品质的人并将其与普通的鹅卵石区分开来。著名的和氏璧的故事告诉我们，宁愿断双足，也要珍惜天物并保全自己的正直：

> 楚人和氏得玉璞楚山中，奉而献之厉王；厉王使玉人相之，玉人曰："石也。"王以和为诳，而刖其左足。及厉王薨，武王即位，和又奉其璞而献之武王；武王使玉人相之，又曰："石也。"王又以和为诳，而刖其右足。武王薨，文王即位，和乃抱其璞而哭于楚山之下，三日三夜，泣尽而继之以血。王闻之，使人问其故，曰："天下之刖者多矣，子奚哭之悲也？"和曰："吾非悲刖也，悲夫宝玉而题之以'石'，贞士而名之以'诳'，此吾所以悲也。"王乃使玉人理其璞而得宝焉，遂命曰："和氏之璧。"（《韩非子·和氏》）

在汉语的诸多意象中，最突出的人物往往在生命之河中从容泛舟，其伴侣为师长或爱人，其形如龙，其德如玉。

能人异士，自然异象

自然的发展历程和人类生活的轨迹紧密相联，你生命的流动也反映在云彩的变幻之中——如果接受这一点，那么只要天空中出现一朵奇特的云，对你而言就是一个重要的征兆。它可能在告诉你，你已经偏离了正轨——乌云笼罩在你头上。预兆或异象指自然界中不同寻常的迹象或现象，它们预示或预言了某些事件的发生。异常可以被理解为大自然对某些事件的持续反应。对中国人来说，天空和自然景观中隐含着一幅神秘的图像，对那些能读懂它的人来说，它可以给人类事务提供指导。自然界的混乱意味着社会机器失灵或当权者道德败坏。动物奇怪的行为、形状怪异的植物和树木、夏天的大雪、地震、飓风以及其他自然界怪异现象的出现都是有原因的。人们认为，自然界的变化与社会政治世界的变化相吻合，反之亦然。上天作为最高的权力者，通过自然灾害和怪异的事件表达它的意志："天反时为灾，地反物为妖，民反德为乱，乱则妖灾生。"（《左传·宣公十五年》）能够预测并解释这些不同寻常的现象有着双重作用：你可以根据它采取行动；或者通过解释把预兆消解掉，使它失去意义。

不必说，当时还没有严格的科学帮助人们判断何者可以算作违背自然的怪异事物。生活中常规的或正常的东西是不言而喻的——人们往往会把大部分时间花在争论和澄清那些"值得关注"的事情上。韩非子认为，犬马比鬼魅难画，因为人们每天看到犬马，所以知道如何判断画得好坏。关于妖魔鬼怪的即兴创作却容易得多，因为你可以随心所欲（《韩非子·外储说左上》）。预兆并不是事实。就像自然本身一样，它们是文化建构，并在共享的秩序和常态观念下被理解。例如，洪水或干旱可以被明确地视为一场灾难，但对于诸如云的形状、岩石的纹路、天鹅在空中形成的阵型这些事物的解释却往往给人们留下了猜测空间。因此，阅读并解释自然界中的这些符号是一门微妙而重要的政治艺术。事实上，我们可以把预兆的解读看作是一种原始的社会政治评论。

当我们看到（或我们认为看到）自然界中不寻常的东西时，究竟发生了什么？据一种早期的解释，这始于恐惧：当你害怕或焦虑时，你的"气"就会被激起，然后你就开始看到奇怪的东西，这就像因发烧而神志不清（《左传·庄公十四年》）。这些奇怪的事情可能在你处理日常事务的重要时刻出现在你面前，也可能在意识状态改变的时候出现，比如在梦境之中。方士告诉秦始皇说，一条大鱼挡住了通往长生岛的通道。听此之后，秦始皇梦见与海中的神灵战斗。占梦人说，这是一个邪恶的水神，能化为巨大的鱼或龙。于是秦始皇就亲自去射杀了一条大鱼，以解封通往（传说中）长生岛的通道（《史记·秦始皇本纪》）。占梦人就像医生一样，有着举足轻重的影响力，因为他的工作是解释梦中的异象，并将它们与做梦者在现实世界中的命运联系起来。能够对异象做出有效的回应往往预示着未来的成功。一切都围绕着对知觉的控制而展开。问题不是某件事在观察者看来是否奇怪或可怕，而是他对此的反应。以孩提时代的孙叔敖（公元前6世纪）为例。他在玩耍时遇到了一条双头蛇，他将它杀死并埋葬了，然后哭着跑去找他的母亲，害怕他所看到的是早夭的征兆。但他的母亲却安慰他说，这恰恰说明他很特别，是一个有"阴"德的人，会得到上天的补偿。这个孩子长大后成为一个成功的大臣。他童年时对怪蛇的处理预示了他后来的才干（《新序》·杂事一）。

只有圣人（而非监测天象的官员或政治家）才能洞察事件背后的真相，理解那些看似怪异和不可思议的事情。孔子这个人物形象常常被置于这一位置上。当遇到陌生的动物或植物时，他就给它们起个名字（给某物命名意味着解释）。他辨认怪兽和怪胎，并告诉人们在它们出现时该如何应对。他曾经告诉宋国的一个贫困家庭如何应对此类事情。这家宋国人三代都是模范家庭。有一天，他家的一头黑牛无故生了一头白牛犊。孔子认为这是一个好兆头，建议他们把牛犊献祭给神灵。结果这家的父亲失明了。黑牛又生下一头白牛犊，孔子还认为这是吉兆，建议把牛犊杀了献给神灵。结果，这家的儿子也失明了。人们可能会说，这是厄运啊。然而，后来他们所住的城池遭到围攻，所有健全人都被召去守城。这家的父子俩由于失明免于被征募，城池解围之后他们又都恢复了视力（《列子·说符》）。事实证明孔子是对的：人们不应该因为乍一看可能有些奇怪的现象而感到不安。

警告人们行为已越界的预兆不胜枚举：院子里长出了奇特的树木；植物长出了数量异常的茎；野生动物在祠堂或宫殿里嬉戏；猪从围栏里冲出，闯进住宅的大厅；蛇在京城出现；老鼠在宫门外跳舞或在树上筑巢。占卜者还解释了身体上的畸形。人长出角可能是即将发生军事冲突（也许是叛乱）的征兆。上半身长出下肢可能预示着低级官员计划推翻上层统治者。预兆可能会导致直接的行动，例如，汉宣帝（公元前74年—公元前49年在位）听说有神鸟（色彩吉祥的鸟）出现，他就下诏（公元前63年）嘱咐京城地区的百姓在春夏时节不得摘巢探卵或弹射飞鸟（《汉书·宣帝纪》）。人们对预兆进行了分类，并编写了手册，教人们如何解读它们。

异常的天体运行也具有重要的意义。在早期帝国时期，有两种宇宙观已经有一定的影响力。一种流行于公元前2世纪，认为天体呈半球形或伞状，围绕着垂直于地球平面的竖轴旋转。太阳、恒星和其他天体沿着这个"伞"的底部移动（每天一次），"伞"的顶点是北极星（所谓盖天说）。约一个世纪后，另一种理论开始盛行（即浑天说），认为天是一个鸡蛋，而地是鸡蛋中的蛋黄。宫廷的天文工作者需要从天象中预测将要发生的大事。预测月食或日食等现象，或解释彗星以及围绕太阳的光环的形状，天文工作者的这种能力赋予了天子控制和准备应对这些预兆之后果的力量，或去降低它们的严重性。作为宇宙和谐的守护者，天子必须要能看清并明白天体的结构和天空中微妙或不那么微妙的图案。同样，控制对这些天体事件的解释也符合他的利益，这也是为什么天文学往往被制度化而专属于朝廷。今天的国家气象局也是如此。

中国也有许多饱学之士和技术大师。张衡（公元78—139年）就是其中之一，他是一位作家、工程师和发明家，他在数学和天文学方面的成就与他在诗歌和书法方面的成就一样卓越（他发明了一个浑天仪）。张衡因绘图学方面的重大贡献而闻名，他还发明了一种工具，帮助预测了自然界中另一种无规律的现象：地震。据说张衡的青铜地动仪表面装饰有山、龟、鸟、兽等图案。如果发生地震，就会有一个青铜球从器皿顶部的龙口掉落到器皿下部的蟾蜍口中。这个过程由仪器内的钟摆装置引发（见图7.4）。张衡的这一创造后来被复原，但结果并不尽如人意。也许更能说明问题的是，在该装置的圆顶盖和装置主体上装饰用的动物是爬行类和两栖类动物。张衡的灵感来自于这些动物可以感知并传递震动的想法，如

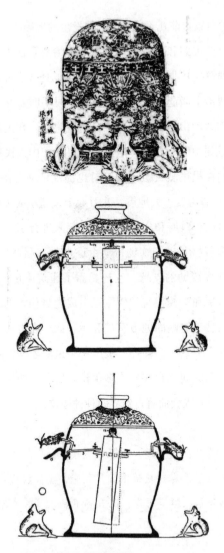

图 7.4　张衡地动仪的复原图。

蛇和蟾蜍可以提前几天感知到即将发生的地震。

对自然灾害和危机进行管理的政治重要性古今如一（当然，这种情况并非中国独有）。自然界的怪异事件所带来的冲击力在政治上激起涟漪，就好像上天时不时要在和谐社会中掀起阵阵地动山摇，为和谐社会造成挑战。在灾难现场，我们需要看到中国领导人、地方官员以及中国人民解放军的身影，他们在提供救灾援助的同时也提供精神支持。2008 年 5 月 12 日，四川发生大地震，八万七千人遇难或失踪，五百万人无家可归。政府和志愿组织联合起来进行了一次史无前例的大规模救援行动，这场行动由许多内部利益相关方承担，并得到外部援助的支持。它还暴露了建筑质量低劣的问题，大量泥砖房和学校建筑的倒塌是造成大量伤亡的原因。部分原因要归咎于腐败的地方官员和承包商。在古代中国，就像在今天的大多数社会一样，关于哪条道路才是治理人类社会的正确道路的问题存在着许多争论。但是，如果统治者偏离了正轨，没有人会曲解自然界的种种迹象：

> 传曰：国无道，则飘风厉疾，暴雨折木，阴阳错氛，夏寒冬温，春热秋荣，日月无光，星辰错行，民多疾病，国多不祥，群生不寿，而五谷不登。（《韩诗外传》卷二）

环境

自然（即中国的天）会通过言行对人类的政治行为予以回应，这种想法听起来很现代。天人感应——整体论或万物一体的理念——是环境伦理学中的一个主题。人类活动与自然世界命运的相互联系，这是环境伦理学所强调的原则。一段时间以来，可持续发展和爱护环境一直是东西方各国政府新的通用语。因此毫不奇怪，近年来有人转向中国的诸子百家，指出环保意识深深扎根于中国的思想和古代传统。他们认为，中国的哲学和宗教传统为人类和环境之间的关系提供了一个更理想的框架，因为他们坚持"天人合一"，这不同于人类主宰自然的观念。事实上，中国的传统强调人不是万能的。大禹"决江疏河，以为天下兴利，而不能使水西流"（《淮南子·主术训》）。

谈及对自然的仁慈态度时，环保主义者也许过于着急地去肯定中国传统上爱好和谐的哲学。人类在各个时代、各个地方都有征服自然的野心，这当然非社会主义中国所独有。如果权力掌握在君主一人之手，很难想象自然界可以一直平安无事，因为总是存在不合理利用的风险。《淮南子》说得好："上求材，臣残木；上求鱼，臣干谷。"（《淮南子·说林训》）另一方面，如果一个君主或一党制国家把可持续发展和环境保护作为首要任务，那么至少从理论上讲，可以比旷日持久的民主程序更有效率地实现这一目标。

在中国关于自然的故事中，和谐的缺乏扮演着重要的角色。历代史书对自然灾害的报告都有细致入微的记载；对灾难成因的解释，当时和现在一样，无疑容易受到政治压力的影响。无独有偶，灾害的频率与政治稳定之间似乎也有一定的关系。同样，那些在中国大地上留下永恒印记的大型建筑工程，也未必是现代的产物。比如，长度超过一千英里的大运河，在当时是一项极其宏大的工程，并不亚于今天的三峡大坝。大运河修建于隋朝和唐朝初年，是连接肥沃的黄泛区平原和中原农业中心地带及江南地区的经济大动脉。

毋庸置疑，与自然界和谐相处、尊重自然是中国传统哲学中的一条重要脉络。然而，这些道德化的理论在多大程度上影响了实际行为仍有待商榷。我们不要忘记，大多数作者都是在规定世界应该如何，而不是说明事物是怎么样的。人们甚至可以持相反的看法，认为哲学家越是强调人与自然之间的和谐，就越说明现实中没有人在乎这些。当然，把哲学家诋毁为"仅仅宣传与现实相反的观点"的演说家或道德家可能又太过分了。可持续利用，以及人与自然的谐和无疑是中国思想的重要主题。这一点，无论是在关于如何利用自然为人类造福的论述中，还是在主张适度利用和适时进行人类活动的论述中，都是显而易见的。归根结底，开发与保护是相辅相成的对立面，是"阴"和"阳"的关系。

对自然加以有意保护（intentional conservation）并不完全是现代或西方的概念。到公元前 3 世纪时，关于合理利用自然资源的批判性论述经常出现在中国的哲学论述中（也出现在黄历之中）。荀子所讲的"圣王之制"列举了这些论述的大体内容，它们主要围绕人类活动的时间问题展开：

> 草木荣华滋硕之时，则斧斤不入山林，不夭其生，不绝其长也。鼋鼍鱼鳖鳅鳣孕别之时，罔罟毒药不入泽，不夭其生，不绝其长也。春耕、夏耘、秋收、冬藏，四者不失时，故五谷不绝，而百姓有余食也。污池渊沼川泽，谨其时禁，故鱼鳖优多，而百姓有余用也。斩伐养长不失其时，故山林不童，而百姓有余材也。（《荀子·王制》）

很可能其中的一些指导思想已经付诸实践，因为秦汉时期的法律典籍中也出现了类似的禁令（包括禁止用木石在河道或水中筑坝，禁止用毒饵捕鱼）。虽然这些规定的主要目的是为了优化农业生产，使狩猎和采集的收益最大化，但它们也可以说是环境法的早期典范，因为其中保护的意图很明显。它们背后的另一个目的是为了保护季节性的农耕：一旦人们受到森林和河流中蕴藏的自然财富的诱惑，他们可能会放弃田地，而田地正是国家需要他们劳动的地方。因此，保护的根本动机是实用性的：保护自然的丰富性。通过禁止进入某些山林，可以遏制对自然资源的开采。例如，管子就建议将富含矿石的山林宣布为禁地："有动封山者，罪死而不赦。有犯令者，左足入、左足断；右足入，右足断。"（《管子·地数》）另一手段是宣布某地为圣地，进入该地将成为禁忌。对于富裕的文人或士大夫来说，自然是他们的避难所，在那里他们可以独处，享受沉思的乐趣。然而，对于大多数普通人来说，中国的山林——农耕地之外的地方——并不是道家所说的理想之地。大自然与财富相连，它是当权者的私产，是少数特权者可以当作商品并加以剥削利用的土地。大自然提供商品和财富，同时也像在欧洲的情况一样，为权贵和富人提供娱乐。在哲学家看来，狩猎关乎品格的塑造和修身，而不是为了给自己加餐："田猎驰骋，弋射走狗，贤者非不为也，为之而智日得焉，不肖主为之而智日惑焉。"《吕氏春秋·贵当》）与生活中的其他方面一样，有才能的人在与自然打交道时，都坚持中庸而避免走极端。捕鸟也是如此："譬之如张罗者，张于无鸟之所，则终日无所得矣；张于多鸟处，则又骇鸟矣；必张于有鸟无鸟之际，然后能多得鸟矣。"（《战国策·东周》）

让我们最后讨论一下打鱼。公元前1世纪后期，汉朝的一位大臣报告说，过去在东莱地界（山东沿海的一个行政区域）一旦对海产征收额外关税，鱼就会拒绝露面。村里的老人们称，自从皇帝对海产品实行政府垄断以来，鱼儿就一直隐匿在海的深处。后来当政府颁布法令再次允许自由捕鱼时，鱼又浮出水面，准备好了被人捕获（《汉书·食货志上》）。这里的教训是：明君应当与百姓分享大自然的宝藏。

这很容易被认为是为了道德教化目的虚构的故事。然而，在这些故事中隐藏着这样一个认识：如果人类的行为对环境造成影响，自然本身首先就会让我们知道。当社会用道德化和比喻的语言来描述自然时，人们很容易把它当作虚构之事或寓言，或者否认它传达了有价值的信息。然而，尽管古代文明没有使用现代科学保护的语言，但他们却发展出了先进的制度和程序来管理身边的自然资源。在中国，道德术语、隐喻和类比仅仅是思想家用来解释自然的语言。无论哲学家是否把竹子看成竹子，把玉石看成单纯的石头，或者把自然事物说成其他东西的象征，如果人们把注意力集中在所传达的实际信息上，那一切就显得次要了。正如法国人类学家列维－斯特劳斯（Claude Lévi-Strauss）所说，科学家也可以从"可以借助动物来有效思考"这一事实中获益。

科学或情感

如果上文所述让你怀疑中国早期的思想家不具有亚里士多德式的思维方式，也没有开始监测、研究和检验自然的运行机制，那么你就需要再好好想想了。如果没有观察水的流向，就不可能有水利工程；如果不注意菜蔬的季节变化，就种不了地；如果没有仔细研究天体，中国人就不会给我们留下复杂的天文学和数学著作。相关性思维、探索人类和非人类生物之间的共鸣、将自然、天体的模式和大地上发生的事情联系起来——所有这一切都可以视为解释世界的原始科学尝试。

但直到 20 世纪中叶，西方的学者才开始认真思考中国对科学、医学和技术发展的贡献。剑桥大学的生物化学家、汉学家和科学史家李约瑟（Joseph Needham）（1900 年—1995年）所提出的问题刺激了这一领域的研究：从公元前 1 世纪到公元 15 世纪，中国在将自然知识应用于人类需求方面取得了巨大的进步，但中国为什么没有产生现代科学——从医学、生物学、工程学和印刷术到火药制作、制陶和水力学？用李约瑟自己的话说："在中国文明中，是何种抑制因素阻碍了近代科学在亚洲的兴起，使之无法与 16 世纪以来欧洲的现代科学相提并论？现代科学也被证明是塑造现代世界秩序的基本因素之一。"一时间，这个所谓的"李约瑟问题"（或者说难题、悖论）成了中国史学家最常引用的智力谜题之一。为了解答这个问题，李约瑟撰写并主编了一套不朽的、至今仍在进行中的《中国科学技术史》（*Science and Civilisation in China*）丛书。它已经成为经典——尤其是在中国。

最伟大的思想家之所以能够脱颖而出，不是因为他们给出的答案，而是因为他们提出的问题。李约瑟之问没有简单的答案。李约瑟和他的合作者已经暗示：儒家思想强调社会伦理，再加上等级制度和高度集中的封建官僚机构，这两者的结合阻碍了中国科学的发展。儒家思想的麻痹作用，类似于启蒙前欧洲中世纪的神学对科学的影响。中国发明了很多东西，但没有经历过工业革命。清代，中国在政治上处于孤立状态，内部缺乏思想和技术上的竞争，因而没能刺激抽象思维的发展。也有人认为，"李约瑟难题"本身在很大程度上是 20 世纪的产物，当时，历史学家们大多对研究中国未能按照西方所要求的速度实现现代化感兴趣。考虑到中国目前的发展速度，如果中国能够留住并招募后李约瑟时代训练有素的新一代科学家和工程师；而且，如果能够培育促成科学研究蓬勃发展的制度和思想环境，"李约瑟之问"在 22 世纪可能就不再是个问题了。在一些观察人士看来，当然这两个"如果"仍然只是"如果"。

如果生在当下中国，汉代哲学家王充（公元前 1 世纪末）这样的批判性思想家一定会成为致力于发现事实的新知识分子群体中的一员。王充年轻时家境贫寒，只能靠自学，但他天赋超群（据说，他买不起书，就在摊位前把整本书背了下来），被誉为中国最早的怀疑论者或理性主义者。他所著的《论衡》，现存八十余篇，几乎涉及了他能想到的所有主题：

历史、哲学、政治、文学、民俗和自然科学。首先，王充似乎是一个极富怀疑精神的唱反调者，想和每个人就每件事争论。他抨击孔子、韩非，古人的黄金时代，以及所有惧怕鬼神、相信神仙的人。与时人不同，王充的批评论证遵守自觉的方法论，并用经验证据支持自己的论断。然而，在现代读者看来，他在不屈不挠推翻别人的观点时，并不总是前后一致，有时也自相矛盾或循环论证。尽管如此，他的风格在当时还是具有革命性的意义。

他否定了一种被普遍接受的观点：自然界中发生的事件——如雷声、闪电，或上文讨论过的异象、异物——应该被看作是上天（自然界）对人类越界的警告。王充将自然界和人类世界所发生的大部分事情都归结于气的各种形态和流动。自然界的运行是自发的，不需要天的引导。王充不认为天有意志（道德的"行动—反应"宇宙），也不认为人事由天或超自然的力量所决定。然而，他坚信有各种形式的命；无论你如何努力去影响自己或国家的运势，结果都取决于你的命，它究竟是好的、坏的还是中性的。你的命如何，你对事件的反应如何，都是由你出生之际的气所决定。医生可以从你的骨骼结构中读出你的命运。我们的寿命一出生就决定了。人死后，五脏六腑就腐化了（《论衡·论死》）。

因此，至少按照王充的说法，天是不作为的。它既没有口，也没有眼（《论衡·自然》）。如果世界上有奇怪的事情发生，我们就应该认为，它们仅仅是事物体内液体和气体的变动和转化。因此，人们不应该害怕看到龙或自然界的其他怪物。这种物种形态的变化也终将过去：

> 或时太平气和，麋为骐驎，鹄为凤皇。是故气性，随时变化，岂必有常类哉？(《论衡·讲瑞》)

第八章
CHAPTER 8

工作与财富

　　18世纪，法国的宫廷医师兼经济学家魁奈（Francois Quesnay, 1694—1774）及其追随者认为，经济的力量首先应当来自农业。他们被称为重农学派（physiocrats，源自希腊语中的phusis[自然]和kratos[力量]）。在他们看来，经济活动当师法自然规律。他们将土地视为财富最主要的形式。只有当商品与生产力能够像人体血液循环那样自由流动并广泛分布时，社会才能繁荣。国家不应插手，或至多只能稍加干预，它的任务仅仅是遏制任何对社会的农业基础的干扰。因此，重农学派反对重商主义主张国家规范贸易的保护主义理论。

　　魁奈热爱中国文化，他和那个时代法国宫廷里的很多其他人一样热爱中国。在《中国的专制制度》（*Le Despotisme de la Chine*, 1767）一书中，他赞赏中国人将农业视为主导的生产模式。他认为，中国自古以来就很重视教导民众经济的自然法则。重农主义的格言，"自由放任，自由流通"（Laissez faire et laissez passer）与中国的"无为"概念（参见第三章）

同声相和。当然，18世纪欧洲关于中国思想的表述是选择性的，部分出自想象，部分由于追捧"中国风"。孔子可能从来没有想过自己会是一位经济学家。尽管如此，中国的思想家们还是花了相当多的篇幅讨论如何创造财富，以及哪种职业或劳动力对社会最有价值。君主该如何处理人们与生俱来的逐利之心与贪婪——利他心和仁慈如何可能？何时礼物不再是礼物而是贿赂——一个人该如何在造福社会的同时又从中获益？

农民优先？

在中国古代找不到自由主义、自由市场或自由贸易的哲学源头。然而，农业的命运及其与商业的关系却成为中国政治思想中一个持久的辩题。统治阶级往往声称，社会中生产者和不劳而获者的区别正是农民与商人、农业与贸易的区别。秦代与西汉年间，几乎每一个皇帝都会晓谕天下：农业和农民乃"天下之本"。秦始皇将此原则勒刻于山："皇帝之功，勤劳本事。上农除末，黔首是富。"（《史记·秦始皇本纪》）另一原则则是，明君当严格区分四种职业（即所谓士、农、工、商"四民"），以防干扰他们各自的生产。

农商之间的张力贯穿于整个中国历史，直到今天依然如此。它表现在各个方面，如自足的农业经济（养活本地百姓的能力）和依赖贸易、商业与外国投资的过剩生产经济之间的模式冲突，农村的经济、人口与城市的经济、人口两者的不同命运，农村劳动力转移及其对中国劳动力市场的压力，粮食生产外包给周边国家的现象，等等。"农业是中国社会之本"这样的口号至今可以听到，农村改革仍是政府工作的重中之重。中国前国家主席胡锦涛就提出"三农"政策，旨在发展密集型农业，为农民纾困境，谋福利。

中国的佃农，家庭小作坊以及小农经济的生产方式，这些历史悠久的形象都可以追溯到封邦建国的时代。春秋时期（公元前770—前481年），武装贵族居住在有城墙的都城中，远离农民劳作的腹地。佃农居住在都城周边（也称"野"），辛勤劳作，为都城提供物质支持。随着后青铜时代经济形势日趋复杂，一些政治家和哲学家将农业推为经济活动的塔尖，同时趾高气扬地对商业不屑一顾。他们相信，农民生产是为了维持生活，而商人则在交易中投机取巧，逐利不惜代价。在一个生产合乎道德的社会里，学者是大脑，而农民则是汗水。农民被束缚在土地上，易于管理，易于课税。相反，商人四处流动，摆脱国家管控，逃税漏税，也无需依附固定的地产。在这个方面，商鞅和早期法家最为激进。他们主张对商人进行强制性登记，这样就可以通过征税消灭之。商鞅也反对货币经济："金生而粟死，粟生而金死。"（《商君书·去强》）因此，信奉法家的君主总是千方百计地推崇农业并打压商人：

> 使商无得籴，农无得粜。农无得粜，则窳惰之农
> 勉疾。商不得籴，则多岁不加乐。多岁不加乐，则饥
> 岁无裕利。无裕利，则商怯；商怯，则欲农。(《商君
> 书·垦令》)

但实际上，中国古代的反商言论往往只是修辞性的，而不是基于经济理性或经济现实。究竟应该提倡农业还是应该推崇商业，在这个问题上哲学家各有自己的立场。尽管孔子不会亲自下田耕作，但他很清楚，养活百姓，确保他们物质上的舒适宽裕，是民生的刚需，也是每位君主和每个政府的职责所在。不过，儒生也更愿意把体力劳作留给别人："君子谋道不谋食。耕也，馁在其中矣；学也，禄在其中矣。君子忧道不忧贫。"(《论语·卫灵公》)孔子还认为，农业和园艺是小人之事(《论语·子路》)。因此，尽管粮食生产必不可少，但获得俸禄和社会地位最稳妥的办法还是仕途。优秀的儒生更情愿规划农事，而不想亲自下地。

另有一派"农家"将农业理想化到了极致。虽然没有留下任何重要作品，但他们的思想在其他文献的论辩性文字中得以保存下来。农家是一个乌托邦式的隐士群体，在神农的护佑下专事农业生产。按照中国的传说，神农生活在文明的

图8.1　神农执耒。拓片，山东武梁祠，公元2世纪。

原初阶段，那时世界还未被暴力和人类活动所破坏。相传神
农是农业的发明者，他将谷物和作物种植带到人间。神农为
了给百姓寻找食物而遍尝百草，不惜一日多次中毒。在今日
中国的雕像和纪念碑上仍然能看到他的身影。按照农家的设
想，世界应该是一个自给自足的小群体，人人务农，无需任
何政治机构、大臣或官员。君主唯一的职责是向百姓传授农
艺，监管土地和资源，以确保农事顺利进行。

　　这种乌托邦要求每个社会成员都依靠自家菜园或耕地的

农产品过活，而孟子觉得这是无稽之谈。孟子曾与农家许行激辩（约公元前 315 年），抨击了这种完全自给自足的理想，认为它阻碍了财富的创造："且一人之身，而百工之所为备。如必自为而后用之，是率天下而路也。"（《孟子·滕文公上》）孟子认为，正是因为物性不齐，社会才需要市场机制："巨屦小屦同贾，人岂为之哉？"这也意味着，统治者应该坚持适当的社会分工，让每一个社会成员都充分发挥各自的才能："或劳心，或劳力。劳心者治人，劳力者治于人。"（《孟子·滕文公上》）因此，只要圣人可以无需耕作，将才能用到别处，那么，农民就是第一位的。荀子也认为劳动分工是必要的。只有每个人都依据各自的技能从事相应工作，才能创造出足够的财富让大家分享（《荀子·王制》）。

然而，这就涉及控制人民的职业与行动，以确保农民不会离开田地去做店老板或商人。战国时期的一些文献将各种职业按重要程度进行了排序：士大夫地位最高，其次是产粮的农民，工匠和商人居末。至少按照世俗的看法，商人是最低等的职业。然而，需要发明一种理论来区分社会上的各个分工，并强调农民的优先地位，这一事实本身就意味着，可能不少人身兼多职，为了更有利可图的商业前景而离开土地。总之，对商人的偏见并没有阻止中国发展成为全球历史上最具有商业头脑的社会之一。

韩非子也主张，明君应该维持各种职业的平衡。鉴于商业是求财的捷径，商人也更有能力收买官府、更容易施加影响力，所以政府应该限制商人的数量，并贬低他们的名声。如此，人们才会集中精力从事"本务"（农业和制造业），而君主才可能敦促人们远离"末作"（买卖交易）（《韩非子·五蠹》）。这是政治策略上的高明之举：既然很难取消商人群体作为经济重要组成部分的事实地位，那么君主就应该玷污他们在道德上的名声，但同时又要让他们继续工作（韩非子将商人列为"五蠹"之一）。若放在今天，韩非子可能会说，银行家是必要的存在，但在数量上应加以控制，不能美化他们这个行业，以免大家都被引诱进银行家的行列而不再有人从事生产。此举旨在防止人们通过私人财富获取公权力。因此，总统和总理应该了解土地而不是股市，这并非因为商业不重要，而是因为在社会的意义上，商业较农业更容易引起分化。商业造成更大的财富不均，并且把人们的注意力从农业和生产性工业上移开。

因此，中国的君主必须让公众看到，他支持农民，而不是庇护市场或纵容商人泛滥。国家每年都会在选定的籍田上举行一次耕作仪式，君主亲自扶犁耕种。在汉代，长安的东西集市坐落于京城西南。公众只允许从九座城门中的三座进出，以确保商贾及其随行者远离皇宫。官方材料记载的中国历史上第一次公开反对商业的转变出现在汉朝开国之初。这并非偶然。当时，汉天子想方设法想要遏制商人的权势，并将（盐铁等）税收垄断在国家手中。商人被禁止一切穿丝戴绸、骑马旅行等炫富行为。他们（及其后代）将永远无法走上仕途，而且还得纳更多的税。中国最早的贸易法旨在贬低商人。

因此，中国的农民绝不仅仅是社会上的一颗经济棋子，他们更是代表了一种政治哲学，一种人类心理学中的理想。农民纯洁、诚实和质朴，远离商业的污浊。农民未经雕琢，全身心地投入辛苦的劳作。他们没有受到教育和智性追求的影响，也就不会有什么其他的想法。田地里的劳作将人的性格塑造成符合君主期望的样子。农民知道自己的本分，天性淳朴，不喜冒险，也不会挑战权威："农，则朴；朴，则安居而恶出。"（《商君书·算地》）公元前 6 世纪的一位政治家认为，政如农功：日夜思之，行无越思，如农之有畔。（《左传·襄公二十五年》）无论古今，中国的统治者最担心的一件事情是，抛弃田地的不满流民在乡村游荡，进入城市找工作或造反。因此，除了要保证粮食生产，国家另有充分的理由将农民留在土地上。政府能以农业生产之名组织管理劳动力和人口；耕作代表着一个稳定的社会：

> 古先圣王之所以导其民者，先务于农。民农非徒为地利也，贵其志也。民农则朴，朴则易用，易用则边境安，主位尊。民农则重，重则少私义，少私义则公法立，

图 8.2 在田野劳作。据一拓片（东汉，四川省）而作。

力专一。民农则其产复，其产复则重徙，重徙则死处而无二虑。（《吕氏春秋·上农》）

财富和利益

只要统治者能设法控制住那些显现出进取欲的人，并从他们的收入中有所抽成（或将其完全垄断），他们就不会完全禁止财富创造。然而，哲学家们却往往从道德的角度来看待财富和利益。所有的中国思想家，无论其对当权者依顺的程度如何，都强调财富可能会催生腐败。财富需要管理。"富如布帛之有幅焉，为之制度，使无迁也。夫民生厚而用利，于是乎正德以幅之，使无黜嫚，谓之幅利。"（《左传·襄公二十八年》）然而，"利"与"繁荣"事实上含义丰富，既包括单纯的物质福利，也囊括了身体的健康和生活的幸福。

总的说来，儒家并不谴责财富积累。儒学是一种以"获得"为导向的哲学：为了更好地完善自己，一个人应该去获取新的技能与资财，而非舍弃自己的潜力与财产。他们承认追求物质回报是人性的一部分，但同时郑重警告：财富必须取之有道。孔子说道："不义而富且贵，于我如浮云。"（《论语·述而》）归根结底，评判一个人，不应该看他创造了多少财富，而应该看他如何创造财富，又是为何创造财富："富与贵是人之所欲也，不以其道得之，不处也。"（《论语·里仁》）

因此，"君子谋道不谋食。"（《论语·卫灵公》）在孔子看来，追求财富可以激励普通人，但对他个人而言却是分散精力："富而可求也，虽执鞭之士，吾亦为之。如不可求，从吾所好。"（《论语·述而》）最终，追逐个人私利会导致别人更多的怨恨（《论语·里仁》）。孔子似乎不愿意公开谈论利（《论语·子罕》）。经济规律对他来说似乎是一种必要的烦心事：尽管它们对于基本福祉来说是必要的，但并不总能符合公共生活要求的道德标准。在家庭和家族内部，互惠和仁爱等价值便占据上风。然而，这种基于共同体的道德经济（moral economy）不断受到市场经济（market economy）的挑战，礼物让位于买卖，互惠变为利益之争。"君子喻于义，小人喻于利。"（《论语·里仁》）

故儒家虽不抵触赚钱，但始终努力在道德上将之合理化。占领道德高地也并不意味着轻视个人的物质生活。孔子夸赞弟子子贡不安于命，通过赚钱改善自己的境遇（《论语·先进》)。关键在于财富的分享和流通："君子周急不继富。"
(《论语·雍也》)因此，孔子谴责囤积财富而不加以利用的
行为。子贡问孔子，一块美玉，应该收藏起来，还是应该卖
个好价钱。孔子回答说："沽之哉！沽之哉！我待贾者也。"
(《论语·子罕》)如果时机来临，才与德（人尽有之的美玉）
就该派上用场。

《庄子》嘲讽墨子把自苦当作美德，"多以裘褐为衣，以
屦蹻为服"(《庄子·天下》)。尽管在某些故事中，一些墨家
追随者将自己置于极端悲苦的境地，但《墨子》本身从没有
提倡过这种行为。墨子承认，只要不奢侈，物质上的享受还
是需要的。古代圣王之所以值得称赞，不是因为他们像野人
那样住在树林里，而是因为他们所建造的宫室能够遮风挡雨，
同时又简素朴实，没有不必要的奢华(《墨子·节用中》)古
人不至于让自己饿肚子，同时又"不极五味之调、芬香之和"
(《墨子·节用中》)。

按照墨子的核心思想，我们应该根据是否有益于他人来
衡量自己的行为。我们所做的一切都得产生某种效用。与孔
子不同，墨子不那么关心那种注重礼仪的伦理学；他采取效
用主义的观点。如果某事对社会有益，那就应该去做，如果
你的行为不会带来可见的好处，那就不要去做。这并不意味
着抵触物质回报。为了使国家富庶，就应该擢拔贤人，"富
之，贵之，敬之，誉之"(《墨子·尚贤上》)。决定性的要素

在于，财富生产有一个利他的维度，而不是由利己所驱动。我们必须首先通过一个人对他人的贡献程度来判度他是否成功。对家有利的也会对国有利，最终对天下有利（《墨子·尚同下》）。由此而获得的个人利益是可以接受的，只要它不是主要动机。精英的责任在于为大众提供福利，但并非通过不断地创造更多的财富，而是通过广泛分配和倡导节俭。

在孟子看来，通过农业之外的其他方式追求财富是值得鼓励的（《孟子·梁惠王下》）。其目的则应当是让百姓有"恒产"进而有"恒心"，也就是说，安安心心，免于焦虑（《孟子·滕文公上》）。同样，孟子并不质疑财富创造本身的合理性，而是希望澄清其背后的意图。一旦义让位于利，人们就会不顾一切地逐利（《孟子·梁惠王上》）。孟子对市场持乐观主义态度：税收未必会打压商业或商人；相反，税收可以维护社会平衡（《孟子·梁惠王下》）。

孟子还指出，只要场合适宜，送礼可以成为正常社交礼仪的一部分。"无处而馈之，是货之也。焉有君子而可以货取乎？"（《孟子·公孙丑下》）同时，孟子也强调，社交和友谊总应该以尊重为驱动力。拒绝礼物是缺乏尊重的表现。那么，在什么情况下，可以接受礼物呢？孟子对"馈赠"的定义，在现代人看来，不啻一种贿赂：对礼物的判断，不是依据它的来源，而是依据和馈赠者的关系。如果馈赠者是一个受人尊敬的人，就应该接受礼物，而不要去问它的来源。如果你知道礼物不干净，可以找借口拒绝吗？孟子认为，"其交也以道，其接也以礼，斯孔子受之矣"（《孟子·万章下》）。因此，只有基于私交的礼物才是有意义的。在市场经济中，人们因为某件商品而建立关系；而在礼品经济中，商品的交换是为了建立或维护社会关系。这可能引发利益的冲突，孟子所举的例子就说明了这一点。然而，礼品交换往往被认为在道德上更胜一筹，因为市场交易会威胁到通过礼仪系统建立起来的社会网络。例如，向老年人收取赡养费似乎在经济上是合理的（他们往往有资产），但从孝道来看，这种做法是无法接受的，因为赡养老人是晚辈的义务。

荀子也谴责说，牺牲仁义追求个人私利是谓"贼"（《荀子·修身》）。"士君子不为贫穷怠乎道"（《荀子·修身》），而在重大政策问题上的指导原则应当是君主"先义而后利"（《荀子·王霸》）。荀子对墨家的节俭也有批评。节俭只会导致贫穷。如果墨子得行其道，"将蹙然衣粗食恶，忧戚而非乐"（《荀子·富国》）。消费资源当有节制，但必须鼓励人们过富足的生活；否则，可怜的农民就只有一片片杂草丛生的荒地（《荀子·富国》）。因此，给百姓派活的时候应该向他们支付生活费。创造盈余的方法是允许人们为自己牟利，然后再根据社会地位、法律和礼法，通过征税去平衡多余的收入。

中国的思想家所讨论的"利"显然是一个比单纯的"私利"更复杂的概念。利益具有双重性质：它可以是积极的，也可以是消极的；可以是利他的，也可以是利己的。我们的行为可以使他人受益（他人从我们的行为中得利），但同样，我们也会从他人的行为中受益（我们既会得利于和他人的关系，也会得利于他人的行为）。儒家认为，认识到利的双重向度才能避免谋取暴利或其他弊端。在第一种情况中，为他人谋福利、分享自己的财富应当置于优先的位置。君道者，以不为利为利，"利而物利章"（《吕氏春秋·恃君》）。只要这样做，就会有回馈，就能巩固自己的地位——生活富足的民众是不会质疑当权者的。要想获得物质回报，就必须将利他主义放在自我中心之上。

因此，政府应该在一定程度上参与财富的创造和分配，哪怕是非公开的。明君管控财富产生的环境，确保百姓满意，如《管子》所言，明君"如鸟之覆卵，无形无声，而唯见其成"（《管子·禁藏》），但市场和士大夫不应该有交集。朝廷决不应该成为商贾的会所，否则商品和财富总会以贿赂和腐败的形式"上流"；或者，官衔和官品会以徇私舞弊的形式"下流"（《管子·权修》）。归根结底，共享财富对大家都有好处："是故与天下同利者，天下持之。擅天下之利者，天下谋之。"（《管子·版法解》）

当然，你也可以用道家的方式理解财富。庄子就认为，对财富的迷恋使我们与世界脱节，最终创造了另一个让我们抓住不放的东西。庄子说："以富为是者，不能让禄。"（《庄子·天运》）富人"苦身疾作"，所积累的财富超过了所能消费的限度。他们认为这样做是为了慰藉自己的身体，但事实上却疏离了身体（《庄子·至乐》）。商人无非是那种满脑子寻思利益的人。他看上去八面威风，但人们还是可以窥见他的焦虑（《庄子·庚桑楚》）。商人也从来不会无条件地施惠："施于人而不忘，非天布也。商贾不齿，虽以事齿之，神者勿齿。"（《庄子·列御寇》）无论自由放任在哲学上有什么优点，都很难想象那些社会经济的管理者能在《庄子》中找到什么指导意见。

市场

中国最早的对贸易的定义之一见于《尚书》。传说中的大禹在治水成功并教会人们如何打猎、采集和种植粮食之后，敦促他们以其所有易其所无，所谓"懋迁有无"（《尚书·虞书·益稷》）。儒家经典中也有其他关于市场的乌托邦式的描述。有一种说法是，神农氏发明了市场，"日中为市，致天下之民，聚天下之货，交易而退，各得其所"（《周易·系辞》）。这种说法将市场描述为人和货物的自然流动，一切都处于完美的平衡状态：盈余抵消了短缺，使每个人都能自给自足；所有行为者都能控制与自身产品相关的市场力量。在经济危机时期，人们有时会在法庭上呼吁回归乌托邦式的自然交换市场。早在公元前 1 世纪，就有人向汉天子提出建议，要想摆脱经济困境，就要回到"没有钱币的社会"，回到那个在钱币和货币引起不诚实和投机之前的时代。

然而，几乎没有思想家相信过去存在一个乌托邦式的自然市场。他们很快就意识到，现实中的市场跟"自然"从来都没有什么关系。孟子追忆市场只需要略加监管的年代，进而解释说，税收的产生是为了应对肮脏的牟利行为：

> 古之为市也，以其所有易其所无者，有司者治之耳。有贱丈夫焉，必求龙断而登之，以左右望而罔市利。人皆以为贱，故从而征之。征商，自此贱丈夫始矣。(《孟子·公孙丑下》)

在理想的世界里，"关讥而不征"(《孟子·公孙丑上》)。然而，在现实中，征税是必不可少的合乎道德的矫正手段，以防止财富积聚到少数人手中。

直到城市国家时代和战国时期，中国才出现真正的赋税概念。赋税与军事义务紧密关联。在商朝这样一个专制国家里，所有的成年人至少要缴纳三种赋税：徭役、兵役和以交纳粮食为形式的土地税("我欠你的"意味着，"我把在你暂时交给我使用的土地上的劳作所得还给你")。买卖土地和建立土地所有权大约在秦始皇时期就已经出现了。然而，中国

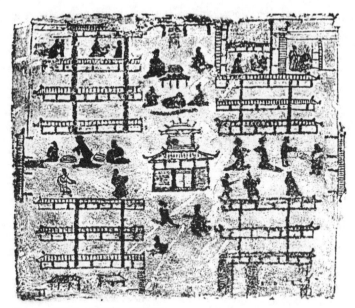

图8.3 市场景象。汉砖拓片，四川成都。

古代的土地所有权并不是一种不可让渡的权利：更重要的是
对土地的实际控制权，而不是法律的规定或对土地的财产权。
贫穷的农户——他们在劳动人口中占大多数——依靠国家贷
款购置农具、牲畜和粮食。到了汉帝国建立（约公元前2世
纪中叶）之后，中国的税收开始完全以经济为基础。军事义
务逐渐被缴纳金钱或实物的义务所盖过（但没有被取代），财
富和商品也开始用商业和经济术语进行讨论。除了农业收入，
国库还依靠朝廷从国家垄断企业的贸易中获取收入。

《大学》的传文部分写道:"财聚则民散,财散则民聚。"规范继承权是防止财富集中在少数人手中的另一个重要手段。父亲的财产必须在他的儿子们之间平分,商鞅提出这一原则以打破世袭贵族制。虽然具体的解释历代不同,但财产在手足同胞间分配的做法在整个帝国时期都是中国法律的主流。分割财产资源是家族的职责所在。鉴于家族的重要性,即使在今天,人们也可能会认为,国家征收遗产税侵犯了家族完整性。

谁来监管市场,如何监管?《管子》对此进行了深入的讨论,这部分文献大多可以追溯至汉初两百年。它们表达了一系列观点,其中包括经济理论和政策的明确纲要。管子赋予君主重要的干预责任:他指挥着商品的储存和流通的周期性格局,在富足的时候囤积,在短缺的时候分配。君主的作用是确保生产(农业)和商业(贸易)维持恰当的平衡。这就要求他进行干预,防止价格极端波动,并通过储存粮食和囤积青铜和金币来稳定市场,因为哪里价格高粮食就往哪里跑,如水之就下(《管子·山国规》)。管子坚信,市场处在不断变化的状态:"衡者使物一高一下,不得常固。"(《管子·轻重乙》)因此,经济政策被呈现为对变化的管控,关注维持生产的不变因素。《管子》总结说,这是一个监控"轻重""贱贵""不重要或重要"不断转变的过程。这在实践中意味着,当权者要监督钱与货、供与求、产量与税率、盈余与不足的关系。为了维持一个乡村市场经济，中国官方一开始就采取干预主义立场。在《管子》看来，国家必须用财政政策和货币政策来监管经济的波动，以确保"利出于一孔"(《管子·国蓄》)。所谓"一孔"就是君主或国家。

墨家坚持节俭，而《管子》则主张保持消费与节约之间的平衡。过度消费有损于社会福利，但极度节俭同样如此。《管子·侈靡》在中国经济史上第一次提出了通过增加公共开支刺激经济的观点：鼓励对奢侈品的消费欲望，奢华的寺庙、花销巨大的节日和葬礼都可以促进就业。因此，让富人充分享受就是为穷人创造工作机会。(今天，在发展中国家和城市竞标举办国际体育赛事等群众性活动时，仍然可以听到这一永不过时的论点。)

和古希腊、罗马的情况类似，中国古代的市场不仅仅是一个简单的商业空间。市场是有围墙的，进入市场的大门有严密的把守。现代汉语中的"城市"的字面意思乃是"有城墙的集市"。这既方便了收费和控制货物，也确保了交易与其他活动的直观分离。因此，市场是另一种社会场所，远离朝堂和内室，没有家规和祖先的在天之灵。市场提供了一个偶遇的场合，一个思想交汇的社会空间，还是罪犯和君子能够同时活动的少数公共空间之一。市场是包容和相斥并存的所在，既不可或缺又在道德上受排挤，既引发社会创新又具有颠覆社会的力量。汉朝一位大臣说得好："夫狱市者，所以并容也，今君扰之，奸人安所容也。"（《史记·曹相国世家》）在封建中国的都城，城市规划遵循宇宙论。市场往往位于城市的北部，也就是与阴气有关的方向。因此，被处决罪犯的尸体要示众也往往是在市场。当时至少有两类不同的商贩：一类在市场摊位上进行交易，他们登记在册并缴纳费用；另一类则是在市场外沿陆路或水路兜售货物的游商，他们让收税人感到头疼。

市场（一天可以开设三次）可能是一个充满贿赂和腐败的剧场。并不令人意外的是，我们发现儒家人物可以在市场上展示自己的道德影响力。荀子提到，在孔子担任鲁国的大司寇之前，牛羊商贩在出售牲畜的当天早上给它们喂水喝，以增加其重量；准备在市场上出售的牲畜售卖前会被精心打理毛发，以获得较高的价格（《荀子·儒效》）。但在孔子就位后，市场上的价格不再人为上涨；如前所述，自然经济不需要法律，而只需要良好的行为（《淮南子·泰族训》）。政府官员的任务是收税，打击欺诈行为（流氓商贩、假币、做过手脚的度量衡），并监督市场的一般管理（包括粪便的处理）。夜市是个例外，不受传统宵禁的影响。时至今日，夜市仍是很多中国城镇的特色。有些商人会向算命先生请教，以求得生意上的好运：黄历上的某些日子被认为是"交易""求财"或"开市"的吉日或凶日。

市场监督员负责确保货物的质量，查出假货和赝品。在市场上买卖的物品都要贴上价格标签；布匹必须按照正确的幅面出售。销售的商品必须刻上或贴上工场、工匠和监督员的名字，以证明商品的来源。质检官员可以加上自己的名字作为认证标志。如果产品不符合一定的标准，"工有不当，必行其罪，以穷其情"（《吕氏春秋·孟冬》）。秦汉的法律表明，当时的集市是由当局严格控制的。摊位根据所售商品的类别，沿着路边摆放。小贩们被分成五人一组，负责互相汇报对方的活动。那些不交税的小贩则会被政府扣押货物；商标和交易标准必须得到维护，账目必须保证正确无误；被盗的货物就按小偷被抓获时的市场价格进行估价，而商人如果作弊就会被驱逐出去。在中国古代，市场并不被认为是完全可取的。相反，市场是一个被严格监管的空间，在那里，获得丰厚收益的前景不断被潜在的混乱失序和违法乱纪蒙上阴影，更大回报的诱惑则不断考验着人类的行为准则。在许多方面，这种现象至今依然如此。孔子之所以不愿意公开讲利，很可能是基于这样一种信念：几乎没有一个市场不是偏离"道"的。

贫穷

大多数人不喜欢贫穷，从而被驱使着去寻求物质安逸或物质财富。然而，与财富一样，贫穷也可以有不同的解读方式。一个人或许会把它定义为被剥夺了某种东西或被无缘获得某种资源。或者，一个人也可以把贫穷解释为分得较少的财富，如《说文》所释："贫，财分少也。"有些中国思想家则认为，贫穷代表着个人或社会的一种绝对不可接受的失败——一种自作自受的状况。另一些思想家则认为，贫穷是一种相对较小的罪恶，因为贫穷总比缺乏道德操守要好。

孔子承认，贫穷是相对的，难以量化。一国之君或一家之主不应该担心自己手下的人贫穷，而该担心财富分配不均，所谓"均无贫"（《论语·季氏》）。同样，决定一个社会实力的不是人数，而是其成员之间是否相处和睦。孔子拒绝用不道德的手段来获得荣誉和财富，同样，贫穷也只能用道德的方法来补救："贫与贱，是人之所恶也；不以其道得之，不去也。"（《论语·里仁》）如果在放纵和节俭之间做出选择，那么，后者更能够引人为善："奢则不孙，俭则固。与其不孙也，宁固。"（《论语·述而》）所以，"饭疏食饮水…而乐亦在其中"（《论语·述而》）。颜回是孔子最聪慧的弟子，他的德行就体现了贫穷也可以有尊严的思想。归根结底，无论是贫穷还是富贵，都不应该使一个人脱离道德的轨道。君子贫而乐道，富而好礼（《论语·学而》）。孔子拒绝原谅贫穷；贫穷说明统治者没有能力照顾百姓，因而反映了一种道德缺陷："邦有道，贫且贱焉，耻也；邦无道，富且贵焉，耻也。"（《论语·泰伯》）贫穷的源头是政治的失败和君主的恣意放荡。而圣人则以简朴的方式生活。

儒家认为，物质匮乏不可能与道德上的胜利相联系。实际上，墨子指责儒家由于礼乐、丧葬等方面的过度消费而加剧了贫困。孟子指出，饥渴会使人心志蒙蔽，判断力下降："饥者甘食，渴者甘饮。"（《孟子·尽心上》）对于儒家来说，物质匮乏的坏处不在于导致个人苦难，而在于阻碍人们履行社会和礼教义务。没有物质资源，要想供养父母做一个孝子就更难了。如果你连自己都养不活，又怎么可能通过祭祀事奉祖先呢？（中国历史记载中最灵敏的赤贫指标之一，就是卖儿鬻女甚至吃自己的孩子，因为这既颠覆了父母之爱的观念，也颠覆了养儿防老的预期。）但最终，美德会战胜贫穷，因为成德之人不会被物质匮乏击垮，虽然从衣衫褴褛的处境起步需要更多的勇气："贫而无怨难，富而无骄易。"（《论语·宪问》）

展示出恩惠和仁慈被认为是一种责任，并且得到广泛的支持，但也有人反对，认为它们是对社会有腐蚀性的东西。管子主张，君主入新都，当行"九惠"：一曰老老，二曰慈幼，三曰恤孤，四曰养疾，五曰合独，六曰问疾，七曰通穷，八曰振困，九曰接绝（《管子·入国》）。不过也有人反对这一原则。在法家看来，贫穷代表着因个人的选择而造成的个人失败，不应归咎于当政者，因为当政者不能阻止人们以某种方式行事，只能事后奖励或惩罚他们。因此，恩惠仁慈就是奖励那些有缺点、不工作的人，因此扶贫只会起到负面作用。

韩非子坚决反对向富人征税以照顾穷人：

> 今世之学士语治者，多曰："与贫穷地以实无资。"
> 今夫与人相若也，无丰年旁入之利而独以完给者，非力
> 则俭也。与人相若也，无饥馑、疾疢、祸罪之殃独以贫
> 穷者，非侈则堕也。侈而堕者贫，而力而俭者富。今上
> 征敛于富人以布施于贫家，是夺力俭而与侈堕也，而欲
> 索民之疾作而节用，不可得也。（《韩非子·显学》）

有一种类似的观点认为，恩惠仁慈只是君主为自己无法
保障百姓正常稳定的生计所寻找的借口或遮丑布。《淮南子》
主张，政府与其搞不定期的暴发式施恩，不如将资源定期分
配给老百姓：

> 好与，则无定分。上之分不定，则下之望无止。若
> 多赋敛，实府库，则与民为仇。少取多与，数未之有也。
> 故好与，来怨之道也。（《淮南子·诠言训》）

尽管一个通过征收赋税而运行的帝国已经兴起，中国人
对经济行为的理解仍然深受传统礼教习俗的影响。史学家司
马迁写道，人对财富的渴望是不需要教化的，它内在于人的
天性。中国古代围绕求利与物质生活的善恶展开过各种争论，

它们给人一种印象：中国人的财富观是分不同层次的，也就是说，一个人的谋生手段实际上处于种种不同的道德包裹之中。司马迁总结道，财富有三类："本富为上，末富次之，奸富最下。"（《史记·货殖列传》）。本富基于农业，末富基于其他职业，而奸富则是行恶得之。他没有提到的是，看待物质财富还有第四种方式：认为物质财富（material wealth）无关紧要（immaterial）！快乐主义者杨朱如此描述自己的生活欲望："善乐生者不窭，善逸身者不殖。"（《列子·杨朱》）善于享受生活的人不会贫穷，善于安逸的人不求富裕。

第九章

CHAPTER 9

食而思

让我们用一顿中餐来结束全书。乍一看，烹饪习惯和菜肴似乎跟哲学和政治的世界毫不相干。当我们点一份中餐外卖的时候，我们很少有人的脑海里会出现"道"的观念，或是认为甜比酸更趋于"阳"——孔子给我们准备的是思想的盛宴，而非可口的食物。然而具有反讽意味的是，我们大多数人和中国文化世界的第一次或最频繁的接触正是通过中国的食物。在接受新的思想观念上，如果大脑反应迟钝的话，我们的味蕾常常就会派上用场。

无论是在世俗还是宗教生活中，几乎没有什么文化比中国文化更强调食物的准备和食用。这样一种对于食物的痴迷古今一贯，体现了中国人的感受性以及中国人普遍的生活方式：人类文化通过品尝与消化来体验和解释世界（我食故我在）。中国思想家常提到屠夫、厨师和食物：胃亦有"道"。烹饪和饮食构成了一个具有建设性的社会实验室。吃（喝）不仅是我们一天中重复最多、不可或缺的活动，也是我们所进行的最有仪式感的活动之一——我们遵守餐桌礼仪，且大多时候我们和别人一起吃饭。简言之，食物乃是良药、快乐、技能和生计，乃是道德、政治和经济的统一体。它塑造了我们，"吃什么像什么"——用孟子的话来说："居移气，养移体。"（《孟子·尽心上》）

中国人不像欧洲人那样嗜肉，过去如此，现在基本上还是如此。他们一顿饭主要吃主食，佐以蔬菜、马铃薯、水果，有条件的地方还有鱼。肉类往往留给上层人享用，或者在特殊场合下才食用。乳制品并不是饮食中必不可少的部分。诸子时代的主食是谷物。至到今天，北方和南方的饮食仍然反映了两种不同的农业传统：北方的旱地种植谷物（小米、大麦、小麦），南方的湿地则以水稻农业为主。面条最早被提及是在公元1世纪初，但可能在此之前就已经有了。我们有理由相信，孔子从来没有喝过茶。关于茶的最早的可靠证据表明，喝茶要到中古时期才出现。然而，孔子可能已经看到了筷子的妙用。到了战国晚期，它们得到了普遍使用，与长期以来伸到盘子里的手和勺子并行不悖。韩非甚至认为，商代最后一位君主已经使用一双象牙筷。

中国烹饪的文化史（本身就是可以写成多卷本巨著的素材）是一个太过宽泛的话题，不可能在这短短的一章中加以讨论。"食莫若无饱，思莫若勿致。"（《管子·内业》）这里我们感兴趣的问题是：为什么中国政治家和哲学家关于烹饪、

膳食和饮食的言论如此盛行？中国思想家在饮食文化中发现
了大量的类比和隐喻，他们加以引用，用一种或多或少立
即可以理解的方式来阐明自己的核心思想。烹饪为平衡、尺
度、比例、节俭与和谐等概念提供了完美的意象。此外，在
中国人的思想中还有一个根深蒂固的观念：有权威的人（君、
圣），或者那些有志于在更深层次上影响或充分欣赏周遭世界
的人，在饮食上需要谨慎，因为膳食不仅从身体上影响我们，
而且从心理和道德上影响我们，对我们的所思所行产生深远
影响。

调羹

2014 年 3 月，习近平在联合国教科文组织巴黎总部发表
演讲，用熬汤说明"和而不同"的道理："若以水济水，谁能
食之？"这里引用了公元前 6 世纪的谋士晏子。他曾对齐景公
说，为政之术犹如烹调和羹。为了"平心"，晏子建议他调和
不同食料滋养自己：

> 和如羹焉，水火醯醢盐梅以烹鱼肉，燀之以薪。宰
> 夫和之，齐之以味，济其不及，以泄其过。君子食之，
> 以平其心。（《左传·昭公二十年》）

　　在由不同民族、不同传统组成的多极世界里，习近平倡导"齐之以味，济其不及，以泄其过"。换句话说，好的政治就像一门调制和羹的技艺，能够"消除矛盾和分歧"。

　　借助几千年前的烹饪类比，中国的最高领导人延续了一种可以追溯至中国政治修辞学发端处的做法。事实上，在古代中国，烹调技艺也被称为"和味"之术，经常和为政才能联系在一起。商王武丁（约公元前1200年）请教大臣时说："若作酒醴，尔惟麴糵；若作和羹，尔惟盐梅。"（《商书·说命下》）法家韩非子也指出，大臣就像"和五味"以奉君的厨师（《韩非子·难二》）。

　　烹调为治理提供了一个完美的隐喻：厨师之于食物，犹如治理者之于民众。厨师让个别的成分和谐地混合在一起，犹如君主引导个人融入集体。倘若恰当地混合在一起，食材就转化成一种混合材料，它比其中任何一种单独的成分都更加有力（更加鲜美）：没有任何一种味道单独地突显出来，但它们的适当混合却增强了菜肴的美味。在汉语中，"和"还可以用作动词，意为"混合"或"调和"。2008年北京奥运会开幕式上，活字印刷字盘变换出"和"字，一旁的表演者则身着儒服，手持竹简本《论语》，随鼓乐起舞，诵读着孔子的名句（参见图9.1）。

　　和厨师一样，屠夫要把肉切均匀也需要达到公平和平衡的诀窍。汉代陈平在做宰相之前，有一次因为平分祭肉而得

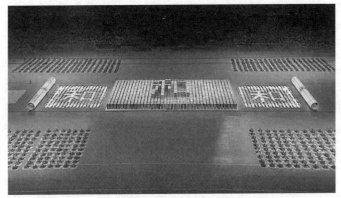

图9.1　"和"字（2008年北京奥运会开幕式）

到赞赏。他说："嗟乎，使平得宰天下，亦如是肉矣！"（《史记·陈丞相世家》）对此，哲学家王充评论说：陈平从割肉闾里到为相京师，"夫割肉与割文，同一实也"（《论衡·定贤》）。在中国古代，厨师最初是宴会、狩猎、祭祀等活动中的助手，与在上者关系密切。在君主的小圈子里，厨师乃是知己和智囊，就像跟随富足或有名望的老板四处奔波的私人管家或主厨。

厨师是一个强大的角色，因为他可由主人之胃达乎主人之心。他用同时作用于身心的营养来影响主人的健康。只有适当的营养才能保持精神："味以行气，气以实志，志以定言，言以出令。"（《左传·昭公九年》）所以，厨师也是医生。在中国，食物究竟是营养品还是药物，其界限是模糊的。《周礼》中就提到了"食医"之官（在对其工作的描述中没有明确提到医药）。食医为国王调理（"和"）食材，且遵循着季节的逻辑：

> 凡食齐眂春时，羹齐眂夏时，酱齐眂秋时，饮齐眂冬时。凡和，春多酸，夏多苦，秋多辛，冬多咸，调以滑甘。（《周礼·天官冢宰·食医》）

然而，具备这样的影响可能是把双刃剑：做饭可以是生死攸关的事情。厨艺高超的主厨如果做得太好，可能就要为主人殉葬，以便死后继续为他做饭；而那些做得不好的人，则可能会因为一块没煮熟的动物肝脏，或者因为汤里的一根头发而葬身墓穴。

所以，对于当权者来说，评判一个人不只看他的言谈，还要看他的厨艺。在中国，由膳夫而为相，最有名的例子莫过于伊尹（公元前 17 世纪？）。商代开国国君对他的任命，正是因为厨艺，而非雄辩的口才（虽然从后来的记载来看，他也有这方面的才能）（《韩非子·难言》）。他说，只要我们成功地调和生活中的幸运和困难，烹饪器里发生的事情就会发生在我们所处的世界中，发生在我们自己身上："鼎中之变，精妙微纤，口弗能言，志弗能喻。"（《吕氏春秋·本味》）快乐和自我实现感就像我们在品尝一道精致菜肴时的满足感—

样，无法用语言来形容。

我们根据人们在餐桌上的行为举止来评判他们；通过所上的酒菜、所邀请的其他客人、座次安排以及餐中和餐后的对话来评判主人。饭桌上的礼仪可以掩盖直接对抗，也可以让人放下习惯性的戒备，分享自己的秘密。礼仪可能是真诚的，也可能是虚伪的。正式的晚宴是保持面子的完美缓和剂（要是头顶上能有个"对话气球"，让我们看见国家元首们在这种场合中互相敬酒时强行微笑的背后是什么就好了）。

在中国古代，宴席是判断人品性的地方，是展示社交技巧和政治才能的舞台。宴请的目的在于"享以训恭俭，宴以示慈惠。"（《左传·成公十二年》）。对主人来说，宴席提供了一种显示威望和打动潜在的盟友、形成利益共同体的手段。一位成功的君主会"酬币宴货，以示容合好"（《国语·周语》），政治和军事上的荣誉问题可以在宴席上解决；相反，如果主人不慷慨，也可能会导致可怕的政治后果。宴席提供了一个微妙的政治活动的机会，一个实现自我的平台，同时也提供了一个评价君主或在上者行为的场合。魏文侯（公元前445—前396年在位）曾设宴款待他的大夫，鼓励他们对他做出评价。出乎意料的是，一位直言不讳地批评他的客人居然被允许留在宴会上，并且后来还受到重用（《吕氏春秋·不苟》）。

宴饮可能被用作欺骗、羞辱或消灭政治对手的一种手段。

客人可能会被暗杀、拘禁或下毒，而宴会上歌唱或赋诗活动中发生的人格交锋又可能会招致与会者的报复。宴会自有其规则。知道在何时及如何拒绝邀请可以救你一命，比如假装醉酒提前离席（汉高祖的例子很有名，他就是用这种方式从对手在宴席上设的圈套中逃过一劫）。因为宴席规格低于或高于自己的身份而责备主人，这可能标志着个人品格或外交策略——即"烹饪外交"。公元前 6 世纪，一位来自孔子所在的小国鲁国的使臣，只有在主人同意撤除过多的菜肴后，才同意留在宴会上（《左传·昭公七年》）。不过，这显然没有起到树立先例的作用。今天中国的党员干部仍需时时被告诫要杜绝招待浪费和餐饮浪费。

就餐礼仪有非常详细的准则。从迎宾、排座、菜肴摆放，到上菜次序，各种规则应有尽有。甚至还有用餐时如何吃、如何喝及如何举止的准则：

> 毋抟饭，毋放饭，毋流歠，毋咤食，毋啮骨，毋反鱼肉，毋投与狗骨。毋固获，毋扬饭。饭黍毋以箸。毋嚃羹，毋絮羹，毋刺齿，毋歠醢。（《礼记·曲礼》）

然而，任何礼节都不能成功地防止醉酒闹事的行为。庄子以现实主义的口吻说道："以礼饮酒者，始乎治，常卒乎乱。"（《庄子·人间世》）道德家主张以古人的节制为榜样。

因此，晏子劝诫国君饮酒要适度：在古代，客人敬酒超过五轮就要被诛（《晏子春秋》卷一·篇三）。《礼记》指出，礼制是为了防止饮酒过量："壹献之礼，宾主百拜。终日饮酒而不得醉焉。"（《礼记·乐记》）那些曾经以嘉宾身份参加过马拉松般的中式宴会的人，或许能够从礼仪经典中找到慰藉！

品味世界

毫不奇怪，作为头脑清醒、保持中道的终极典范，孔子称赞那些不过度沉溺于饮食奢靡的人。然而，按照《论语》的描述，孔子也是一个味觉敏感的人："食饐而餲，鱼馁而肉败，不食；色恶，不食；臭恶，不食；失饪，不食；不时，不食；割不正，不食；不得其酱，不食……"（《论语·乡党》）不过，这并不是为了把孔子描绘成一个杰出的美食家，而是要把他描绘成一个能够通过平衡感和适度感来修身的人。儒家的君子有能力摆正自己：圣人从来不是贪吃的人。

一个人要想掌控世界，就应该把这个世界吃掉。然而，力量并非来自大快朵颐，而是来自控制自己的内心——通过饮食调理，在过量和挨饿之间守持中道。要紧的是五脏六腑之气畅通无碍：

凡食，无强厚味，无以烈味重酒，是以谓之疾首。

食能以时，身必无灾。凡食之道，无饥无饱，是之谓五
藏之葆。口必甘味，和精端容，将之以神气。百节虞欢，
咸进受气。饮必小咽，端直无戾。(《吕氏春秋·尽数》)

因此，正如中国的地理想象、礼仪、伦理理论或政治哲学
强调中道一样，圣贤在饮食上也要强调守持中道。墨子认为，
既不要过度饮食，又要像古人那样，"足以充虚继气，强股肱，
耳目聪明，则止"(《墨子·节用中》)。如果天子坚持均衡饮
食，就能保证整个世界的有序稳定。一位健康的君主能够使身
体的政治功能顺畅运行："王平居中央，制御四方。平旦食，
少阳之始也。昼食，太阳之始也。脯食，少阴之始也。暮食，
太阴之始也。"(《白虎通·礼乐》)在危机时期(如饥荒或旱
灾)，君主会节制饮食，并节约供奉给神灵的祭品。在富足的
时候，他更慷慨地享用他的膳食，并与他的臣民分享这种慷
慨；在紧缩的时候，他用象征性的节制行为来代替盛宴。

中国皇帝吃得好是有原因的(不只是因为他能吃得好)：
天子的进食标志着时间的流逝和阴阳的交替。作为连接天地
之间的纽带，他的进食准时而均衡，乃是一种对宇宙万物的
福祉至关重要的仪式。礼仪日历表明，供养天子是一项巨大
的膳食工程。关于中国早期的帝王，我们只能从礼教典籍中
获得一些线索，但关于后来的帝王则有更多的记载。比如，
18世纪的宫廷实录透露了供养紫禁城所花费的资源和费用。

（1757年的费用估计为9540盎司白银）。从现存的数以千计的菜单，我们可以了解乾隆皇帝（1735—1796年在位）的饮食嗜好。御用菜单上的菜品往往有九十多道。1779年，乾隆皇帝在一个月内吃完了一百四十只鸡鸭。幸好他不用自己吃遍所有的东西。"剩菜"会与妃子们分享，并按照礼仪送给皇子、公主、大臣和显贵。食物送入宫中之前，常常需要皇帝象征性地"碰"一下。然而，食物首先要在皇帝面前集中，然后才能被分配和分享。这些关于食物令人难以置信的日常展示背后的象征意义，把我们带回到古代礼乐典籍所记载的、天子享有宇宙主宰者地位的场景。天子统治着宫墙之外的广阔疆域，每天仪式性地品尝来自帝国各个角落的食物。他享用了一顿宇宙大餐，其中包括"天下"所有的美味。就像率领所有政要巡视疆域（或者说像政客在竞选期间四处举办集会）一样，品尝各地美食也是很好的政治。

烹饪的技艺

《庄子·养生主》有一个"庖丁解牛"的故事，这是《庄子》中被引用最多的文字之一。故事以魏惠王（公元前369—前319年在位）和庖丁的对话的形式展开。惠王观庖丁解牛。庖丁全神贯注于自己的工作之中。"手之所触，肩之所倚，足之所履，膝之所踦，砉然响然，奏刀騞然，莫不中音……"

惠王感叹道:"善哉!技盖至此乎?"庖丁放下手中的刀,告诉惠王说,他真正在意的是道,那是超越了单纯的技的东西:

> 始臣之解牛之时,所见无非全牛者;三年之后,未尝见全牛也;方今之时,臣以神遇而不以目视,官知止而神欲行。依乎天理,批大郤,导大窾,因其固然。技经肯綮之未尝,而况大軱乎!良庖岁更刀,割也;族庖月更刀,折也。今臣之刀十九年矣,所解数千牛矣,而刀刃若新发于硎。

庖丁继续描述着他如何轻松解牛。他用刀刃在骨节之间的空隙游走。在必要的时候,把精神集中在间或碰到的坚韧的筋骨交错之处,这样,一刀下去就骨肉分离了。通过专心于道,遵循事物的自然纹理,他已经学会了在复杂的生命体中游刃有余,不会遇到丝毫的阻力,也不会耗费自己的元气。"善哉!"惠王说道,"吾闻庖丁之言,得养生焉"。厨师又一次作为真正的哲学家出现了。他告诉我们,如果我们希望刀刃一直若新发于硎,那我们就应该在关节之间游走。想呼气,必须先吸气;要掌握外在世界的复杂性,我们就应该以增强内在之气为目标。

中国的哲学家把自己的行业想象成屠夫或厨师,这一想法可能会让人产生怀疑。然而,我认为这个比喻中有些东西

9.2 工作中的屠夫和厨师。公元 2 世纪山东武梁祠墨拓。剑桥大学李约瑟研究所提供。

是对的。贯穿中国古代思想图景的不是理性主义者和观念论
者之间的分界线，不是相信或不相信超自然力量的人之间的
分界线，不是坚持逻辑学的人和倡导直觉的人之间的分界线，
也不是发展知识理论的人和怀疑知识的人之间的分界线。"割
或不割"正是中国古代思想家费心思量的问题。我们在本书
中遇到的大多数知识传统的出发点就在于：将世界分割成我
们可以控制、操纵和（假装）理解的单元或类别，由此我们
将从生活中获得更多；抑或，让世界原封不动地依其内在自
发的逻辑运行，才更有利于人类生存？改变或适应，进入或

离开，参与或退出，何者更佳？我们的内在自我最好是不受影响，就像一块未被雕琢的木头（《道德经》第十九、二十八章），还是我们应该努力去雕琢它？如果我们塑造自己和我们身处的社会，又应该将其塑造成什么样子呢？最关键的是，在这一切的过程中，我们该如何维护整体的和谐与个体的完整：身、家、国、君主、帝王、天、宇宙、道？最重要的是，理解古代中国人的思维方式意味着关注此时此地的社会、政治和伦理。重要的不是刀之形，而是刀之用。或许，这一切古往今来都没有什么太大变化。

注释及延伸阅读材料

　　关于一手文献的翻译，若已有的，笔者采用经过时间考验的学术性翻译，或略作调整；此外，则为笔者自译。这里将逐一列出每章中起重要作用的一手文献的译本信息。关于中文原始文献的简要说明，请参阅"一手文献"。以下作家、书名的英文或罗马字母拼写与正文中的拼音拼写可能有所不同。

第一章　时空中的中国

　　我参考了艾伯华（Wolfram Eberhard）《中国通史》第二版（*A History of China from the Earliest Times to the Present Day*, 2nd edn, London: Routledge & Kegan Paul, 1960）第一页。《淮南子》部分主要参看或修改了约翰·梅杰（John S. Major）、桂思卓（Sarah A. Queen）、安德鲁·梅耶（Andrew S. Meyer）和罗浩（Harold D. Roth）在《淮南子：中国汉初政治思想及实践指南》

（*The Huainanzi: A Guide to the Theory and Practice of Government in Early Han China*, New York: Columbia University Press, 2010）中的翻译。尤锐（Yuri Pines）的译文引自尤锐、罗泰（Lothar von Falkenhausen）、吉迪（Gideon Shelach）和叶山（Robin D. S. Yates）合编的《帝国的诞生：再访秦朝》（*Birth of an Empire: The State of Qin Revisited*, Berkeley and Los Angeles: University of California Press, 2014）第 227 页。冯友兰引自卜德（Derk Bodde）编辑的冯友兰的《中国哲学简史》（*A Short History of Chinese Philosophy*, New York: Macmillan, 1960）。

中国史研究最全面的参考书是魏根深（Endymion Wilkinson）的《中国历史研究手册》第五版（*Chinese History: A New Manual*, 5th edn, Cambridge, MA: Harvard University Asia Centre, 2017）。好的中国古代纵览性书籍有鲁惟一（Michael Loewe）和夏含夷（Edward L. Shaughnessy）编订的《剑桥中国古代史》（*The Cambridge History of Ancient China*, Cambridge: Cambridge University Press, 1999），陆威仪（Mark Edward Lewis）的《中华帝国早期：秦与汉》（*The Early Chinese Empires: Qin and Han*, Cambridge, MA: Bellknap Press, 2007），李峰的《中国早期社会文化史》（*Early China: A Social and Cultural History*, Cambridge: Cambridge University Press, 2013）。关于考古文献，参看罗泰的《宗子维城——从考古材料的角度看公元前 1000—前 250 年的中国社会》（*Chinese Society in the Age of Confucius [1000–*

250 BC]: The Archaeological Evidence, Los Angeles: Cotsen Institute of Archaeology and University of California Press, 2006 ）、吉迪（Gideon Shelach-Lavi）的《中国早期的考古：从史前到汉代》（*The Archaeology of Early China: From Prehistory to the Han*, Cambridge: Cambridge University Press, 2015 ）。关于司马迁在《史记》中记述的秦始皇材料选编参看雷蒙·道森（Raymond Dawson）翻译、K. E. 布拉希尔（K. E. Brashier）作序的《秦始皇：司马迁〈史记〉选》（*Sima Qian: The First Emperor*, Oxford: Oxford University Press, 2007 ）。《史记》百三十篇大部分都有英文译本（包括许多卷）。我推荐华兹生（Burton Watson）的《史记》三卷修订版（*Records of the Grand Historian*, rev. edn, 3 vols, New York: Columbia University Press, 1993 ）和倪豪士（William H. Nienhauser Jr）等人翻译的《史记》系列（*The Grand Scribe's Records*, Bloomington: Indiana University Press, 1994– ）。关于皇帝统治的作用参看尤锐的《展望永恒帝国：战国时代的中国思想》（*The Everlasting Empire: Traditional Chinese Political Culture and Its Enduring Legacy*, Princeton, NJ: Princeton University Press, 2012 ）。

关于长城，参看林蔚（Arthur Waldron）的《中国的长城：从历史到传说》（*The Great Wall of China: From History to Myth*, Cambridge: Cambridge University Press, 1990 ）和蓝诗玲（Julia Lovell）的《长城：中国面对世界，公元前 1000 年—

2000 年》（*The Great Wall: China Against the World, 1000 BC–AD 2000*, London: Atlantic Books, 2006）。

关于帝国的机构，参看鲁惟一的《秦汉帝国的政府：公元前 221 年—公元 220 年》（*The Government of the Qin and Han Empires: 221 BCE–220CE*, Indianapolis: Hackett，2006）。关于五经，参看戴梅可（Michael Nylan）的《五部儒家经典》（*The Five 'Confucian' Classics*, New Haven, CT: Yale University Press, 2001）。《诗经》的翻译参看阿瑟·韦利（Arthur Waley）翻译的《诗经》（*The Book of Songs*, New York: Grove Press，1996）。《山海经》的介绍和翻译参看白安妮（Anne Birrell）翻译的《山海经》（*The Classic of Mountains and Seas*, Harmondsworth: Penguin, 1999）。关于中国书法参看鲍则岳（William G. Boltz）的《中国书写体系的起源与早期的发展》（*The Origin and Early Development of the Chinese Writing System*, New Haven, CT: American Oriental Society, 1994）。能找到的朝代语言辞典有柯睿（Paul W. Kroll）的《古汉语学生辞典》（*A Student's Dictionary of Classical and Medieval Chinese*, Leiden: E. J. Brill，2015）。

李克曼关于孔子的论述，参看他的《孔子的〈论语〉》（*The Analects of Confucius*, New York: Norton, 1997）。在《论语》众多的译本中，我推荐刘殿爵（D. C. Lau）的译本（*The Analects*, Harmondsworth: Penguin）；安乐哲（Roger T. Ames）和罗思文（Henry Rosemont Jr）翻译的《孔子的〈论语〉：一部哲

学译本》(*The Analects of Confucius: A Philosophical Translation*, New York: Ballantine Books, 1998) 和森舸澜 (Edward Slingerland) 的《孔子：〈论语〉及其注疏选》(*Confucius: Analects, with Selections from Traditional Commentaries*, Indianapolis: Hackett, 2003)。关于中国学术史，可以参看韩大伟 (David Honey) 的《顶礼膜拜：汉学先驱和古典汉语文献学的发展》(*Incense at the Altar: Pioneering Sinologists and the Development of Classical Chinese Philology*, New Haven, CT: American Oriental Society, 2001), 吉瑞德 (Norman J. Girardot) 的《中文翻译的胜者：理雅各的〈东方圣书〉》(*The Victorian Translation of China: James Legge's Oriental Pilgrimage*, Berkeley, CA, and London: University of California Press, 2002)。理雅各的四书五经译本多次再版。其中部分书籍在香港由理雅各首次出版，后来以《中国经典：翻译，批评和注释，导论，和大量的索引》(*The Chinese Classics: With a Translation, Critical and Exegetical Notes, Prolegomena, and Copious Indexes*) 为名，在伦敦出版五卷本，该套书在 1861—1872 年间由特鲁波纳 (Trübner) 出版公司在香港、伦敦两地出版。其他著作如《周礼》《易经》，以及部分作品收录在马克斯·穆勒 (Max Müller) 主编的《东方圣书》(*Sacred Books of the East*) 系列中，该书系由牛津的克莱伦登 (Clarendon Press) 出版公司从 1879 年开始出版。

第二章　大道及其道之种种

　　在《道德经》的上百种译本中，刘殿爵企鹅经典系列的译本《老子的〈道德经〉》（ *Lao Tzu Tao Te Ching*, Harmondsworth: Penguin, 1963，多次再版）仍然是较好的译本之一。罗浩（Harold D. Roth）在《原道：内业与道家神秘主义的基础》（ *Original Tao: Inward Training [Nei-yeh] and the Foundations of Taoist Mysticism*, New York: Columbia University Press, 1999）中关于内省的翻译研究也值得参考。关于庄子的翻译和段落的划分，参看梅维恒（Victor Mair）翻译改变的《逍遥于道：庄子的早期道家语言故事》（ *Wandering on the Way: Early Taoist Tales and Parables of Chuang Tzu*, Honolulu: University of Hawai'i Press, 1994）。《易经》的翻译参看夏含夷的《易经：变化的经典》（ *I Ching: The Classic of Changes*, New York: Ballantine Books, 1996），书中包括《二三子问》的英译。关于《易经》在世界的接受，参看司马富（Richard J. Smith）的《易经：一部传记》（ *The I Ching: A Biography*, Princeton, NJ: Princeton University Press, 2012）。关于思维和宇宙的关系，参看葛瑞汉（Angus C. Graham）的著作《论道者：中国古代哲学论辩》（ *Disputers of the Tao: Philosophical Argument in Ancient China*, La Salle, IL: Open Court, 1989）中第 313 页—370 页和王罗宾（Robin R. Wang）的《阴阳：中国思想和文化中的天地之道》（ *Yinyang:*

The Way of Heaven and Earth in Chinese Thought and Culture, Cambridge: Cambridge University Press, 2012）。在《吕氏春秋》中保存有一份"月令类"，可参看约翰·诺布洛克（John Knoblock）和王安国（Jeffrey Riegel）翻译修订的《吕氏春秋》（*The Annals of LüBuwei*, Palo Alto, CA: Stanford University Press, 2001）。

第三章　为政之术

关于军事策略，包括《孙子兵法》的全译本，参看安乐哲翻译的《孙子兵法》（*Sun-Tzu: The Art of Warfare*, New York: Ballantine Books, 1993，该书 41 页后主要是原文翻译）和索耶尔（Ralph D. Sawyer）的《武经七书》（*The Seven Military Classics of Ancient China*, Boulder, CO: Westview Press, 1993）。

关于"势"的概念，参看弗朗索瓦·于连（François Jullien）的《势：中国的效力观》（*The Propensity of Things: Towards a History of Efficacy in China*, New York: Zone Books, 1995，该书从 49 页起为原文翻译。）

关于孔子的言行轶事，《论语》的构成以及孔子的不同角色，可以参看戴梅可和魏伟森（Thomas Wilson）所著的《孔子的生平》（*Lives of Confucius*, New York: Doubleday, 2010），迈克尔·亨特（Michael Hunter）的《〈论语〉之外的孔子》

（*Confucius Beyond the Analects*, Leiden: E. J. Brill, 2017），金鹏程（Paul R. Goldin）编辑的《孔子指南简要》（*A Concise Companion to Confucius*, Hoboken, NJ: Wiley-Blackwell, 2017）。荀子的译本包括在线参考资料主要参看或改写自王志民（John Knoblock）的《荀子全集翻译及研究》3卷本（*Xunzi: A Translation and Study of the Complete Works*, Stanford: Stanford University Press, 1988–1994），何艾克（Eric Hutton）的《荀子全译》（*Xunzi: The Complete Text*, Princeton, NJ: Princeton University Press，2014）可做替代。也参看了安乐哲和郝大维（David L. Hall）的《切中伦常：中庸的新诠与新译》（*Focusing the Familiar: A Translation and Philosophical Interpretation of the Zhongyong*, Honolulu: University of Hawai'i Press, 2001）中的《中庸之道》的介绍和译文。

墨子的译文中，企鹅经典系列中的艾乔恩（Ian Johnston）翻译的《〈墨子〉：墨子之书》（*Mo Zi: The Book of Master Mo*, London: Penguin, 2013）值得参考，书中章节及段落的引用来自艾乔恩的译作。约翰·诺布洛克和王安国翻译的《墨子：一部伦理政治著作的翻译与研究》（*Mozi: A Study and Translation of the Ethical and Political Writings*, Berkeley, CA: Institute of East Asian Studies, 2013）更学术化且资料丰富。近期的研究成果可参考方克涛（Chris Frazer）的《墨家哲学：第一种结果主义论》（*The Philosophy of Mozi: The First Consequentialists*,

New York: Columbia University Press, 2016）。与黄老哲学与政治相关的著作可参看叶山的《五部不为人知的经典：中国汉代的道、黄老和阴阳》（*Five Lost Classics: Tao, Huang-Lao, and Yin-Yang in Han China*, New York: Ballantine Books, 1997），张纯和（Leo S. Chang）、冯禹（Yu Feng）所译的《黄帝四经》（*The Four Political Treatises of the Yellow Emperor*, Honolulu: University of Hawai'i Press, 1998）。

我自己翻译的《商君书》主要参看尤锐编译的《商君书：中国早期国家权力之维护之术》（*The Book of Lord Shang: Apologetics of State Power in Early China*, New York: Columbia University Press, 2017，从97页始是原文翻译）。申不害的思想参看顾立雅（Herrlee G. Creel）的《申不害：公元前4世纪中国的政治哲学家》（*Shen Pu-hai: A Chinese Political Philosopher of the Fourth Century B.C.*, Chicago and London: University of Chicago Press, 1974），他也论及了慎子。关于慎到（慎子）还可参看谭朴森（Paul M. Thompson）的《慎子逸文》（*The Shen Tzu Fragments*, Oxford: Oxford University Press, 1979）。关于法家思想的特点，参看葛瑞汉的《论道者》第267页。关于韩非子的思想及其他以他名字命名的著述，参看金鹏程的《〈道〉的指南：韩非的哲学》（*Dao Companion to the Philosophy of Han Fei*, Dordrecht: Springer, 2013）。关于韩非子和管子的翻译，参看廖文魁（W. K. Liao）的《韩非子全书》（*The Complete Works of Han Feizi*, London: Arthur Probsthain, 1959），华兹生的《韩非子：基础阅读》（*Han Fei Tzu: Basic Writings*, New York and London: Columbia University Press, 1964）和李克（W. Allyn Rickett）的《管子：关于中国早期的政治、经济、哲学文集》第 2 卷（*Guanzi: Political，Economic, and Philosophical Essays from Early China*, vol. 2, Princeton, NJ: Princeton University Press, 1998）。我还引用了史华慈（Benjamin I. Schwartz）的《古代中国的思想世　界》（*The World of Thought in Ancient China*, Cambridge, MA: Harvard University Press, 1989）第 92 页的资料。《战国策》的全译本主要参看柯润璞（James I. Crump）的译本（*The Stratagems of the Warring States*, Oxford: Clarendon Press, 1970）。

第四章　个人与集体

企鹅经典系列中刘殿爵翻译的《孟子》（Harmondsworth: Penguin, 1970）和近期华霭仁（Irene Bloom）翻译的《孟子》（New York: Columbia University Press, 2009）是孟子的主要参考资料。我通常参看华霭仁的译本。关于专题性研究，参看信广来（Kwong-Loi Shun）的《孟子及中国早期的思想》（*Mencius and Early Chinese Thought Stanford*, CA: Stanford University Press, 1997）。

关于《左传》全译本，主要参看杜润德（Stephen Durrant)、李惠仪(Wai-yee Li)、史嘉柏(David Schaberg)合译的《左传：左氏春秋传》三卷本(Seattle: University of Washington Press, 2016)。秦朝的法律法规参看何四维(Anthony F. P. Hulsewé)翻译的《秦律辑逸》(*Remnants of Ch'in Law*, Leiden: E. J. Brill, 1985)。

关于生活的社会形态可参看白瑞旭(K. E. Brashier)的《中国早期的公共记忆》(*Public Memory in Early China*, Cambridge, MA: Harvard University Press, 2014),尤其是该书的第二章。关于孩童、妇女及母亲的阐述,参看司马安(Anne Behnke Kinney)编译的《中国儿童观》(*Chinese Views of Childhood*, Honolulu: University of Hawai'i Press, 1995)、《列女传》(New York: Columbia University Press, 2014),瑞丽(Lisa Raphals)的《会烛：早期中国的妇女和美德》(*Sharing the Light: Representations of Women and Virtue in Early China*, Albany, NY: State University of New York Press, 1998),王蓉蓉(Robin Wang)的《中国思想文化中的女性图像：从先秦到宋代》(*Images of Women in Chinese Thought and Culture: Writings from the Pre-Qin Period to the Song Dynasty*, Indianapolis and Cambridge, MA: Hackett Publishing, 2003)。关于班昭的《女诫》,参看孙念礼(Nancy L. Swann)的《班昭：中国最杰出的女学者》(*Pan Chao: Foremost Woman Scholar of China*, New York: Russell and Russell, 1932)。关于缠足,参看高彦颐(Dorothy Ko)的《缠足——"金莲

崇拜"盛极而衰的演变》(*Cinderella's Sisters: A Revisionist History of Footbinding*, Los Angeles: University of California Press, 2005)。

关于孝,参看陈金梁(Alan K. L. Chan)和陈素芬(Sorhoon Tan)编订的《中国思想和历史中的孝》(*Filial Piety in Chinese Thought and History*, New York: RoutledgeCurzon, 2004),南恺时(Keith N. Knapp)的《无私的后代:中世纪中国的孝子和社会秩序》(*Selfless Offspring: Filial Children and Social Order in Medieval China*, Honolulu: University of Hawai'i Press, 2005)。英语世界中唯一一部《礼记》的全译本是1879—1891年出版的理雅各译本,收录在马克斯·穆勒主编的《东方圣书》系列第27、28卷(Oxford: Oxford University Press, 1926年版,1960年再版)。

我引用了鲁惟一和夏含夷编著的《剑桥中国古代史》中倪德卫(Nivison)在767页的论述。列子的翻译参看葛瑞汉翻译的《列子:道家经典》(*The Book of Lieh-tzu: A Classic of Tao*, London: Mandala, 1991),《大学》参看浦安(Andrew H. Plaks)的翻译介绍本《"大学"和"中庸"》(Ta Hsüeh and Chung Yung, London: Penguin, 2003)。

第五章 循礼而行

关于礼仪的讨论可参看或部分参考关于中国传统的著述，包括凯瑟琳·贝尔（Catherine Bell）的《礼仪理论和礼仪实践》（*Ritual Theory, Ritual Practice*, New York and Oxford: Oxford University Press, 1992）；塞林格曼（Adam B. Seligman）、魏乐博（Robert P. Weller）、普鸣（Michael J. Puett）、本奈特·西蒙（Bennett Simon）合著的《礼仪及其后果：真诚的限度》（*Ritual and Its Consequences: An Essay on the Limits of Sincerity*, Oxford: Oxford University Press, 2008），吴荣桂（Michael Ing）的《早期儒家礼教的失范》（*The Dysfunction of Ritual in Early Confucianism*, Oxford: Oxford University Press, 2012）。关于历史文本中的礼，可参考尤锐的《儒家思想的基础：春秋时期（公元前722—前453）士的生活》（*Foundations of Confucian Thought: Intellectual Life in the Chunqiu Period, 722–453 BCE*, Honolulu: University of Hawai'i Press, 2002）第3章。

关于礼仪和仪礼参看约翰·史提利（John Steele）的《仪礼》2卷本（*The I-Li or Book of Etiquette and Ceremonial*, 2 vols, London: Probsthain & Co, 1917）。《周礼》还没有全本的英译本可参考，研究性著作有艾尔曼（Benjamin A. Elman）和柯马丁（Martin Kern）编辑的《经学与治国：东亚历史上的周礼》（*Statecraft and Classical Learning: The Rituals of Zhou in East*

Asian History, Leiden: E. J. Brill, 2009）。关于荀子哲学的专题研究，包括他对礼乐的观点，可参考金鹏程的《礼仪之道：荀子哲学》（*Rituals of the Way: The Philosophy of Xunzi*，Chicago and LaSalle: Open Court, 1999）和何艾可（Eric L. Hutton）的《荀子哲学之道指南》（*Dao Companion to the Philosophy of Xunzi*, New York: Springer, 2016）。

关于音乐，可参考杜志豪（Kenneth DeWoskin）的《知音：中国早期的音乐和艺术观念》（*A Song for One or Two: Music and the Concept of Art in Early China*, Ann Arbor: Center for Chinese Studies，University of Michigan, 1982）；胡司德（Roel Sterckx）的《野兽的变形：中国早期的动物和音乐》（*'Transforming the Beasts: Animals and Music in Early China'*, T'oung Pao 2000 年第 86 期，第 1—46 页），埃丽卡·布林德利（Erica F. Brindley）的《中国早期的音乐、宇宙与政治的和谐》（*Music, Cosmology, and the Politics of Harmony in Early China*, Albany, NY: State University of New York Press, 2012）。关于情志的理论，参看 Curie Virág 的《中国早期哲学中的情志》（*The Emotions in Early Chinese Philosophy*，Oxford: Oxford University Press, 2017）。

对秦汉的典章制度研究最全面且有大量的翻译与评论的著作是何四维的《秦律辑逸》（*Remnants of Ch'in Law*, Leiden: E. J. Brill, 1985）。李安敦（Anthony J. Barbieri-Low）和叶山所著的《中华帝国早期的法律、国家和社会：对张家山247号墓出土法典的版本评判与翻译》2卷本（*Law, State, and Society in Early Imperial China: A Study with Critical Edition and Translation of the Legal Texts from Zhangjiashan Tomb No. 247*, 2 vols，Leiden: E. J. Brill, 2015）。秦律主要参看何四维的，概括性的著述也有陆威仪的《中华帝国早期》第10章。关于唐法典的扎实的翻译介绍是华莱士·约翰逊（Wallace Johnson）的《唐律》第1卷《通则》和第2卷《具体条款》（Princeton: Princeton University Press, 1979 and 1997）。帝国后期的法典可参看江永林（Jiang Yonglin）等翻译的《大明律》（Seattle: University of Washington Press, 2005），钟威廉（William C. Jones）翻译的《大清律例新译》（Oxford: Clarendon Press, 1994）。

第六章　神灵与祖先

我引用了马克斯·韦伯的《中国宗教》（*The Religion of China*, Toronto: Free Press，1951）中第156—157页的相关内容。墨子对鬼神的看法参看胡司德的《墨子31：明鬼》，收录在戴卡琳（Carine Defoort）和钟鸣旦（Nicolas Standaert）主编的《墨子：中国早期思想的不同声音》（*The Mozi as an Evolving Text: Different Voices in Early Chinese Thought*, Leiden: E. J. Brill, 2013）第96—141页。我还引用了林语堂的《生活的艺

术》（Singapore: Cultured Lotus, 1937）第17页（2001年再版）。我也引用了贺凯（Charles O. Hucker）的《1500年前的中国简史》（*China to 1850: A Short History*, Palo Alto, CA: Stanford University Press, 1978）第16页。

祖先崇拜研究最好的参考书是白瑞旭（K. E. Brashier）的《中国早期的祖先记忆》哈佛燕京学社学术丛书系列之72（*Ancestral Memory in Early China*, Cambridge, MA: Harvard University Press, 2011）。也可参看董慕达（Miranda Brown）的《中国早期的祭悼政治》（*The Politics of Mourning in Early China*, Albany, NY: State University of New York Press, 2007）。易理解的宗教研究还有蒲慕州（Poo Mu-chou）的《追求一己之福：古代中国宗教研究》（*In Search of Personal Welfare: A View of Ancient Chinese Religion*, Albany, NY: State University of New York Press, 1998），还有劳格文（John Lagerwey）和马克（Marc Kalinowksi）主编的《中国早期的宗教：第一部分从商至汉（公元前1250年—公元220年）》两卷本（*Early Chinese Religion: Part One: Shang through Han [1250 BC–220 AD]*, 2 vols, Leiden: E. J. Brill, 2009）。

《楚辞》的译本参看霍克思（David Hawkes）导读、注释并翻译的《楚辞：屈原和其他诗人创作的中国古代诗歌选》（*The Songs of the South: An Ancient Chinese Anthology of Poems by Qu Yuan and Other Poets*, Harmondsworth: Penguin, 1985）。关

于灵魂的认知，参看鲁惟一的《升天之道：中国人对长生不老的追求》（*Ways to Paradise: The Chinese Quest for Immortality*, London: George Allen & Unwin, 1979）和《中国人的生死观：汉代的信仰、神话和理性（公元前202年—公元220年）》（*Chinese Ideas of Life and Death: Faith, Myth, and Reason in the Han Period [202 BC–AD 220]*, London: George Allen & Unwin, 1982）。关于墓葬文化，可参考巫鸿的《黄泉下的美术：宏观中国古代墓葬》（*The Art of the Yellow Springs. Understanding Chinese Tombs*, London: Reaktion Books, 2010）和来国龙（Lai Guolong）的《发掘来世：中国早期的宗教考古学》（*Excavating the Afterlife: The Archaeology of Early Chinese Religion*, Seattle, WA: University of Washington Press, 2015）。对宗教传统和国家之间的关系予以详细考察的著述可参看余国藩（Anthony C. Yu）的《中国的国家与宗教：基于历史和文本的考察》（*State and Religion in China: Historical and Textual Perspectives*, Chicago and La Salle: Open Court, 2005）。

关于祭祀参看胡司德的《中国早期的食物、祭祀与圣贤》（*Food, Sacrifice, and Sagehood in Early China*, New York: Cambridge University Press, 2011）。关于日书的研究，可参看夏德安（Donald Harper）和马克主编的《早期中国的命书与民间文化：战国秦汉日书写本》（*Books of Fate and Popular Culture in Early China: The Daybook Manuscripts of the Warring States, Qin, and Han*, Leiden: E. J. Brill, 2017）。关于汉代宗教的入门书籍可以考虑卜德的《古代中国的节日：汉代（公元前206—公元220年）的新年和其他节庆活动》（*Festivals in Classical China: New Year and Other Annual Observances During the Han Dynasty, 206 B.C.– A.D. 220*, Princeton, NJ: Princeton University Press, 1975）。徐干的哲学载于其所著《中论》，梅约翰（John Makeham）的译文2002年由耶鲁大学出版社在纽黑文和伦敦同时出版。我还引用了葛瑞汉翻译的《庄子：内篇》（*Chuang-tzu: The Inner Chapters*, London: Hackett, 2001）第176页的评述。

对汉以后的分裂时段进行详尽考察的是陆威仪的《帝国间的中国》（*China Between Empires*, Cambridge, MA: Harvard University Press, 2007）。关于理学，贾德讷（Daniel K. Gardner）的《四书：后代儒家的基本教义》（*The Four Books: The Basic Teachings of the Later Confucian Tradition*, Indianapolis: Hackett, 2007），包弼德（Peter Bol）的《历史上的理学》（*Neo-Confucianism in History*, Cambridge, MA: Harvard University Press, 2008），梅约翰的《理学之道指南》（*Dao Companion to Neo-Confucian Philosophy*, New York: Springer, 2010）。好的理学著作选本是狄培理（William Theodore de Bary）和华霭仁编辑的《中国传统之源流：从早期至1600年》第2版第1卷（*Sources of Chinese Tradition: From the Earliest Times to 1600*, 2nd edn, vol. 1, New York: Columbia University Press, 1999）中第19、20、21

章,《西铭》的译文在第683页。关于官职考试课目及其在中国近现代政治和社会中的作用，可以参看艾尔曼的《中国封建社会晚期的科举取士制度》(*Civil Examinations and Meritocracy in Late Imperial China*, Cambridge, MA: Harvard University Press, 2004) 和魏希德 (Hilde de Weerdt) 的《义旨之争：南宋科举规范之折冲》(*Competition over Content: Negotiating Standards for the Civil Service Examinations in Imperial China [1127- 1279]*, Cambridge, MA: Harvard University Press, 2007)。关于当下中国的儒家思想运动，可参看毕游塞 (Sébastien Billioud) 和杜瑞尔 (Joël Thoraval) 所著的《圣贤与百姓：儒家思想在中国的复兴》(*The Sage and the People: The Confucian Revival in China*, Oxford: Oxford University Press, 2015)。

第七章　自然的世界

我引用卜德的《中国思想、社会和科学：前现代时期中国的知识分子及科技的社会背景》(*Chinese Thought, Society, and Science: The Intellectual and Social Background of Science and Technology in Pre-modern China*, Honolulu: University of Hawai'i Press, 1991) 第263页的内容。查阅了桂思卓和梅杰翻译的《春秋繁露》(*Luxuriant Gems of the Spring and Autumn*, New York: Columbia University Press, 2015)，引用了林语堂《生活的艺术》

（2001 年版）第 47 页。

关于药物，参看文树德（Paul U. Unschuld）的《中药：一部观念史》（*Medicine in China: A History of Ideas*, Los Angeles: University of California Press, 1985）；夏德安的《中国早期的医药文化：马王堆发现的古医书》（*Early Chinese Medical Literature: The Mawangdui Medical Manus*cripts, London and New York: Kegan Paul International, 1998）（书中包括"五十二病方"且"合阴阳"的处方），罗维前（Vivienne Lo）的《引书：一本关于导引医书的译本（公元前 186 年）》（*How to Do the Gibbon Walk: A Translation of the Pulling Book [c.186 BCE]*, Cambridge: Needham Research Institute Working Papers, 2014）。董慕达（Miranda Brown）的《中国早期的医术：现代医学档案的古代和中世纪源流》（*The Art of Medicine in Early China: The Ancient and Medieval Origins of a Modern Archive*, Cambridge: Cambridge University Press, 2015）。关于《黄帝内经》的注释和翻译参看文树德的《黄帝内经·素问：黄帝内经基础问题译注》两卷本（*Annotated Translation of Huang Di's Inner Classic–Basic Questions*, 2 vols, Los Angeles: University of California Press, 2011）和《黄帝内经·灵枢：关于针灸的古代典籍》修订版（*Huang Di Nei Jing Ling Shu: The Ancient Classic on Needle Therapy*, 2nd rev. edn, Los Angeles: University of California Press, 2016）。许小丽（Elisabeth Hsu）在她的《早期中医脉诊的

启示》(Pulse Diagnosis in Early Chinese Medicine: The Telling Touch, Cambridge: Cambridge University Press, 2010)中研究过淳于意和他的病例，我引用过罗伯特·霍兰德（Robert Hollander）英译安德烈·马尔罗的《西方的诱惑》(Chicago: University of Chicago Press, 1961; reprinted 1989)第63—67页（1989年版）。关于动物世界，参看胡司德的《中国早期的动物与神灵》(The Animal and the Daemon in Early China, Albany, NY: State University of New York Press, 2002)和胡司德、马君兰（Martina Siebert）、薛凤（Dagmar Schäfer）编辑的《中国史中的动物：从史前到1911年》(Animals through Chinese History: Earliest Times to 1911, Cambridge: Cambridge University Press, 2019)。

植物学研究最好的著述是乔治·梅塔利（Georges Métailié）在李约瑟《中国科学技术史》第6卷第4部分《传统植物学：一种民族植物学方法》(Cambridge: Cambridge University Press, 2015)。《晏子春秋》的译本，参看米欧敏（Olivia Milburn）的译本（Leiden: E. J. Brill, 2016）。

中国环境史概览性研究可参看伊懋可（Mark Elvin）的《大象的退却：一部中国环境史》(The Retreat of the Elephants: An Environmental History of China, New Haven, CT: Yale University Press, 2006)和马立博（Robert B. Marks）的《中国：其环境及历史》(China: Its Environment and History, Plymouth:

Rowman and Littlefield, 2012）。关于水和洪灾，参看艾兰（Sarah Allan）的《水之道与德之端》（*The Way of Water and the Sprouts of Virtue*, Albany, NY: State University of New York Press, 1997）和陆威仪的《中国早期的洪水神话》（*The Flood Myths of Early China*, Albany, NY: State University of New York Press, 2006）。中国哲学家和宗教传统中的环保性文字参看玛丽·伊夫林·塔克（Mary E. Tucker）和白诗朗（John Berthrong）编辑的《儒家思想与生态：天、地、人的相互关系》（*Confucianism and Ecology: The Interrelations of Heaven, Earth, and Humans*, Cambridge, MA: Harvard University Center for the Study of World Religions, 1998）；吉瑞德（Norman J. Girardot）、苗建时（James Miller）、刘笑敢编译的《道教与生态：宇宙之道》（*Daoism and Ecology: Ways Within a Cosmic Landscape*, Cambridge, MA: Harvard University Center for the Study of World Religions, 2001）, 苗建时的《中国的绿色信仰：道教与可持续未来的追求》（*China's Green Religion: Daoism and the Quest for a Sustainable Future*, New York: Columbia University Press, 2017）。

　　关于天文学，可参看丹尼尔·摩根（Daniel P. Morgan）的《中华帝国早期的星相学：观察、智慧与个体》（*Astral Sciences in Early Imperial China: Observation, Sagehood, and the Individual*, Cambridge: Cambridge University Press, 2017）和古克礼（Christopher Cullen）的《天文数字：中华帝国早期的天

文学及其权威性》(*Heavenly Numbers: Astronomy and Authority in Early Imperial China*, Oxford: Oxford University Press, 2017)。李约瑟的《中国科学技术史》系列自 1954 年始由剑桥大学出版社出版。李约瑟在剑桥大学创立了李约瑟研究所。我引用的李约瑟问题出现在《中国科学技术史》第 1 卷《导论》中第 3—4 页。

唯一一部《论衡》的英文全译本是佛尔克(Alfred Forke)翻译的《论衡：王充的哲学和杂论文》第一、二部分第 2 版(*Lun Heng: Philosophical and Miscellaneous Essays of Wang Ch'ung [Part I and II]*, 2nd edn, New York: Paragon Book Gallery, 1962)。

第八章　职业与财富

关于魁奈和他的同辈人，参看刘易斯·迈威瑞克(Lewis A. Maverick)的《中国：欧洲的模范》(*China: A Model for Europe*, San Antonio, TX: Paul Anderson, 1946)。关于农业科技史，参看许倬云的《汉代农业：中国早期农业经济的形成》(*Han Agriculture: The Formation of Early Chinese Agrarian Economy [206 BC-AD 220]*, Seattle and London: University of Washington Press, 1980)和白馥兰(Francesca Bray)的《中国科学技术史》第 6 卷第 2 部分《农业》(Cambridge: Cambridge University Press, 1984)。关于农业和商业的政治哲学，参看胡

司德的论文《战国时期中国农民和商人的意识形态》('Ideol-ogies of the Peasant and Merchant in Warring States China')，收录在尤锐、金鹏程和柯马丁主编的《中国早期权力的意识形态和意识形态的权力：中国早期政治思想研究》(*Ideology of Power and Power of Ideology in Early China: Studies in Early Chinese Political Thought*, Leiden: E. J. Brill, 2015)第 211—248 页。关于工匠的工作和生活，参看李安敦的《中华帝国早期的工匠》(*Artisans in Early Imperial China*, Seattle, WA: University of Washington Press, 2007)。

最新的中国经济史研究是万志英（Richard von Glahn）的《中国经济史：从古代到 19 世纪》(*The Economic History of China: From Antiquity to the Nineteenth Century*, Cambridge: Cambridge University Press, 2016)。也可参看秦大伦（Tamara T. Chin）的《野蛮的交换：汉帝国主义、中国文风以及经济想象》(*Savage Exchange: Han Imperialism, Chinese Literary Style, and the Economic Imagination*, Cambridge, MA: Harvard University Press, 2014)。

第九章　食而思

关于食物与哲学，参看胡司德的《中国早期的食物、祭祀与圣贤》以及胡司德主编的《鼎与味觉：传统中国的食物、政治与宗教》（*Of Tripod and Palate: Food, Politics, and Religion in Traditional China*, New York: Palgrave MacMillan, 2005）。习近平的讲话稿参考了张鸿志翻译的《我们如何读经典》（*How to Read Confucius and Other Chinese Classical Thinkers*, trans. Zhang Fengzhi, New York: CN Times Books, 2015）第 24—26 页、41—42 页、257—259 页。饮食和烹饪概览有张光直的《中国文化中的食物：基于人类学和历史学的考察》（*Food in Chinese Culture: Anthropological and Historical Perspectives*, New Haven, CT: Yale University Press, 1977）、尤金·安德森（Eugene N. Anderson）的《中国的食物》（*The Food of China*, New Haven, CT: Yale University Press, 1988）、贺东劢（Thomas O. Höllmann）的《五味之乡：中国烹饪文化史》（*The Land of the Five Flavors: A Cultural History of Chinese Cuisine*, trans. Karen Margolis, New York: Columbia University Press, 2013）。关于烹饪技巧方面，黄兴宗（Huang Hsing-tsung）的《发酵与食物科学》（*Fermentations and Food Science*），收录在李约瑟的《中国科学技术史》第 6 卷第 5 部分《生物与生物技术》（*Biology and Biological Technology*, Cambridge: Cambridge University Press, 2000）。关于筷子和茶叶的历史，参看王晴佳（Q. Edward Wang）的《筷子：饮食与文化》（*Chopsticks: A Cultural and Culinary History*, Cambridge: Cambridge University Press, 2015）、贝剑铭（James A. Benn）的《茶在中国：一部宗教与文化史》（*Tea in China:*

A Religious and Cultural History，Honolulu: University of Hawai'i Press, 2015)。关于乾隆皇帝的礼仪与饮食，参看司徒安（Angela Zito）的《身体与笔：18 世纪中国作为文本／表演的大祀》(*Of Body and Brush: Grand Sacrifice as Text/Performance in Eighteenth-Century China*, Chicago: University of Chicago Press, 1997)。

一手文献

下面列出的是正文中引用的一手文献。已出版的译本可参见"注释及延伸阅读材料"。

《论语》：孔子（公元前 551 年—前 479 年）与其门人的对话集。大约在公元前 400 年，晚至公元前 2 世纪，由多人汇编而成。作为与孔子有关的最重要的文本，《论语》被列为"四书"之一。更多的详细信息，请参阅第三章。

《白虎通义》：由国家赞助，是一部关于礼仪、政府事务、自然宗教以及经学观念的纲要；由班固（32 年—92 年）编撰而成，是公元 79 年举行的经学讨论的会议记录。

《楚辞》：一部诗赋选集，内容关于神秘的寓言，主题与萨满有关。一些作品被认为是屈原（公元前 4 世纪）和他的弟子宋玉（公元前 3 世纪）所作，另一些作品的作者不明。

《春秋》：是孔子所在鲁国的历史编年摘要，记录了公元前 722 年至公元前 481 年的历史。公元前 2 世纪，它被列为

"五经"之一。

《春秋繁露》：董仲舒（约公元前179—前104年）的哲学著作，不过也包含他的弟子和批评者的文字。它以《春秋》及《公羊传》中的伦理和政治原则为纲，体现出对历史、王权和宇宙的思考。

《大戴礼记》：以礼学家戴德（公元前1世纪）的名义收集的关于礼仪的杂录。

《道德经》：道家经典，又称《老子》，由八十一章简短的格言组成；尽管该书的作者被认为是半历史化的老子（约公元前6世纪），但其作者实际上不详，其中的一个版本至少始于公元前4世纪。

《大学》：作为《礼记》的一篇保存下来的儒家论著，可追溯至公元前3世纪，后来被认为是孔子的弟子曾子所作。"四书"之一。更多信息请参阅第四章。

五经：公元前124年太学创立后，五经作为经典系列成为太学课程的一部分。参见《春秋》《礼记》《尚书》《诗经》和《周易》。

四书：由理学家朱熹（1130年—1200年）及其追随者编订的一套儒家文本。包括《论语》《大学》《孟子》和《中庸》。

《管子》：一部包含修身、政治哲学和经济学等广泛内容的文本汇编；这本书以齐国著名大臣管仲（卒于公元前645

年）的名字命名，但其中有许多篇章可能作于汉代。由汉代经学家刘向（公元前 79 年—前 8 年）搜集编辑。其中的《内业》一篇用韵文论述心、冥想和气息控制。

《国语》：春秋时期（公元前 8 世纪至公元前 5 世纪）八个诸侯国的重要君主和重要人物的演讲和对话录，编撰于公元前 5 世纪中期至公元前 4 世纪后期。

《韩非子》：一部重要的政治哲学著作，提出了一套国家权力和君主作用的理论，主要由法家韩非（约公元前 280 年—约前 233 年）所著。详见第三章。

《韩诗外传》：收集了大约三百则轶事，出自学者韩婴（约公元前 200 年—约前 120 年）之手。引用《诗经》进行道德训诫。

《汉书》：班固（32 年—92 年）编撰的一部汉代历史著作，从公元前 210 年刘邦建立汉朝始，至公元 23 年王莽灭汉终。

《后汉书》：一部汉代官修史书，时间从《汉书》所涵盖的时期一直延续到汉末（约 220 年），由范晔（398 年—446 年）编纂。

《淮南子》：一部由皇亲刘安（公元前 179 年？—前 122 年）主持编撰的文集，共二十一卷。公元前 139 年，该书作为当时知识的总汇呈献给汉武帝。详见第七章。

《黄帝内经》：一部奠基性的医学典籍，由传说中的黄帝和他的一位大臣之间的对话组成的；该书四个组成部分的作者不详；成书年代约在战国晚期至西汉。详见第七章。

《列女传》：该书收集了125位知名的和不太出名的女性的事迹，按照她们所表现的德行进行分类。公元前1世纪末，由汉代经学家刘向汇编。

《列子》：一部由生动的故事、格言和寓言所组成的道家经典；以圣人列子（列御寇：约公元前400年）命名，历史上未必真有其人。只有公元4世纪之后的版本。

《礼记》：三部主要的礼仪汇编之一，主要记述礼节实践行礼节规定，内容繁杂，许多章节作者和年代不明。"五经"之一，"三礼"之一。

《论衡》：王充（约27年—约100年）所著，一部关于历史、自然现象、哲学、民间宗教、文学和政治的论纲。

《吕氏春秋》：约公元前239年，在吕不韦（卒于公元前235年）的主持下完成的一部综合性哲学百科全书。

《孟子》：儒家孟子（孟轲；公元前372—前289年）的语录。"四书"之一。详见第四章。

《墨子》：墨家思想的基本文献，归于墨家创始人墨子（墨翟；约公元前479—前381年），但由其追随者所编撰和发展。详见第三、四章。

《内业》：见《管子》。

《女诫》：中国第一部由女性作家班昭（约48年—116年）写给女性的著作。

《潜夫论》：王符（约 90 年—165 年）所著，共三十六篇。它涵盖了从经济到解梦的各种话题。

《三字经》：三字一行的儒家启蒙读物；成书于 13 世纪，作者王应麟（1223 年—1296 年）。详见第四章。

《商君书》：起源于秦国的法家思想的奠基性文本，归于商君（商鞅 / 公孙鞅；卒于公元前 338 年）名下，其中一部分是在他之后很久才创作的。详见第三章。

《尚书》：由不同年代的篇章组成，内容集中于为政之道，以君主对臣民的训诫为主要形式。也被称为《书经》，在公元前 2 世纪被列为"五经"之一。其中的《禹贡》是一篇早期地理著作。

《山海经》：一部描述世界、河流、山川、植物和动物、妖怪和精灵的书，相传为传说中的大禹所作，但实际作者实不确定。

《慎子》：与法家慎道（约 360 年—约 285 年）有关的残篇。

《申子》：与法家申不害（卒于公元前 337 年）有关的残篇。

《史记》：记载了从神话时代到公元前 2 世纪，也即司马迁（约公元前 145—约前 86 年）所处时代的中国历史。

《诗经》：一部包含 305 首风、雅、颂的经典诗集，作品创作于公元前 1000 年至公元前 600 年，据称由孔子编订而成。

公元前 2 世纪，该书被列为"五经"之一。

《说文解字》：中国第一部综合性文字工具书，由许慎（30 年—124 年）编纂。

《孙子兵法》：中国古代流传至今最重要的军事经典和战略论著，编撰于公元前 5 世纪至公元前 4 世纪。详见第三章。

三礼：郑玄（127 年—200 年）及后世学者使用的术语，指汉代关于礼仪的一系列文献，包括《礼记》《仪礼》和《周礼》。

《孝经》：阐述孝道美德（对父母及长者的尊重）的短文，主要以孔子对其弟子曾子所提问题的回答的形式。在秦朝之前不久便已编撰或流传。

《新序》：一部由汉代经学家刘向编撰的道德轶事和历史故事选集。

《荀子》：一部表现儒家荀子（荀卿；公元前 310 年—前 238 年）思想的著作。详见第四章。

《盐铁论》：该书为公元前 81 年皇帝下诏进行的一次宫廷辩论的记录，成书于几十年后。

《晏子春秋》：主要是晏子（晏婴；公元前 578 年—前 500 年）写给齐景公（公元前 547 年—前 489 年在位）的 215 篇轶事，旨在进行道德忠告和政治规劝，由汉代经学家刘向编撰。

《仪礼》：三部礼仪典籍之一，内容包括冠礼、昏礼、饮酒礼、燕礼、射礼和丧礼等。书中的材料大概可追溯至公元前5至前4世纪，但直到汉代才汇编起来。

《禹贡》：见《尚书》。

《战国策》：故事集，以战国时期各诸侯国之间的政治谋略、战争、游说、操纵为主要内容。由汉代经学家刘向编撰。

《中论》：徐干（171年—218年）的哲学论文集。

《中庸》：《礼记》中的一篇，主要记载儒家关于自我修养的论述，人们将其作者归于孔子的孙子子思（公元前483—前402年）。"四书"之一。

《周礼》：一部描述理想化的周王室国家结构和治理的书，相传周公所著，但成书于汉代；也是"三礼"之一。

《周易》（又称《易经》）：占卜文献，部分内容源于西周时期（公元前10世纪—前8世纪）。该书围绕六十四卦展开，每一卦由六条或实或虚的线（阳爻或阴爻）所构成。公元前2世纪，被列为"五经"之一。详见第二章。

《庄子》：道家文献，相传为庄子（庄周；约公元前369—前286年）所著，但也包括其他作者的作品。约编撰于公元前300年，但部分作品在一个多世纪之后才完成。详见第六章。

《左传》：完成于公元前300年左右的一部长篇历史叙事和论述，是对《春秋》所作的注。

插图

夫《漢代の神神》（京都：临川书店，1989年）附录。

　　6.2. 南越王赵眜（卒于公元前122年）的丝缕玉衣。广州南越王博物馆提供。

　　6.3. 孔子见老子，公元2世纪山东省武梁祠墨拓，剑桥大学李约瑟研究所提供。

　　7.1. 长沙马王堆三号墓《导引图》（约公元前168年）的复原图。由惠康影像（Wellcome Images）提供。

　　7.2. 鸟身的医生扁鹊正在治疗一位病人，他是传说中针灸的发明者。山东东汉墓画像残片墨拓。黄龙祥提供。

　　7.3. 一部早期汉语字典中的鸟类插图。郭璞（276年—324年）《尔雅音图》宋刻本。惠康影像提供。

　　7.4. 张衡地动仪的复原图。剑桥大学李约瑟研究所提供。

　　8.1. 神农执耒。公元2世纪山东武梁祠墨拓。剑桥大学李约瑟研究所提供。

　　8.2. 在田野劳作。据一拓片（东汉，四川省）而作。

　　8.3. 市场景象。汉砖墨拓，四川成都。薛好佩（Hajni Elias）提供。

　　9.1. 2008年北京奥运会开幕式上的"和"字。图片来源：新华网。

　　9.2. 工作中的屠夫和厨师。公元2世纪山东武梁祠墨拓。剑桥大学李约瑟研究所提供。

致谢

我的学生，无论是过去还是现在，无论是在剑桥大学还是在其他地方，一直给予我最大的帮助和灵感。没有他们，这本书永远不会构思出来。我非常感谢恰达（Eamonn O'Ciardha）梳理了整部书稿，提醒我注意数不清的错误。高奕睿（Imre Galambos）、袁博平、吴乐军（Emma Wu）、周越（Adam Chau）、葛浩南（Romain Graziani）、吴蕙仪、薛好佩（Hajni Elias）、莫菲特（John Moffett）、黄敬凯（Ashton Ng）、闫月珍、赵静一（Jenny Zhao）、方希（Flavia Fang），和赵霞（Lucy Zhao）在我需要的时候慷慨地提供了建议和帮助。该书企鹅出版社的编辑伊奥尼塔（Casiana Ionita）全程提供专业指导，帕克（Kate Parker）在编辑过程中也是如此。就洞察力而言，我在很大程度上得益于同事们的学术工作；对于任何疏忽和不准确的地方，我承担全部责任。我感谢洪清盈，她一如既往地关心和鼓励我；还有小礼恩，因为他说服我，中国的哲学家并非像奶牛和超级英雄那样难以对付。

图书在版编目（CIP）数据

中国思想：从孔夫子到庖丁 /（英）胡司德著；郭
舒佟译 . -- 上海：上海文艺出版社，2022
（企鹅·鹈鹕丛书）
ISBN 978-7-5321-7243-6

Ⅰ.①中… Ⅱ.①胡…②郭… Ⅲ.①思想史—研究
—中国—古代 Ⅳ.① B215

中国版本图书馆 CIP 数据核字 (2022) 第 126301 号

出 品 人：毕 胜
责任编辑：肖海鸥
特约编辑：刘 漪

书 名：中国思想
作 者：[英] 胡司德
译 者：郭舒佟
出 版：上海世纪出版集团　　　上海文艺出版社
地 址：上海市闵行区号景路 159 弄 A 座 2 楼 201101
发 行：上海文艺出版社发行中心
　　　　上海市闵行区号景路 159 弄 A 座 2 楼 206 室 201101　www.ewen.co
印 刷：苏州市越洋印刷有限公司
开 本：787×1092　1/32
印 张：13.875
字 数：203,000
印 次：2022 年 10 月第 1 版　2022 年 10 月第 1 次印刷
I S B N：978-7-5321-7243-6 / B.086
定 价：78.00 元

告读者：如发现本书有质量问题请与印刷厂质量科联系 T：0512-68180628